BLUE OCEAN
ブルー・オーシャン・シフト
SHIFT

BEYOND COMPETING

W・チャン・キム＋レネ・モボルニュ＝著
有賀裕子＝訳

ダイヤモンド社

BLUE OCEAN SHIFT
by
W. Chan Kim and Renée Mauborgne

ブルー・オーシャン・シフト

努力し、探求し、発掘すること。
そして屈服しないこと。
——アルフレッド・テニスン卿

はじめに

ウォルト・ホイットマン（アメリカの詩人・随筆家）は「おお、わが身！　おお、人生！」という詩の中で、人生を左右する試練や苦難に思いを馳せ、「このなかに、何か良いことはあるのだろうか、おお、わが身！　おお、人生よ？」と詠んだ。そして「人は誰しも、一人で、あるいは仲間とともに、人生という感動的な劇に一編の詩を捧げることができる」と続けた。このホイットマンの答えは、我々の胸から決して消えずにいる。

人生には確かに試練や苦難がつきものだが、進むべき方向は決められる。人は皆、存在そのものを通して詩を紡ぐ。そしてそれによって、人生の針路、あるいはその素晴らしさに、たとえわずかであっても影響を及ぼすことができる。

あなたはどのような詩を生み出すだろうか。

自分達はどうか。我々は絶えずこの問いと向き合ってきた。自分達は何を支援したいのか。世の中の進歩に寄与できる「人生」という壮大な劇に、ささやかな詩を添えようと願うなら、どのようなストーリーに努力を注ぐだろうか。

我々は経営学者として、世の中の発展に寄与したいと考えている。ただしそれは、誰かの成功が他者の犠牲の上に成り立つような、競争や分断に満ちた市場や世界ではない。競争や勝敗のシナリオは溢れているが、それらには想像力を掻き立てられなかったし、今以上に必要なものだとも思わなかった。我々にとっては、競争を抜け出して、機会、成長、雇用に満ちた新しいフロンティアを開拓した組織や個人こそが、尊敬の対象であり勇気の源泉である。そのようなフロンティアにおける成功とは、往々にして縮小傾向にある既存のパイを奪い合うのではなく、すべての人のためのより大きなパイ、すなわちブルー・オーシャンを創造することである。ブルー・オーシャンは破壊よりもむしろ非破壊的創造の産物であり、成功は他者の犠牲の上に成り立つのではない。

では、どうすれば大志を行動につなげ、目的を実現できるのだろう。

必要なのは、視点を変え想像を膨らませるための指針を得て、「限界がある」という今の思い込みを捨てると同時に、将来の可能性を切り開くことである。そのためには、自分と他者の心に自信を芽生えさせなくてはならない。なぜなら、人間は皆、心の奥底に創造のエネルギーや不屈の精神を秘める一方、たいていは驚くほど優しくひ弱でもある。たとえどれほど明快な指針があったとしても、行動への自信がなければ、ほとんどの人は新たな道へと踏み出さないだろう。「世の中を変えたい」という思いはあっても、他方では「できない」という不安もあるのだ。自信という魔法の杖は、私達を静かな自己不信から解き放ってくれる。自分と変革プロセスを信じることにより、前向きな気持ちになれるのだ。

本書は以上のような難題への答えであり、三〇年近くに及ぶブルー・オーシャン研究を土台としている。研究では、競合がひしめく既存市場、すなわちレッド・オーシャンを抜け出して最高の自信、市場、成長を手にした、大小の営利・非営利組織、政府機関について調べた。この移行《シフト》に成功した組織と失敗した組織を調べるなかで我々が学んだのは、プロセスがうまく機能するためには、人々の不安や疑念を理解して信頼を醸成するとともに、必要とされる創造性を実績ある手段によって引き出さなくてはならない、ということである。

『ブルー・オーシャン・シフト』では、人材と人間らしさ、実証済みのプロセスと市場創造ツールが、ともに重要な役割を担う。そして、皆が成功を目指して主体的に変革プロセスを踏み、自身、チーム、組織を、レッド・オーシャンからブルー・オーシャンへと導いていく。ステップごとに指針を示すため、誰でもその通りに実践できるはずだ。効果を生む手法と生まない手法、途中にある落とし穴を避ける方法など、現場で収集され、実践に耐えてきた教訓も紹介する。

どのような詩を世に問いたいのか。この問いへの我々の答えは決まった。新たなフロンティアを開拓して詩を生み出すことは、誰にでもできるに違いない。ネルソン・マンデラは「何事も成功するまでは不可能に思えるものである」という言葉を残している。この本が、不可能に思えることを実現する一助になるよう、願ってやまない。

第1部 ブルー・オーシャン・シフト

第1章 至高の先へ――2

第2章 市場創造戦略の基本――33

第4章

人間らしさ、自信、創造性——75

第2部

ブルー・オーシャン・シフトの5つのステップ

STEP1 準備に取り掛かる

第7章 現状を明確にする——137

STEP3 目的地を思い描く

第8章 業界の規模拡大を妨げる苦痛を探り当てる——166

第1部
ブルー・オーシャン・シフト

BLUE OCEAN SHIFT

第1章

至高の先へ

「音楽を奏でていると、美しく果てしない世界にいるように感じるのです」

二〇〇八年、イラク。宗教的・民族的な分断、苦難、戦争に見舞われ、荒廃したこの国にあって、ズハール・スルタンは夢を抱いていた。一七歳のイラク人ピアニストである彼女は、母国初の国立ユース管弦楽団（NYOI）を結成して、海外へ演奏旅行に出かけたかった。しかし、国内には正式な教育を受けた音楽家や指導者はほとんどおらず、上質な楽器もこれといってなかった。言うまでもなく、何世紀も前からの文化の違いにより、若者層は分裂していた。

いったい何から始めればよいのだろうか。スルタンはインターネットを使って指揮者を探した。するとクラシック分野の教育を受けたスコットランド人指揮者、ポール・マカリンディンが呼びかけに応じ、NYOIと契約を交わした。

マカリンディンはすぐに、自分は音楽家であると同時に戦略家になる必要があると気づいた。なぜなら、他の国立ユース管弦楽団と同じ条件で競争したのでは、NYOIにはチャンスが巡って来そうもなかったのだ。この業界には激烈な競争があり、フランス、イタリア、スペイン、イギリスなど、欧州の立派なユース管弦楽団が優勢だった。それらの楽団は、練習を積み演奏技術を極めた若手を擁したほか、世界的なソリストや指揮者を招き、ブラームス、ベートーベン、マーラーといった作曲家の代表作を見事に演奏した。マカリンディンは、NYOIがコストを抑えながら異彩を放つには、業界の伝統と決別して、国立ユース管弦楽団の存在意義を問い直す必要があると悟った。

NYOIは、優れた演奏技術や洗練度よりも、むしろ音楽の持つ癒しの力を重視して、国内の深い断絶を埋め、イラクの豊富な歴史遺産の知られざる輝きを世界に示せばよいだろう。この目的に向けて、マカリンディンは音楽面での卓越やヨーロッパの洗練された楽曲に頼る度合いを減らし、著名なソリストや指揮者の客演を廃止した。コストは劇的に下がった。

その代わりに若手音楽家を集め、ハイドン、ベートーベン、シューベルトなどと並び、クルドとアラブ両方に起源を持つイラク独自の音楽を演奏することにした。多くの人にとって信じ難いことに、集まった男女の若手音楽家の中には、スンニ派もシーア派もいれば、アラブ人もクルド人もいた。こうしてマカリンディンとスルタンが築いた管弦楽団は、「戦争による荒廃を乗り越えて、共に明るい未来を切り開く」というイラクの若者の希望と決意の象徴になった。楽団員のモハメド・アドナン・アブダラは、「音楽は平和を伝える手段ですし、人と人とを愛情で結び付けます。楽団員は一丸となって演奏することにより、

それを伝えるのです」(原注1)

結果として、NYOIはイギリスのテレビ局スカイニュースから「世界で最も勇敢なオーケストラ」と呼ばれ、これが代名詞になった。演奏技術では若手音楽家の最高峰ではないかもしれない。しかし、情熱では他を圧倒していただろう。他の国立ユース管弦楽団とは一線を画し、世界中から称賛、スタンディングオベーション、注目を集めた。クラシックコンサートにまったく無縁だった聴衆を新たに惹き付け、ソーシャルメディアのフォロワー数もユース管弦楽団として最大級になった。しかも、母国を破壊、憎悪、戦争ではなく、平和、希望、連帯の国として紹介できることを、イラクの若者達に示したのである。(原注2)

ポール・マカリンディンは聡明で素晴らしい指揮者である。勤勉で最善を尽くし、変革への情熱を抱いている。ただし、天才でも、絵に描いたような起業家でもないことは、本人が真っ先に認めるだろう。多くの面でごく普通なのである。それでも彼は、リソースや逸材の不足といった組織の制約を乗り越えて、若い楽団員達とともに創造的だが低コストの戦略を考え出した。こうしてNYOIは、絶えず激しい競争が繰り広げられる業界で、際立つ存在になったのである。

同じような事例は他にもある。

フライドポテト調理器の前提に挑む

一八五七年に設立されたフランスの多国籍企業、ティファアールなどを展開するグループセブを紹介したい。由緒ある大手多国籍企業の例に洩れず、グループセブもまた、社歴の長いプロフェッショナルが経営を担い、社風にも一定の官僚的体質や社内政治が見られる。そして小型家電メーカーの大多数と同じく、競争の激化と利益率の圧迫に直面していた。特に、これから紹介する電気フライドポテト調理器は、販売台数ベースで年率一〇％も市場が縮小するなか、他社製品と差別化できずに苦戦していた。

電気調理器部門の責任者（当時）、クリスチャン・グロブは部下達とともに、「熾烈な競争から抜け出さなくてはいけない」と気づき、状況の打開に乗り出した。しかし、グループセブのプロフェッショナル・マネジャー達は、どこか懐疑的だった。この製品の売れ行きを左右するのは恐らく価格だけなのに、いったい何ができるというのか――。

グロブと部下達の考えは違った。仮に全メーカーが同じ前提で事業を行い、その前提のせいで製品の魅力、ひいては需要が限定されているとしたらどうだろうか。前提を問い直したらどうなるか。彼らはこう考えて業界の根本的な前提を探り当て、それに挑むことにした。すると、ひらめきが得られた。

彼らは、業界の全員が二つの「事実」を無条件に受け入れており、それによって業界のあり方が事実上決まっていることを突き止めた。その「事実」とは、①熱々のフライドポテトを作るには揚げる必要がある、②揚げ物には多量の油が欠かせない、である。

どちらも当然だと思うだろう。しかし、これらの前提を検証せずに受け入れていたせいで、業界はいくつもの問題点を見落としていた。二・五リットルもの食用油を要することは、家計にとって重荷だった。油が高熱に達すると危険も伴った。調理後も、油の廃棄が面倒で調理器の手入れも厄介だ。そして何よりも、多量の油を使うせいで、フライドポテトは健康に悪く、肥満の元凶だった。

グロブらのチームは、常識とされていたこの前提に挑み、業界が重視していた「最高の調理器をどう開発するか」から、「油で揚げずに、いかにして健康的で食欲をそそるフライドポテトを作るか」へと、課題を置き換えた。こうしてまったく新しいタイプの調理器アクティフライが誕生し、二〇〇六年にフランスで発売された後、世界市場へも展開された。アクティフライを使うと揚げずに調理ができる。わずかスプーン一杯の油で約九〇〇グラムのフライドポテトができ、従来の調理法と比べてカロリーは約四〇%、脂肪分は八〇%もカットできる。そのうえ、手入れが簡単で油の廃棄や安全性の問題もない。仕上がりも素晴らしく、外側はカリカリで中はホクホクである。低カロリーでヘルシー、しかも美味しい。

良いことずくめであるため、司会者・俳優のオプラ・ウィンフリーが感激して、アクティフライをどれだけ愛用しているかをツイートしたほどである。「アクティフライのお陰で人生が変わったわ。しかも、安上がりなの」(原注3)。もともと、ヨーロッパ全体で飛ぶように売れて供給が追い着かなかったのだが、オプラのつぶやきを受けて、グループセブの株価はこのたった一つの製品のお陰で五%も跳ね上がった。競合他社はこの市場に参入するのに五年もの期間を要し、参入後もさほど市場シェアを獲得していない。グループセブががっちり特許を押さえているため、他社はアクティフライに匹敵する製品を提供できなかったのだ。一〇年以上を経た今日でも、アクティフライは世界市場に君臨している。この製品の登場を機に、業界全体としても販売量が四〇%近くも伸び、初回購入者を引き寄せている。

国立ユース管弦楽団とフライドポテト調理器の業界は、似ても似つかない。提供するものや競争の仕方、競争の参加者がまったく異なる。組織としてのあり方にも違いがある。イラク国立ユース管弦楽団（ＮＹＯＩ）が非営利の新興組織であるのに対して、グループセブは一五〇年以上の歴史を持つ多国籍の営利企業である。

互いに組織も業界も異質ではあるが、どちらも同じような方法で成功した。ライバルがひしめく既存市場を脱出して、新しい市場空間を創造したのである。あらゆる組織の例に洩れず、どちらも組織面のハードルに直面したが、人々の自信と協力を引き出して乗り越えた。これこそが「ブルー・オーシャン・シフト」である。ブルー・オーシャン・シフトは、血みどろの競争が展開する非情な市場、つまり多くのサメが棲むレッド・オーシャンから、競争のない新規市場、すなわちブルー・オーシャンへと、人々と一緒に移行するための、体系的な行程なのである。

ブルー・オーシャン・シフトの理解を深めるために、他の事例も見ていきたい。これから紹介するのは、恐らく最も官僚的で変化への抵抗が強く、「創造的」「革新的」という形容とは程遠い、政府の事例である。

犯罪者に再起のチャンスを

今日、多くの国が犯罪率の上昇、刑務所の過密状態、高い再犯率に直面している。この状況が持つ意味は極めて重い。納税者の負担。市民の安全への脅威。悪循環から脱出できない犯罪者の苦悩。そして、犯罪者の家族の心痛。

たいていの政府は、刑務所不足にありふれた方法で対処してきた。刑務所を増やしたり、量刑の軽い受刑者と極悪犯を雑居させて施設を最大限に活用したりするのだ。しかし、どちらもあまり効果的ではない。刑務所の新設は費用と時間がかかり、雑居は犯罪指南の温床となる。

いずれの方法も、犯罪者の更生よりも収監や安全の確保に重点を置いている。例えばカリフォルニア州は一九八〇年以降、二二の刑務所を新設した。今や刑務所の年間予算は九〇億ドル前後に達している。にもかかわらず、刑務所は深刻な過密状態にあり、再犯率は実に六五%前後で推移している。要するに、これまでの刑務所管理は懲罰の役割は果たすかもしれないが、社会が最も必要とする成果は上げていない。受刑者を地域社会に貢献する人材へと更生できずにいるのだ。

マレーシア政府は二〇一〇年に、これとまったく同じ課題に直面した。そして、再犯の悪循環を断ち切って犯罪を減らすには、戦略と組織の重点を変えるしかないと悟った。この目的のために頼ったのは、国家ブルー・オーシャン戦略（NBOS）サミットだった。政府は二〇〇九年に、少ないコストで社会に大きな効果をもたらす、革新的な戦略や新しい慣行をいち早く導入する狙いで、NBOSサミットを設けていた。首相、副首相、各大臣、治安部隊を含む官公庁のトップが毎月、一堂に会するのである。テーマによって参加者は異なり、関連分野の民間リーダーも招かれる。

サミットでは、刑務所問題の創造的な解決策を探すに当たって、世界の最良の慣行《ベストプラクティス》を参考にするのをやめた。その代わりに、NYOIのポール・マカリンディンやグループセブのクリスチャン・グロブと同じように、業界の基本的な前提を探り出して再考した。その最たるものは、「犯罪者は全員、刑務所に入れなくてはならない」という、古くからの前提だった。費用の嵩むセキュリティの厳重な刑務所に代わる、遥かに低コストで大きな効果を持つ選択肢はあるだろうか。

サミットでこれらの問いを掘り下げるうちに、大臣や治安の専門家がまったく気づかずにいた機会が見つかった。国内の多くの軍事基地内には遊休地があったのだ。基地には、外部からの侵入を防ぐために、厳重なセキュリティ設備が張り巡らされていた。裏を返せば、受刑者を閉じ込めておくのにも好適だった。この遊休地は、全受刑者に占める比率が最も高い軽犯罪者を収容するための、低コストでセキュリティの厳重な施設への転用が可能だった。

サミットの参加者達はさらに、政府が更生機会に目を向けないのは、長年の慣習のせいだと気づいた。受刑者を更生させるうえで重要な専門性は、刑務所を管轄する役所とは別の役所の管轄だったのである。従来、刑務所の職員が更生を担当していたが、彼らの専門は監禁と厳重な警備であり、教育、訓練、雇用、家族のニーズではなかった。これら更生のカギを握る分野は、他の役所が対応するほうが遥かに望ましかった。

サミットはこれら長年の「常識」に挑み、それを覆すことによって、ブルー・オーシャン・シフトを実現し、地域更生プログラム（ＣＲＰ）を生み出した。費用の嵩む刑務所を増設する代わりに、軍事基地内の遊休地に、世界初となる軽犯罪者向けのＣＲＰセンターを設けたのである。ＣＲＰによる刑務所不足の打開策は、低コストですぐに実現できるものであり、軽犯罪者が常習犯から悪影響を受けないよう、両者を確実に隔離できた。ただし、これは出発点に過ぎなかった。

ＣＲＰセンターでは、農業省と高等教育省の協力下で貴重な職業訓練を実施して、魚の養殖や高収量作物の栽培を行い、市場で販売している。受刑者は、自分達が育てた魚や作物の販売代金を受け取り、貯蓄する。これらの研修は、軽犯罪者に価値ある技能だけでなく、犯罪に頼らずに収入を得る方法をも伝授するものだ。ＣＲＰはまた、人権委員を介して受刑者の家族に連絡を取り、頻繁に面会や連絡をするよう働きかけ、訪問時に長く滞在できるように近隣に住宅を提供する場合さえある。

従来の刑務所では通常、面会はガラス窓を隔てて三〇分までとされている。片やＣＲＰセンターでは、受刑者は配偶者や子供と抱き合うばかりか、一緒に遊ぶことも認められている。こうして彼らは心の傷を癒し、自分がどれだけ愛されているか、更生がどれだけ大切であるかを思い起こすのだ。出所時には、人的資源省から職業紹介サービスを、また商売を始めようとする場合は、女性・家族・コミュニティ開発省からローンの提供を受けられる。

結果はというと、ＣＲＰは政府のコストを低く抑えながら、受刑者、その家族、社会への提供価値を飛躍的に高めた。実データを挙げるなら、二〇一一年にＣＲＰセンターが稼働を始めて以降、軽犯罪者の再犯率は約九〇％も下がり、カリフォルニアの刑務所では〇・六％程度になっている。家族は感激し、社会の安全性は高まった。コストを従来の刑務所と対比すると、建設費は八五％も安く、運営費は五八％低減している。現状の更生水準に基づくと、ＣＲＰが最初の一〇年間に生み出す価値は、コスト削減と社会への便益の合計で一〇億ドル超に達すると推計される。

ただし、最大の恩恵は恐らく、元受刑者の人生を変え、希望と尊厳、さらには新たな人生を踏み出して社会に有用な人間になるための手段をもたらす点である。元受刑者の一人はこう語っている。「まさに再起のチャンスを与えられたと感じています。新しい技能を学んだので、CRPにいる間に得た資金を元手にオートバイ修理店を開業できました。これまでと違う未来が開けたのです」

既存市場での競争から新規市場の創造へ

組織のリーダーは往々にして二つの基本前提を受け入れ、それに基づいて行動する。一つは、市場の垣根や業界の状況は変えられないため、それをもとに戦略を立案しなくてはならない、という前提である。(原注4)もう一つは、そのような環境の制約下で成功するには差別化か低コスト、どちらかを選ばなくてはならない、という前提だ。コストひいては価格の上昇を伴いながら提供価値を増大させるか、低コストでほどほどの価値を提供するか、どちらか一方で両方はできない。このため戦略の柱は、価値とコストの二者択一だと見なされる。(原注5)

本当にそうだろうか。市場の垣根や業界の状況は変えられないのだろうか。価値とコストの二律背反を打ち破って、差別化と低コストを両立させる戦略は、立案できないのだろうか。(原注6)

CRPを考えてほしい。NBOSサミットは、刑務所経費の増大、高い再犯率、犯罪の増加といった状況を、変えられないものとして受け入れたのではない。犯罪者を収監し更生させることの意味を問い直し、刑務所、警察、軍隊、諸官庁を見渡して戦略と組織を変革することで、環境に変化を及ぼしたのである。

差別化と低コストに関しては、価値とコストの二者択一を拒み、乗り越えた。政府のコスト負担を抑えながら、軽犯罪者とその家族や社会に、以前よりも遥かに大きな価値をもたらした。ＣＲＰは世界のベストプラクティスを参考にしたり模倣したりするのではなく、関係省庁の全関係者の信頼と支援を得ながら、未知の領域を目指してブルー・オーシャン・シフトを実践した。

この動きを図示すると**図表１－１**のようになる。実曲線はマイケル・ポーターが「生産性フロンティア」と呼ぶ業界の既存の境界線、つまりベストプラクティスの集大成である。(原注7) この曲線は、現状のテクノロジーと事業のベストプラクティスの下で実現可能な最大価値と、それに見合ったコストを表している。既存市場ないしレッド・オーシャンにおいて戦略が及ぶ限界が、このフロンティアである。この端の部分では、業界の全企業の生産性、すなわち価値とコストの比率は同一である。このため、買い手にとっての価値とコストの間には正の関係がある。どちらか一方が増加すれば、必然的に他方も増加するのだ。

これが意味するのは、既存市場での競争ないしレッド・オーシャン戦略を成功させるには、価値とコストの二者択一が不可欠だということである。価値あるいは低コストのどちらかで突出しなくてはならない（前者は図表１－１の1、後者は同2に相当する）。しかし、両方において卓越するのは不可能である。(原注8) 業界の生産性フロンティアの手前に位置する製品は、フロンティア上に位置する競合製品に、必然的に打ち負かされるだろう。したがって、戦略の重点は既存市場でいかに競争して勝つかに置かれる。

ところが、ＣＲＰに関してはこのような戦略ロジックは成り立たない。ビジネス用語を使って説明するなら、ＣＲＰは刑務所という「業界」の既存の垣根を当然とは見なさず、既存刑務所のベストプラクティ

図表1-1｜競争から市場創造へ

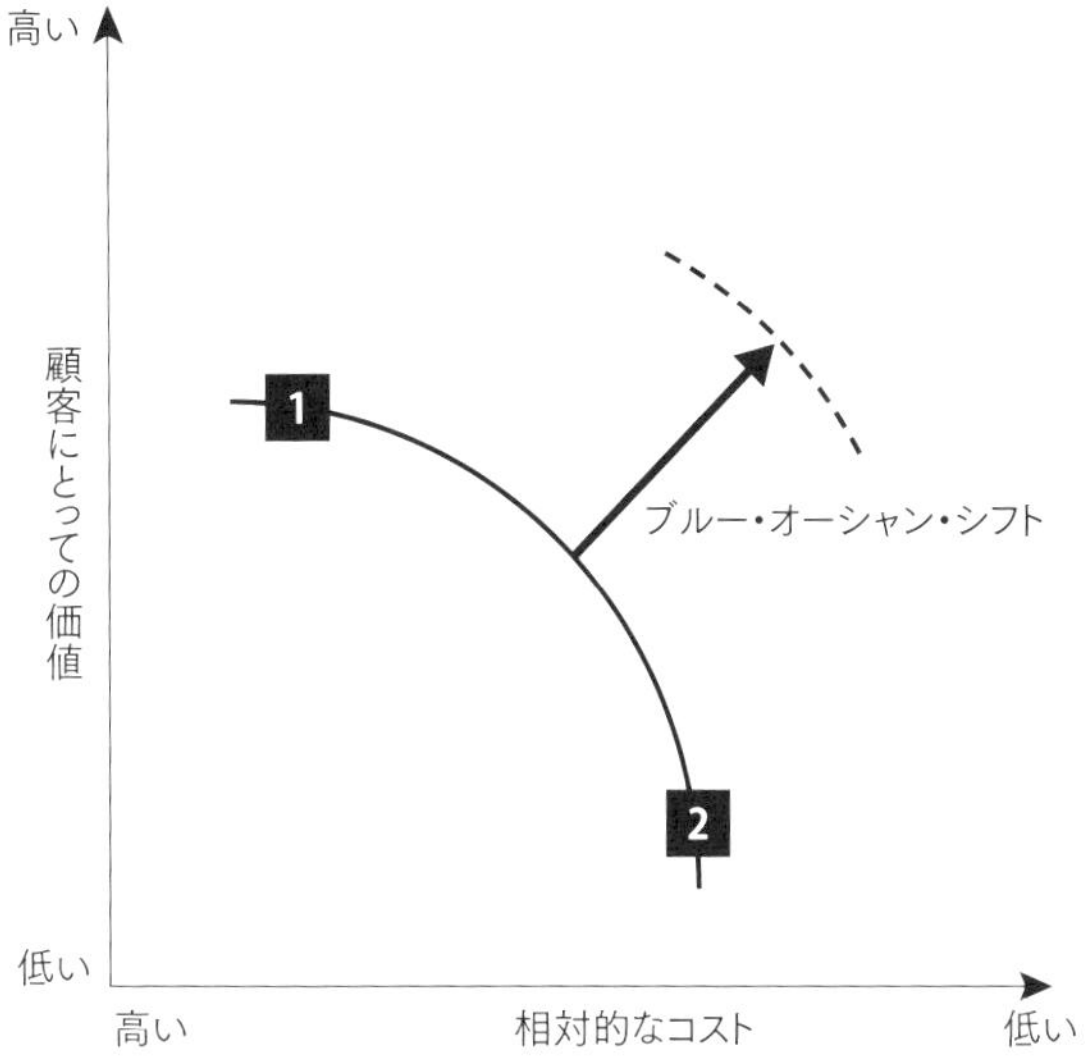

マイケル・ポーターが提唱したように、差別化または低コスト、いずれかの戦略をもとに、業界における既存の生産性フロンティアで競争する

差別化と低コストの両方を追求して、新たな価値コスト・フロンティアを開拓する

スの集大成である生産性フロンティアに、居場所を確保しようともしなかった。その代わりに、ブルー・オーシャン・シフトによって価値とコストのトレードオフを打ち破った。斬新な戦略を取り入れて提供価値の種類と大きさを一変させ、価値とコストの未知のフロンティアを開拓した。これこそが新しい市場空間の創造である。図表1-1の点線が、この従来とは異なる力学を表している。差別化と低コスト、両方を追求するのがここでの戦略である。既存の生産性カーブを遥かに超える、新しい価値とコストのフロンティアを開拓することで、ブルー・オーシャンを創造し、既存フロンティアでの競争を無意味にするのだ。(原注9)

ブルー・オーシャン・シフトの実現は魔法のように見えるかもしれないが、そんなことはない。実際には、「創造性が抜群に高い」と自任する人でなくても、誰にでも使いやすい体系的なプロセスがある。そのプロセスは、レッド・オーシャンからブルー・オーシャンへの道筋を示すだけでなく、自信をもたらし最初の一歩から導いてくれるため、「理解できた、シフトの実現は自分の使命だ」と感じるのである。グループセブのアクティフライ、イラク国立ユース管弦楽団(NYOI)、マレーシア政府の地域更生プログラム(CRP)の他にも、世界各地の多数の組織がこのプロセスの一部または全体を活用して、ブルー・オーシャン・シフトを実現した。

ブルー・オーシャンへの旅

我々二人は、ブルー・オーシャン・シフトとそれを実現するプロセスを、一夜にして突き止めたわけではない。これは、三〇年近くにわたって、ともすれば大きな困難を乗り越えながら実施してきた研究の成果である。三〇年前、ある現象に当惑しながらも関心を抱き、研究に取り組みはじめた。一九八〇年代半ばにはグローバル競争がかつてなく激しさを増し、歴史上初めて、さまざまな業界で軒並みアメリカ企業の形勢が不利になっていった。オートバイ、自動車、土木機械、消費者家電などの分野で、新たな競争相手すなわち日本企業に取って代わられていたのである。

当時、ミシガン州アナーバーを研究拠点にしていたため、この様子を文献を通して知るだけでなく、目の当たりにしていた。すぐそばに位置する自動車産業の聖地デトロイトは、大打撃を受けていた。「ビッグスリー」ことゼネラル・モーターズ、フォード・モーター、クライスラーは、巨額の赤字を出していた。企業や店舗の休業が相次ぎ、人々は大きな不安を抱いていた。ミシガン州では、新たな手強い競争相手の猛攻に恐れをなし、路上で日本車を破壊する人々まで現れた。デトロイトを訪れた時には、このような情勢はさらに鮮烈に目に入ってきた。どの通りもまるでゴーストタウンのようで、ゆっくり没落へと向かっていた。二人とも、当時は懐に余裕がなく、古い傷だらけの車に乗っていた。デトロイトの町もまた、精神と経済の両面で傷だらけだという印象だった。

要するに、先進国経済が新たな局面を迎え、それがかつてない課題をもたらしていたのである。第二次世界大戦後の需要が供給を上回る状況から、供給が需要を上回る厳しい状況への移行が進んでいた。それが意味するのは、競争が激しさを増す一方であることだった。この新たな課題の衝撃に真っ先に直面するのはアメリカ企業かもしれないが、我々は、日本を含む全先進国の企業も早晩同じ状況に陥ると確信していた。備えを怠れば、斜陽のデトロイトと同じく没落するだろう――。

目にした状況には胸が痛んだ。そこで、以上のような視点のもと、新たな現実に対処する方法や変化を遅らせる方法ではなく、世界中で競争が激化するなかで、単に生き残るばかりか繁栄するための方法を掴み取ろうと、腰を上げた。研究上の問題意識はしだいに明確になり、焦点も絞られてきた。どうすれば、血みどろの競争が展開するレッド・オーシャンから抜け出し、利益ある力強い成長を遂げられるのか。至高の先へと到達して新しい市場空間を創出し、競争を無意味にする方法は何か。

研究から得られた初期の成果は、戦略・マーケティング分野の諸論文にしたため、『ハーバード・ビジネス・レビュー』や学術誌に発表した。[原注10] それらをまとめた処女作『ブルー・オーシャン戦略』は、二〇〇五年に初版が、二〇一五年には新版が刊行になり、四四カ国語に翻訳されて五大陸でベストセラーを記録した。「一夜にして」世界的ベストセラーになったように見えるかもしれないが、その陰には、長年にわたる粘り強い取り組み、辛苦、初志貫徹があった。

『ブルー・オーシャン戦略』は一言で述べるなら、市場はレッド・オーシャンとブルー・オーシャン、二種類の海からできている、という見方を打ち出した。レッド・オーシャンは、大多数の企業が競争する、既存の全業界を指す。ブルー・オーシャンは、新たに創造される業界すべてを指し、利益や成長はしだいにここから生まれるようになる。『ブルー・オーシャン戦略』は、過去一〇〇年以上にわたる、三〇業界における一五〇の戦略施策を研究した結果をもとに、既存市場での競争戦略（レッド・オーシャン戦略）と市場創造の戦略（ブルー・オーシャン戦略）の概念的相違と基本形態を説明した書である。ブルー・オーシャンの創造に向けた分析ツールを紹介するほか、なぜレッド・オーシャン戦略が競争の理論であり、ブルー・オーシャン戦略が競争を無意味にする市場創造の理論であるのかを、浮き彫りにした。「レッド・オーシャン」「ブルー・オーシャン」「ブルー・オーシャン戦略」は、すぐにビジネス用語として定着した。

世界中の個人、政府機関、企業、非営利組織がブルー・オーシャン、レッド・オーシャンというレンズを通して世の中を見るようになったため、予想もしなかった速さで関心が高まっていった。伝統的な組織は、「レッド・オーシャンから抜け出してブルー・オーシャンを創造しなくては」と考えた。起業家達は、「レッド・オーシャンには見向きもせずに、ブルー・オーシャンの事業機会を探す必要がある」と議論した。「ブルー・オーシャン戦略とは何か」から「この理論とツールを実際にどう活かして、レッド・オーシャンからブルー・オーシャンへ移行するか」へと、関心や議論の焦点がすっかり変化した。

起業家や新興企業は、最小限のリスクでブルー・オーシャンを創造、支配するための、具体的な手順と体系的な行程を探していた。レッド・オーシャンにはまって身動きの取れない既存企業は、大海原へと漕ぎ出す方法を知ろうとした。その問題意識は「自社は官僚体質で変化への抵抗が強いのだが、どこから始めればよいだろう」「既存業界のルールに沿った競争手法しか知らず、それにすっかり馴染んだ人材に、ブルー・オーシャン戦略の受容と参加を促すには、どうすればよいか」だった。彼らは過去の経験から、アイデアや変革努力がいかに創造的であっても、「人をどう動かすか」という問題に対処しない限り、ブルー・オーシャンへの移行は果たしえないと心得ていた。移行を確実に成し遂げるために、組織面のハードルに直面した場合に、人々の信頼と協力を勝ち取る方法を、知りたいと考えていた。

この新しい研究課題に対処するために、我々は調査に乗り出した。対象は、ブルー・オーシャンの創造と制覇を目指して、我々の理論と手法を応用した人々、具体的には、ポール・マカリンディンとイラク国立ユース管弦楽団（NYOI）、グループセブのクリスチャン・グロブと部下達、マレーシア政府のNBOSサミットである。NBOSサミットは二〇〇九年に始動して以来、一〇〇を超える国家ブルー・オーシャン・プロジェクトを発案、遂行してきた。（原注11）それらの成功と失敗のパターンを分析し、経験から教訓を引き出し、成果につながる方法とそうでない方法は何か、落とし穴を避けるにはどうすればよいかを突き止めた。

これら個人や組織の多くは、我々や、ブルー・オーシャン・グローバル・ネットワークのメンバーのもとに助言を求めてきた。彼らが抱いた疑問は、どこからどのように旅を始めればよいのか、新しい事業機会にどうツールを活かせばよいのか、有意義なブルー・オーシャン施策をどう絞り込めばよいのか、施策の実現に向けて望ましいメンバーをどう集めればよいのか、などである。施策を進める過程でどう人々の信頼と自信を培うべきかを知りたい、という要望もあった。なぜなら信頼や自信は、必要な変化《シフト》を起こそうとする意思と熱意を引き出すうえで、欠かせないのである。

詳しくは後述するが、消費財メーカーのキンバリー・クラーク・ブラジル（KCB）もその一社である。KCBは、一五億ドルを超える規模のブラジルのトイレットペーパー業界で事業を行っていたが、競争の熾烈なレッド・オーシャンから抜け出し、「コンパクト」というブルー・オーシャン製品によって新しい業界標準を打ち立てた。

ブルー・オーシャンの理論と方法論を独自に応用した企業や組織もある。我々はクチコミ、書簡、報道記事を通してそれらを知り、連絡を取った。その一社が、手頃な料金ながら高級感もあるホテルチェーン、シチズンＭホテルズである。アムステルダムを本拠とするシチズンＭは現在、世界各地で事業を展開し、コストを極力抑えながら、観光業界で最高レベルの顧客満足度を誇っている。ヘルスメディアも同様の事例である。ヘルスメディアは、二〇〇六年には売上高がわずか六〇〇万ドルと苦戦していたが、テッド・ダッコのリーダーシップの下、デジタル・ヘルスコーチング（健康指導）という新しい市場空間を創造し、わずか二年後にはジョンソン・エンド・ジョンソン（Ｊ＆Ｊ）に一億八五〇〇万ドルで売却した。さらには、軽食も扱うコンビニ兼ガソリンスタンド・チェーンＷａｗａの事例もある。アメリカの株式未公開企業として三六番目の規模を持つＷａｗａは、ハワード・ストッケル前ＣＥＯの指揮下、ブルー・オーシャン戦略のツールとアイデアを活かして爆発的な成長を遂げた。ブルー・オーシャンにふさわしい商品やサービスを提供して、現ＣＥＯクリス・ギーゼンズの下でも成長を続けている。

我々の分析は、消費者向け事業（Ｂ to Ｃ）、法人向け事業（Ｂ to Ｂ）、公共セクター、非営利セクターの事例を網羅している。これら実地への応用例や追跡研究を通して、ブルー・オーシャン・シフトを成功へと導く共通要因だけでなく、途中の落とし穴やハードルについても知ることができた。

自分達の発見が妥当か、あるいは広く応用できるかどうかを大規模に検証するために、既に述べた以外にも、独自のプロセスをもとにレッド・オーシャンからブルー・オーシャンへと移行《シフト》した組織について、戦略的施策の背後にあるパターンを分析、比較した。その狙いは、熾烈な競争から抜け出して新しい市場を創造する方法について、より広く、より深く理解することだった。我々のツールやアイデアを用いてシフトを実現したことが判明している組織と、そうでない組織、両方を研究対象にするのが、市場創造のパターンと動的プロセスをより完全に把握するうえで肝要である。

こうして、一〇年以上にわたって新たに研究と分析を行った末に、ブルー・オーシャン・シフトを成功へと導くカギについて、より深い理解に到達できた。その内容は主に以下の三点に集約できる。

ブルー・オーシャン・シフトを成功へと導く三つのカギ

第一のカギは、ブルー・オーシャンの視点を取り入れて視野を広げ、事業機会の所在についての考え方を改めることである。

新しい価値コスト・フロンティアを切り開く組織は、一般の組織とは異なる発想をする。つまり、現在の市場での競争だけに焦点を当てるのではなく、別の事柄について考えるのだ。極めて斬新な疑問を抱くため、従来にない革新的なやり方で事業機会やリスクを眺め、理解することができる。このため、他の組織であればまったく目に入らないか、不可能ないし不適切だという理由で見過ごすような、従来にない種類の価値や破格に大きな価値を提供しよう、という着想が得られる。

視野が広がるため、例えば、一流の教育を受けた演奏者や名器と無縁であっても、世界的な称賛にふさわしい国立ユース管弦楽団の設立を構想できる。その背景には「断絶した文化を橋渡しして、平和を促進する場」という新たな楽団観があった。あるいは、軍隊、警察、刑務所の歴史的な縦割りに逆らってでも、軍事基地内に軽犯罪者用の更生センターを設けてはどうかと考える。美味しくヘルシーな、油で揚げないフライドポテトを出来立てで食べられる、かつてないフライドポテト調理器の着想を得る。

業界のベストプラクティスから離れようと努力しても、たいていの企業はそれができずにいる。ブルー・オーシャン戦略の実践者の視点を取り入れると、現状にとらわれずに可能性に開眼できるはずである。地平が広がり、確実に正しい方向に目が向くはずである。視野を広げたり、見る方向を変えたりしない限り、新たな価値コスト・フロンティア（value-cost frontiers）の開拓に向けていくら努力しても、日の出を見ようとして西へと走るようなものである。どれだけ速く走っても、決して目的は果たせないだろう。

正しい視点を持つことは不可欠だが、大多数の人にとっては、実際に新しい価値コスト・フロンティアを思いついたり、開拓したりするには、それだけでは不十分である。これは組織が直面する最大の課題の一つである。「レッド・オーシャンから抜け出したい」「ブルー・オーシャン・シフトを達成したい」と考えるだけでなく、ブルー・オーシャン流の視点も持っているかもしれないが、市場創造のツールやブルー・オーシャン流の視点を具体化するための指針が、欠けているのである。

このため、ブルー・オーシャン・シフトを成功させる第二のカギは、ブルー・オーシャン流の視点をもとに商業的に旨味のある新製品や新サービスを開発して新たな市場を開拓するための、実用的なツールと適切な指針を持つことである。

従来と異なる問いを抱いて戦略的発想を変えることが正しい視点につながるのなら、市場創造のツールと指針は、適切な問いを適切なタイミングで立てて、答えの意義や重要性を見極める助けになる。これらは全体として人々の創造性を高め、発想をまとめるための枠組みや条件としての役割を果たすため、他者の目には映らないものを着想あるいは発見し、たいていの組織が陥る落とし穴を避けるうえで役立つ。

また、現状を打開する価値コスト・フロンティアを開拓するうえで不可欠な、以下のような問いの答えを見つけられるよう、ステップごとに道案内をしてくれる。「事業や市場に関して自分が持つ、明確な前提や暗黙の前提にどう挑むか」「非顧客層の海を見つけて新たな需要を創出する仕事に、どう取り掛かるか」「どうすれば市場の境界を体系的に引き直し、競争が無意味になるような新たな価値コスト・フロンティアを切り開くことができるか」「差別化と低コストを両立させる製品やサービスは、どうすれば開発できるだろう」「戦略的ビジョンを形にして利益につなげるビジネスモデルを、どのように築くか」

これらのツールやフレームワークは極めて有用である。なぜならビジュアル化されているため、教育水準や創造性の程度に関係なく、誰でも容易に理解、応用できるからである。どれも重要な要因の相互関係を一ページの図表やグラフで示すため、全関係者が個々の問いへの答えを見つけ、同じ考えに辿り着く。

前著『[新版]ブルー・オーシャン戦略』においてもこれらのツールを紹介しているが、よく言われるように、落とし穴は細部に隠れているため、本書ではこの細部を深く掘り下げる。結果を出して、想定される落とし穴を回避または克服するための、望ましいチーム作り、プロセスの構築、各ツールの体系的な活用とその順序を紹介する。大所高所から教訓を垂れようというのではない。むしろ、レッド・オーシャンからブルー・オーシャンへの移行の各ステップにおいて、実用的、実践的な水先案内をする。
ブルー・オーシャン・シフトの実践は、抜本的な変革の旅である。新たな価値コスト・フロンティアを切り開くための、明快なアイデアと戦略を持つだけでは、十分ではない。人々を動員しなくてはならないのである。一定の年齢に達したプロフェッショナルなら誰でも知っているように、人々から自発的な協力を引き出さない限り、変革は途中で行き詰まるだろう。たいていの戦略は組織の人間的側面には踏み込まないが、それではいけない。

したがって第三のカギは、人間中心のプロセスを持つこと、いわば「人間らしさ」をプロセスに組み込むことである。これが、効果的なプロセスを尊重して遂行するうえでの自信を培う。

大多数の組織は社内で変革のハードルに直面する。人々は現状にこだわるため、これは意識のハードルであるかもしれない。深い断絶や組織の縦割りに起因する軋轢や内紛がもたらす、政治のハードルもある。うまく仕事をやり遂げることばかりに気を取られ、活力、情熱、意欲が不足する、モチベーションのハードルもある。
例えばポール・マカリンディンとNYOIは、何年にも及ぶ同胞間の戦いによって分断された人々を一つのチームにまとめ上げるという、手強いハードルに直面した。グループセブでは、組織に染み付いた仕事のやり方や猜疑心が、乗り越えるべき厄介な組織のハードルとして立ちはだかった。マレーシア政府が直面したのは、今日ではたいていの政府を悩ます典型的なハードルである。公務員の官僚体質というモチベーションのハードルは言うに及ばず、省庁間の縦割りや軋轢が存在したのだ。

我々の研究からは、大多数の組織が戦略の実行に際して頼る、最も一般的な二つの習わしは、皮肉にも、変革努力のほとんどが失敗する原因でもあると判明している。

第一に、大多数の組織は戦略の立案と実行を、順番に行うべき別個の活動として扱っている。あるグループが戦略を立案して、別のグループにその実行を委ねるのだ。戦略とイノベーションに関する学術研究は大半が、この順序づけと分担を助長している。第二に、実行に際しては時間と関心のほとんどが、組織を改編してアメとムチを使うことに費やされる。具体的には、管理の対象期間を変更する、インセンティブを調整する、重要な業績指標を設ける、などである。アメとムチや組織改編にはそれぞれ役割があるが、大胆な変革を起こすうえで不可欠な自信を人々に植え付ける効果は乏しい。自信をもたらすためには、組織は基本的に、一般に行われているのと逆のことをすべきである。

戦略の実行を、戦略が構築された後に着手すべきものとして扱うのではなく、最初から戦略に組み込んでおく必要がある。さもなければ、人々から受け入れられないだろう。加えて、熱意や労力の大半を体制、懲罰、報賞といった、人間味のない手段の調整に費やすのではなく、人々の感情や心理に焦点を当てる必要がある。「新しい戦略を受け入れ推進していこう」という意欲を引き出し、信頼を築いてそれをテコに人々を動かしたなら、「組織の制約を乗り越えて、変革を最後までやり遂げよう」と熱意がみなぎるだろう。

人々の心を捉えて新戦略への共感を得るには、どうすればよいだろうか。何しろ、変革は脅威である。ブルー・オーシャン・シフトを実現するよう人々に求めるのは、よく知った世界から離れて新たなフロンティアを目指すよう促すことであり、まさに脅威になるのだ。ところが意外にも、ブルー・オーシャン・シフトに成功した組織を調べたところ、人々は創造性と熱意をいっそうみなぎらせ、「新戦略は実行できる」と信じて疑わなかった。まさに望ましい状況である。

しかし、一般には実現しにくいこの状況が実現したのは、いったいなぜだろうか。この疑問を時間をかけて考えるにつれてはっきりしてきたのは、ブルー・オーシャン・シフトのプロセスには、人々を評価し、彼らの不安、自信喪失、尊重されたいというニーズ、大切な存在でありたいという願いを受け止める何かがあるということだった。この「何か」を最もうまく表す言葉を懸命に探し、「人間らしさ」に行き当たった。

我々が突き止めたのは、「ブルー・オーシャン・シフトの成功例の核心をなすのは、根本的に人間らしいプロセスである」ということだ。そのプロセスは、私達の人間らしさを否定せずに受け入れて、想像したこともないほどの能力と自信を与えてくれる。人間らしさのお陰で、私達は少しずつでも前に進もうとする。私達の猜疑心と弱さ、「できない」という不安、「そもそもブルー・オーシャンなどあるのか」という疑心暗鬼、知性と感性の両面で認められて自分に価値を見出したいというニーズ。これらを人間らしさは受け止めてくれる。人間らしさがプロセスに組み込まれていると、チームの意識を変え、変革に適した感情を生み出すことができる。これは、五人のチームでも一万人のチームでも同じである。

これを達成するためにブルー・オーシャン・シフトのプロセスは、あらゆる人々に無闇に変化を迫るのではなく、各ステップにおいて人々の不安を和らげ、自信を培う。プロセス全体に、細分化、実体験に基づく発見、公正さが織り込まれている。我々の研究によれば、これらが人間らしさのカギを握る要因である。なぜなら、人間の根源的な部分に働きかけるからだ。詳しくは後述するが、幸いにも、これらの要因はどの組織でも再現できる。

図表1-2は、ブルー・オーシャン・シフトの成功のカギを一つの図表にまとめたものである。ここに示された三つのカギは、互いに補完し合いながら全体としてシフトを実現させる。ただし、誤解しないでほしい。三つのカギ、すなわちブルー・オーシャンの視点、市場創造の実践的なツールとその活用指針、人間らしいプロセスを特定できたのは、これらが正しく運用されたからではない。事実、誤った運用をして何度も苛立ちやトラブルに直面した組織は少なくない。我々は数々の失敗から学んだ。それら失敗の大半をきっかけに、プロセス全体を通して三つのカギを強化する必要性を、いっそう重視するようになった。

レッド・オーシャンからブルー・オーシャンへの移行は、一日では成しえず、一回の合宿型会議で実現するようなものでもない。反面、何年もかかるわけでもない。グループセブのアクティフライは、複雑な特許を取得するのに時間がかかったため、最終的に発売に漕ぎ着けるまでには二年以上を要した。しかし、イラク国立ユース管弦楽団（NYOI）、あるいはマレーシア政府の大掛かりな地域更生プログラム（CRP）でさえも、一年で完結している。「現状打破につながる価値コスト・フロンティアを開拓する機会だ」という確かな証拠が見え始めると、組織に熱気がみなぎり、レッド・オーシャンを抜け出してブルー・オーシャンへ漕ぎ出そうという機運が、一気に高まるのだ。

図表1-2｜ブルー・オーシャン・シフトを成功させる3つのカギ

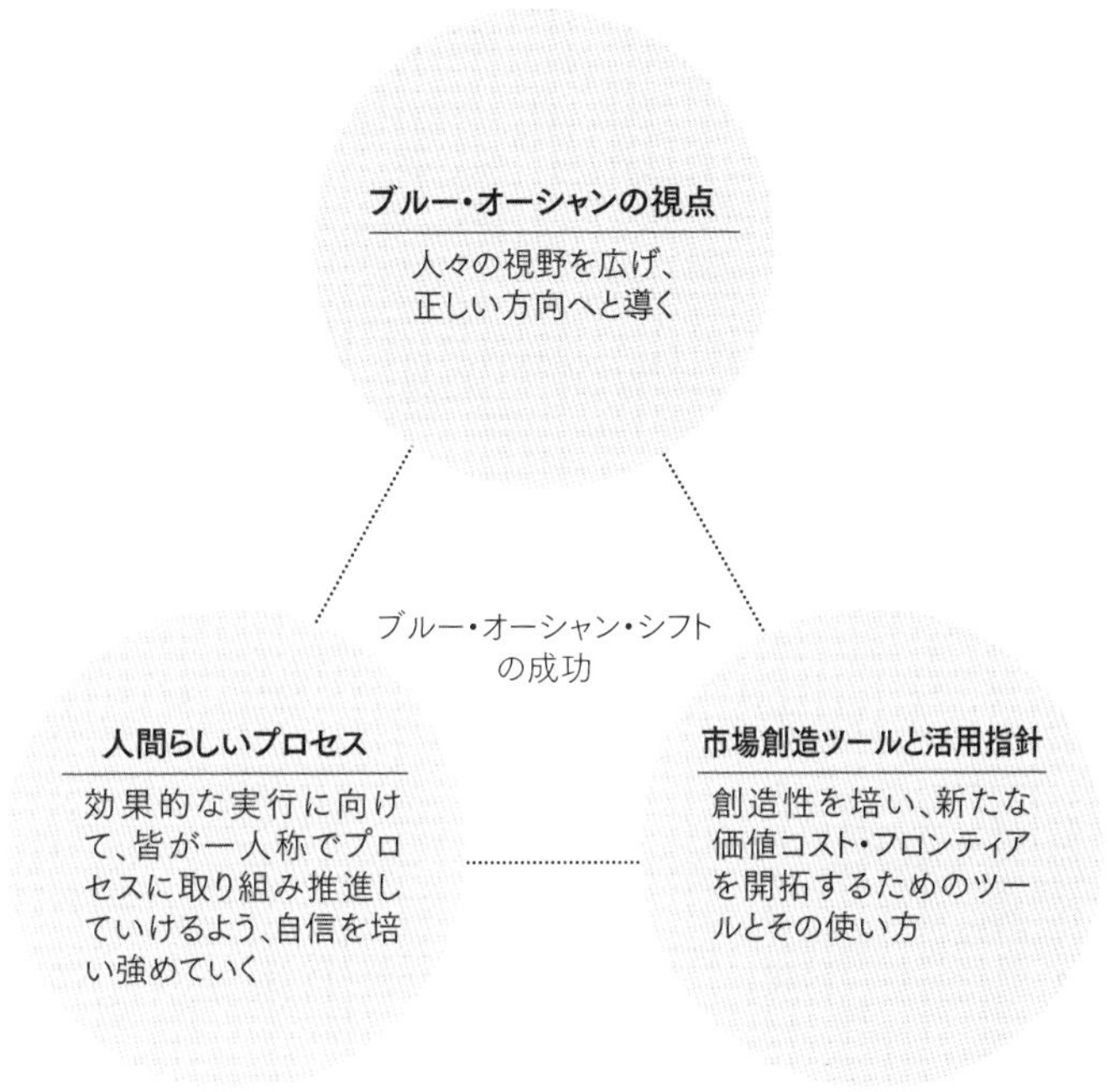

ブルー・オーシャン・シフトが重要な理由

実に多くの業界が、新たな価値コスト・フロンティアを確実に必要としている。ヘルスケア業界やエネルギー業界しかり。アメリカの公教育は、従来はいわゆる「業界」とは見なされてこなかったが、再考が求められている。コストが急増しているにもかかわらず、成果は許容できないほど小さいからである。自動車業界は、現在のところ急激に業績が悪化しているわけではないが、合理的なコストの範囲内で環境問題に対処するための新しい方法を、明らかに必要としている。銀行をはじめとする金融機関は、持続的に高業績を上げるための新戦略を切に求めている。

国連のシナリオによると、人口と消費が現在の傾向のまま推移したなら、全人類に十分な資源と新鮮な空気をもたらすには、二〇三〇年代までに地球が二つ必要になるという。(原注12) 自治体による水道水の生産と供給、受電と電力の使用、不可避に見える危機を避けるための都市設計とその運用など、多様な基盤分野において、新たな価値コスト・フロンティアを開拓する必要がある。

既存業界で思い付いたものをどれでもよいから一つ選び、ブルー・オーシャン・シフトの必要がないか、考えてみよう。供給に対して需要はどれくらいあるだろうか。最近では薄利、コスト上昇、横這いないし低下傾向の売上高、市場シェアの奪い合いが、建設、ヘアサロン、広告、法律事務所、製紙、出版などあらゆる業界に打撃を及ぼしている。郵便局、美術館、図書館、慈善団体、クラシックオーケストラのような公的セクターや非営利セクターでさえも、需要の低減、コストの上昇、競争の激化に見舞われ、財務が逼迫している。

要するに私達は皆、自分のまわりのレッド・オーシャンにお金を払っているのだ。裏を返せば、新たな価値コスト・フロンティアの開拓ひいては利益ある成長を可能にする、創造的な戦略を、もっと考案しなくてはならない。ブルー・オーシャン・シフトが求められるのだ。

あなたはどうだろう。

もしかしたらあなたは、ポール・マカリンディンとイラク国立ユース管弦楽団のような存在かもしれない。若い企業すなわち新興企業《スタートアップ》や中小企業の経営者ないし一員かもしれない。競争の熾烈なレッド・オーシャンを抜け出して、利益ある成長を実現する必要性を理解しているが、方法が分からずにいるのかもしれない。

あるいは、グループセブのクリスチャン・グロブとその部下達と同様に、ルーチン業務、社風、典型的な官僚的体質が染み付いた、伝統的な大組織の一員だろうか。所属組織は、血みどろの競争が繰り広げられるレッド・オーシャンでくすぶっているが、あなた自身は製品・サービスの陳腐化や価格競争の波からどうすれば逃れられるのか、そもそもそれが可能なのか、疑問を抱いている。皆は古い発想に凝り固まっているように見えるが、それでもあなたは、未来を掴み取るには戦略変更が不可欠だと心得ている。

あるいは、政府系組織や省庁、もしくは他の公的セクターの組織に属しているが、その方針や慣行はもはや有効ではないかもしれない。コストを下げながら提供価値を飛躍的に増大させるために、根本的な変革が必要だと分かっているが、その実現を思い描くことさえできずにいる。

もし以上の状況のどれか一つでも思い当たるなら、ブルー・オーシャン・シフトはあなたにふさわしい。

本書の内容

ブルー・オーシャン・シフトの実現方法に入る前に、まずは第2章において、市場創造に関して知っておくべき基本コンセプトとメカニズムを説明する。その際には、市場創造戦略とは本当のところ何か、どう機能するのかをめぐる、従来の混乱を解消する。創造的破壊や攪乱的イノベーションに重点を置くだけでは、新市場を創造する方法の一部を示すに過ぎず不十分だ、といった重要な点にも言及する。非攪乱的創造の概念に基づきながら、往々にして見逃されているが本来は見逃すべきではない、まったく異質な市場創造機会があることを、述べていく。経済学者が称賛し推奨するイノベーションは、新たな価値コスト・フロンティアの開拓につながる商業的に旨味のある新規市場の創造とは、必ずしも同義ではないため、この点にも触れ、違いを理解すべき理由を述べる。

第3章と第4章では、ブルー・オーシャン・シフトの基本を説明する。第3章ではブルー・オーシャン戦略を担う人々の発想と独特な思考様式を詳述して、ブルー・オーシャン・シフトの実現に必要な心構えを養う。第4章では、ブルー・オーシャン・シフトのプロセスを概観する。人間らしさという重要な概念と、それによって人々が自信を抱き、プロセスと結果に責任を持って変革を推進する状況を、説明する。

変革プロセスを通して創造性が培われる様子も紹介する。

以後の章では、ブルー・オーシャン・シフトの五つのステップを取り上げる。ステップごとに新しいツールや、ブルー・オーシャンへと一歩ずつ近づくための枠組みや分析の指針となるツールを、取り上げる。ツールを個々の状況にどう活かすか、結果をどう解釈するかを説明し、実地に使う際の落とし穴に注意を喚起し、成功を確実にするためにどう落とし穴を避けるべきかを論じる。併せて、チームが自信を持って新たな可能性を探り、変革のプロセスと結果にその時々で責任を負うよう、各ステップに無理なく人間らしさを持たせる方法も説いていく。こうして、プロセスを追っていくとおのずと変革が実行でき、始動したブルー・オーシャン・シフトを推進したいという意欲を皆が持つようになる。

具体的に述べるなら、ステップ1では、ブルー・オーシャン施策の範囲を適切に定め、望ましいチームを築くといった、変革に取り掛かる方法を示す。ステップ2では、業界の競争状況を明確にして、変革の必要性に関して全員の意識を揃える方法を扱う。職能別、階層別の縦割りを抜け出して大局観を得る方法を、全員に学んでもらう。ステップ3では、明るい未来を拓くために、現状から新たな可能性へと重点を移す。顧客の知られざる苦労を探り出す方法や、業界の規模拡大を妨げている制約要因を紹介する。苦労や制約はどちらも取り除くことができる。未開拓の非顧客層の状況を把握する方法も取り上げる。このステップに到達すると、ブルー・オーシャンはもはや比喩や抽象的な概念ではなくなる。見たり感じたりでき、可能性を見極めることも可能になるのだ。続くステップ4では、現場に飛び出して、新しい市場空間を創造するための六つの計画的なパスを応用する方法を説いていく。どう市場の境界を引き直し、新たな需要を創出すべきかが、見えてくるはずである。このステップ4ではまた、現場で得た知見をもとに、低コストで差別化の効いたブルー・オーシャン事業を具体化する方法を掘り下げる。次は最終のステップ5である。価値提案とビジネスモデルによって差別化と低コストの両方を確実に実現するために、ブルー・オーシャン施策の選択、短期の市場テストの実施、製品やサービスの完成、市場投入、展開を行う方法を示す。これによって、どう施策を選んで実行すれば顧客と自社にとってウィン・ウィンになるか、その方法を学べる。

むすびでは全体を総括する。官僚的で変化に抵抗する伝統的組織、すなわち中央政府のブルー・オーシャン・シフトを詳しく紹介する。岩盤のような縦割り組織でさえブルー・オーシャン・シフトを実践し、仕事のやり方を改めて数十億もの人々を救っている様子を説明する。実際のところ、新たな課題に対処することを「ブルー・オーシャンする」と表現するのが一般的になっている。この政府組織は変革のプロセスを通して、低コストで高い効果を生み出すばかりか、当事者の創造性や熱意を引き出す力を強めている。そしてまた、新たな価値コスト・フロンティアを開拓して、経済的、社会的な機会に満ちたブルー・オーシャンを創造、支配する感動を発見しつつある。政府組織にそれができるなら、間違いなく、あなたにもできる。

さあ、淀んだレッド・オーシャンを抜け出して、新鮮な成長機会に溢れる自分達のブルー・オーシャンを手に入れる方法を、一歩一歩学んでいこう。

第2章
市場創造戦略の基本

ブルー・オーシャン・シフト、すなわち競争から市場創造への移行法を示す前に、まずは、市場創造戦略とは本当のところ何なのか、どう機能するのかを、はっきりさせる必要がある。

これに関して、長年にわたって数々の混乱を目の当たりにしてきた。市場創造をめぐるさまざまな視点が互いにどう整合するのかが、なかなか理解されないのである。一部の人々は、市場創造を破壊的創造や攪乱と同一視する。新しい市場を創造するには、既存市場を破壊ないし攪乱する必要がある、というのだ。あるいは、市場創造をイノベーションの問題と捉え、テクノロジーが新規市場を切り開くカギだと見なす人々もいる。さらには、市場創造を起業と同義であるとして、起業家が行うべきことだとする立場もある。

以上の見方はいずれも部分的には正しい。しかし、間違っている面もある。なぜなら、どれひとつとして市場創造の全貌を明らかにしていないからだ。全体像がなければ、ブルー・オーシャン・シフトの実現に向けていくら努力しても、多くの事業機会を逃すばかりか誤った方向へ進みかねない。そこで、市場創造戦略の包括的なモデルを築き、使える戦略の選択肢とブルー・オーシャン・シフトの実現法を示すだけでなく、それに伴う事業成長にも言及する。こうすると、従来の部分的な見方が全体としてどう整合するのかが、分かってくる。

創造的破壊と攪乱的イノベーションは、全体像の一部にすぎない

経営幹部、起業家、政府高官と話をするたびに、気づくことがある。彼らは何かにつけて市場創造を、創造的破壊ないし攪乱と関連付けるのだ。「創造的破壊」（creative destruction）は、オーストリア出身の経済学者ヨーゼフ・シュンペーターによる重要な造語である。シュンペーターは、既存市場での競争は悪いことではないが、買い手のニーズが満たされ、競争によって利益が削られると、やがて利益率の低減が始まると述べた。（原注1）したがって、経済成長の真のエンジンは、新規市場の創造であるという。ただし、シュンペーターの考えでは、この創造は破壊によってもたらされる。（原注2）

破壊が起きるのは、イノベーションが従来の技術や既存の製品・サービスに代替することによってである。代替なしに破壊は起きないため、ここで重要なのは「代替」という概念である。例えば、デジタル写真は見事にフィルム写真の代替品となり、創造的破壊を成し遂げた。こうして今日では、デジタル写真が一般的となり、フィルム写真は滅多に使われない。

攪乱の概念はシュンペーターの洞察を反映している。（原注3）市場創造と関係の深い攪乱の研究で最も有名なの

は、攪乱的イノベーション（disruptive innovation）という多大な影響力を持つ概念である。(訳注)(原注4) 創造的破壊が、優れた技術、製品、サービスが登場して、旧来のものに取って代わる時に起きるのに対して、攪乱的イノベーションは「劣った」技術が登場してやがて優れた技術になり、市場リーダーを駆逐することによって起きる。その典型は、ディスクドライブの主力メーカーが攪乱され、やがて代替された事例である。当初は素朴な技術と低性能の製品で市場に参入してきた企業が、底辺から這い上がって、油断する主力メーカーを攪乱したのである。(原注5)

ここでの特筆すべき知見は、シュンペーターによる示唆とは裏腹に、業界に参入する技術は優れている必要はなく、むしろ最初は劣っているため主力市場を揺るがしそうに見えないトロイの木馬として登場する可能性がある、というものだ。この結果、既存企業は新参者に目もくれず、気づいた時には手遅れになっている。ただし、既存の企業と市場の代替に焦点を当てている点は、シュンペーター理論と共通している。

産業史が示すように、代替の両形態はどちらも事例が豊富だが、市場創造を論じるに際して創造的破壊と攪乱的イノベーションのいずれか一つに焦点を当てたのでは、一面的で誤解を招くだろう。このため、二種類の代替の性質を併せ持った市場創造を表現するために、我々は「攪乱的創造」（disruptive creation）という造語を考案した。(原注6) 幅広い意味を持つこの造語は、代替によって生じる市場創造機会を、部分的にではなくすべて包含する。

攪乱的創造は、創造的破壊と攪乱的イノベーション、どちらに起因するにせよ重要ではあるが、市場創

造機会はこれだけではない。我々の研究が示すように、既存市場を攪乱せずに新規市場が生まれた事例は多々ある。(原注7)

非攪乱的創造も新規市場を生み、成長をもたらす

アメリカ、アフガニスタン、ドイツ、日本、イエメンほか世界一四七カ国のいずれかに住み、子を持つ人なら、セサミストリートというテレビ番組名を聞いたことがあるはずだ。ビッグバード、エルモ、アーニー、バートなど、愛らしい操り人形《マペット》が登場して未就学児童に数の数え方、色や形の名前、アルファベットなどを教えてくれる。何より素晴らしいのは、あまりに楽しいため、観ている側は自分達がどれほど勉強しているか、気づきもしないことである。親の側ではそれに気づいているから、やはりこの番組を好む。セサミストリートは、多くの人が教育から連想するものとはおよそかけ離れている。幼い子供を魅了し、楽しませながら、教育するのである。

セサミストリートは、幼児教育の既存市場を攪乱したのではない。幼稚園や保育園、図書館、親による就寝前の読み聞かせなどを廃れさせたわけでも、それらに取って代わったわけでもない。むしろ、新しい価値コスト・フロンティアを開拓して、以前は皆無に近かった未就学児向けエデュテイメント（娯楽の要素を兼ねた教育）新市場の扉を開いたのである。セサミストリートは「攪乱的創造」とは対照的に、既存市場を攪乱せずに新規市場を創造した、いわば「非攪乱的創造」の賜物なのである。

さて、子供から成人男性へと話題を転じたい。多くの男性の生活は、ファイザーによるバイアグラ市場の創造を機に目覚しく変化した。では、バイアグラは他の市場を攪乱したのかというと、そうではない。非攪乱的創造だったのだ。バイアグラは、勃起障害を緩和することにより、一般的でありながら従来は対処されずにいた問題を解決して、世の中に旋風を巻き起こした。需要の急増によって売上高は数十億ドル規模になり、ライフスタイル薬の新たな市場を創造した。

次は、一日数ドルで暮らす三〇億超の人々に思いを馳せたい。この分野でも、非攪乱的創造が、資本不足による貧困の連鎖という放置されていた問題を解決した。一九八三年にグラミン銀行が無担保の少額融資を始めたため、人々は事業や商売を興したり、農業に従事したりして、少額の借金を返済しながら収入を増やしていった。この戦略的施策は、他の市場に取って代わることなく、マイクロファイナンスという新しい市場を創造した。それ以前、旧来の銀行は貧民を融資先にふさわしくないとして無視していた。マイクロファイナンスは以後、数十億ドル規模の産業へと発展し、将来の成長余地も大きい。成長街道を驀進しているとはいえ、世界中の営利・非営利両方の組織が参入する将来性の高い市場の二〇％にも食い込んでいない。

ここ数十年間に数十億ドル規模の業界が非攪乱的創造によって多数生まれた。オンラインデート、スポーツクラブ、クラウドファンディング、着信メロディー、ルーター、切替装置《スイッチ》、ネットワーク機器などはそのごく一部である。それどころか今日では、アメリカでＩＴに次いで雇用増大が著しい分野が、非攪乱的創造を拠り所にしている。その分野とはライフコーチングである。わずか二五年前には存在さえしなかったこの業界は、今や年間売上高が二〇億ドルを超えている。ライフコーチング業界の誕生と拡大は、既存業界の犠牲の上に成り立っているのではない。むしろ、新たな需要を創出したのであり、人々はプライベートと仕事、両方の充実を求めてライフコーチのもとへ押し寄せている。

以上の事例が示す通り、成長は常に攪乱的と非攪乱的、両方の市場創造によって生み出されてきたことが、我々の研究から分かっている（原注8）。具体例として、アメリカの産業分類基準の進化を考えたい。一九九七年に、アメリカ統計局制定の標準産業分類（ＳＩＣ）が五〇年以上の歴史に幕を下ろし、代わって北米産業分類体系（ＮＡＩＣＳ）が導入された。ＮＡＩＣＳでは、産業の併合や差替えがあったほか、新たな産業分類も設けられ、セクター数は一〇から二〇へと倍増した。例えばサービスはＳＩＣでは単一セクターとされていたが、ＮＡＩＣＳでは情報、医療および社会福祉など、七分野に分かれている。

一九九七年以降、ＮＡＩＣＳは産業の創造、再創造、成長のペースに合わせて数次にわたって改定された。例えば、情報セクターは二〇〇二年版では部門数が大幅に増えたが、二〇一七年版では新市場の創出を受けて、全二〇セクターのうち六セクターに変更が加えられた。二〇〇二年版、二〇一七年版とも、一部で部門の入替えがあり、まったく新しい業界の誕生を踏まえて新部門の設定もあった。産業分類は標準化や継続性を重視しているため、以上のような変更からは、攪乱的創造と非攪乱的創造が既存の垣根を変えたり、新たな業界を創造したりする影響の大きさが、浮き彫りになっている。

全体像を掴む

ちょっとした練習をしてほしい。何人かの人々に「三〇秒間、部屋中を見回して、赤いものをすべて記憶してください」と告げ、三〇秒が経過したらすぐに、「目を閉じて青いものをすべて思い起こしてください」と言う。赤ではなく、青である。青いものはたくさんあったのに、なかなか思い出せないだろう。人間は、探しているものしか目に入らないのである。「市場創造の唯一の方法は既存市場を撹乱することだ」と考えていたなら、非撹乱的創造の機会を容易に見過ごしてしまう。ともすれば既存市場の中心に関心を向け、既存の秩序を撹乱するには何が必要かを考えるのだ。すると視野が狭まり、非撹乱的な市場創造のさまざまな可能性が見えなくなる。

戦略を考える際に非撹乱的創造を明確に意識したなら、どれほどの優位性が得られそうか、検討したい。まずは新興企業を例に取ろう。起業家が既存市場を撹乱しようとする際には往々にして、自分達の何倍もの資本力やマーケティング資源を持つ既存企業と対峙することになる。小さな者が大きな者を倒す例も皆無ではなく、そのような逸話は人々の心を躍らせるが、実際には小さな者が大きな者に潰される場合のほうが多い。あなたが新興企業の立場だったら、押しも押されもしない業界リーダーと本当に戦いたいだろうか。それも確かに一つの道ではあるが、あえてそのような道を選ぶ必要はない。これは重要な点である。非撹乱的創造の機会も大きいため、それを考慮しないのは賢明とはいえないのだ。

次に既存企業を考えよう。既存組織では、マネジャーが創造的破壊や攪乱的イノベーションによって仕事や現在の地位を失う不安に駆られ、組織の市場創造努力を台無しにしかねない。彼らはそのようなプロジェクトに十分な経営資源を配分しないかもしれない。あるいは、不当に大きな間接費を割り当てる、プロジェクトメンバーを辞めさせるべく冷や飯を食わせる、といった手段を使うかもしれない。マイクロソフトをはじめ多くの既存企業が、この種の問題に苦しんでいる。非攪乱的創造による成長は、それほど脅威にはならない。なぜなら、既存の秩序とその中で生計を立てる人々に、じかに挑戦状を突き付けるわけではないからだ。したがって既存組織は、ブルー・オーシャン・シフトと同様に、攪乱的と非攪乱的、両方の創造を含む幅広い文脈で市場創造戦略を組み立てることにより、組織内のポリティクスや重要な人材の不安によりよく対処できる。

最後に新たな雇用について考えたい。攪乱的創造が起きると、新たな雇用、それも往々にして多数の雇用が創出される。反面、古くからの仕事は失われる。8トラックテープからカセットテープ、CD、さらにはMP3プレイヤーへと世代交代が進むと、各々の新規市場は新たな成長と雇用を生み出した。ただし、その一部は、旧事業の雇用を犠牲にして生まれたものであり、旧事業そのものが消失する例もあった。これとは対照的に非攪乱的創造は、必ずしも既存の事業や業界を駆逐することなく、成長と雇用の両方を創出する。

こう指摘するのは、非攪乱的創造が攪乱的創造より優れていると強調するためではない。むしろ、戦略を考える際に非攪乱的創造も念頭に置くべきである理由を示したいのである。我々が必要とするのは、攪乱的、非攪乱的、両方の創造を取り入れた、包括的な市場創造戦略である。なぜなら、両者は補完的な関係にあるからだ。(原注9)両者は単独ないし連携して、成長のカギとなる新たな価値コスト・フロンティアを開拓する。どちらか一方だけに集中すると、市場創造の潜在的な機会の評価が歪んだり、不完全になったりして、ブルー・オーシャン・シフトの実現に向けた取り組みの足を引っ張るだろう。

市場創造戦略の包括的モデル

ここまで読み進めてきた読者は、「攪乱的創造と非攪乱的創造につながるのは、それぞれどの市場創造戦略だろうか」と自問しているかもしれない。過去一〇年にわたる我々の研究によると、この問いへの答えは煎じ詰めるなら、市場創造に乗り出す際に組織が解決すべき課題の種類によって決まる。

研究からは、市場創造戦略ひいてはブルー・オーシャン・シフトの実行には、三つの基本手法があることが判明した。

- 業界の長年の懸案を打開する解決策を示す
- 業界の長年の懸案を再定義したうえで解決する
- 真新しい問題を見つけて解決するか、真新しい事業機会を掴み取る

図表2-1｜市場創造戦略の成長モデル

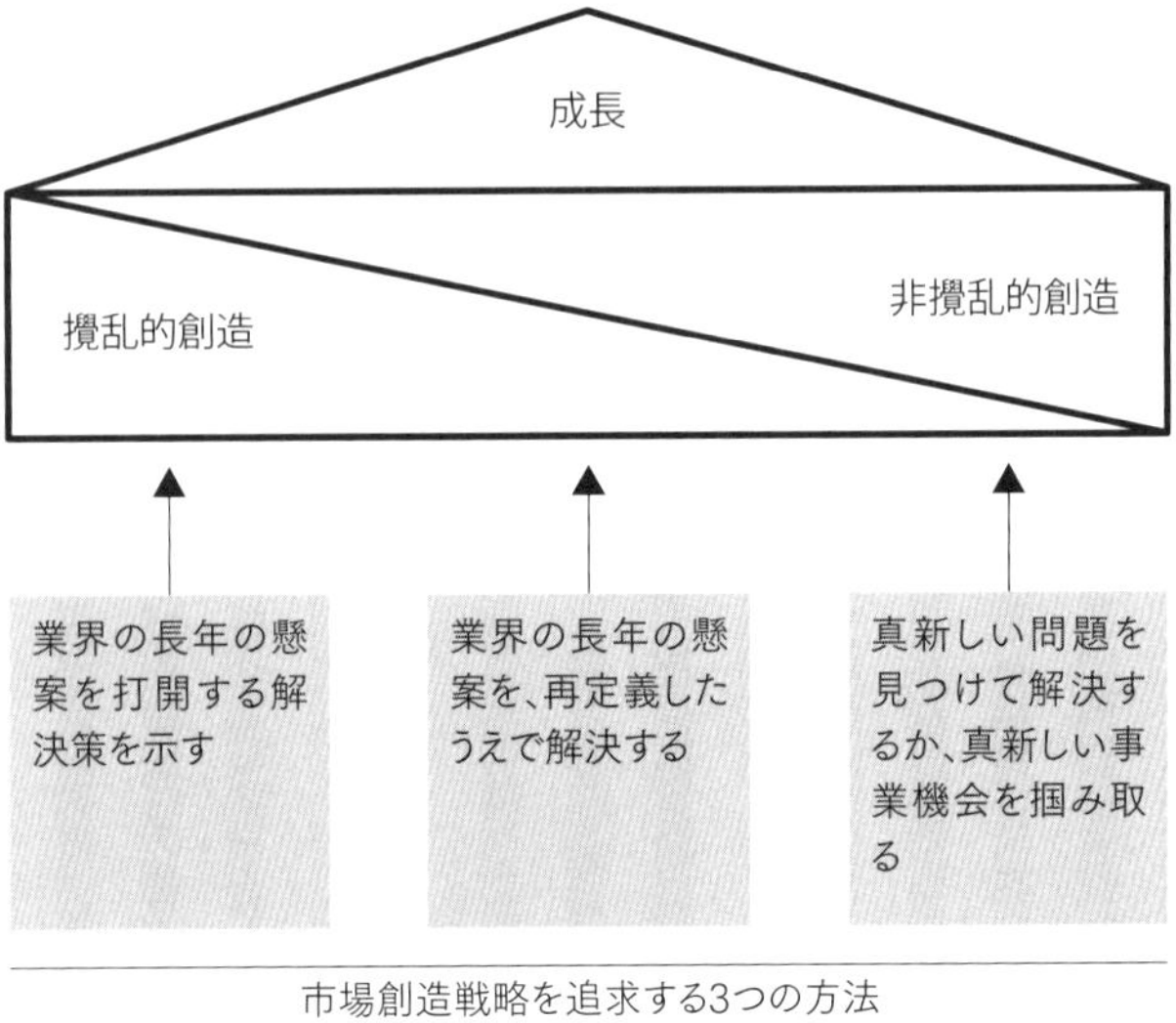

以上の各手法は、攪乱的、非攪乱的、二種類の創造の比重が異なる。この関係性を最もうまく表すには図表が適している。そこで**図表2－1**に市場創造戦略の包括的モデルを示す。これを「市場創造戦略の成長モデル」と呼んでいる。なぜなら、どの戦略的手法がどのような成長につながるかを表しているからだ。

以下、三つの手法を順番に見ていきたい。

業界の長年の懸案を打開する解決策を示す

業界の長年の懸案を打開する解決策をもたらすと、最初からにせよ時の経過とともにせよ、既存の企業や市場の中核に切り込むことになる。ふたたび音楽業界の事例を引きたい。

音楽を楽しもうとする人々にとっての主な

問題は、「録音内容を保存・再生する最善の方法は何か」であった。CDはこれを打開する解決策だった。前世代の解決策とは対照的に、「完璧なサウンドをいつまでも」再生できる。カセットテープが絡まって音を立てたり詰まったりする心配もなく、楽曲から楽曲へといとも簡単に飛ぶことができる。当然ながら、CDは短期間にカセットに取って代わり、標準的な音楽媒体になった。何年もの間、人々はCDを愛用していた。その後、アップルのMP3プレイヤー、iPodが登場して、楽曲の保存・再生という問題に新たな打開策を提供した。この時もまた人々は、旬を過ぎて用済みとなったCDに代えて、音楽コレクション全体を簡単に検索、再生できるiPodなどのMP3プレイヤーを買おうと、雪崩を打った。いずれの場合も、既存製品は基本的に攪乱的創造を通して代替された。

同様に内燃エンジンは、電動輸送機関の発電に抜本的な解決策をもたらし、蒸気エンジンに取って代わった。デジタル写真もしかり。撮影、現像、共有、保存の方法が遥かに優れていたため、フィルム写真を駆逐したのである。

このように、業界の長年の懸案に抜本的な解決策をもたらすと、その主な結果として、従来の製品、サービス、仕事が、新しい製品、サービス、仕事にすっかり取って代わられる。既存市場が根本から再創造されて従来の境界を乗り越え、レッド・オーシャンからブルー・オーシャンに転換するのだ。懸案の打開策が新たな需要を取り込み、非顧客を顧客へと変えるため、この市場再創造と境界の拡大とともに成長が起きる。例えば、かつてのフィルム写真の時代と比べて、今ではどれだけ多くの人がデジタル写真を撮っているか、考えてみるとよい。

真新しい問題を見つけて解決するか、真新しい事業機会を掴み取る

今度は対極的なパターンを取り上げる。真新しい問題を見つけて解決したり、真新しい事業機会を創造して手中に収めたりする企業は、既存の業界の垣根を越えて新しい市場を創造する。この場合、攪乱的創造はほとんど介在しない。バイアグラとグラミン銀行の例を思い起こしてほしい。どちらも、放置されていた問題に着目して解決したのである。セサミストリートとライフコーチングも、真新しい事業機会を見つけて開拓した。これらは皆、既存市場の垣根を越えて新しい市場を築いたのだ。

同様に、数十億ドル規模の着信メロディー産業も、電話がかかってきて好みの曲や音色が響くたびに個性を表現して、一日に何度もささやかな楽しみを感じるかつてない機会を、人々に提供した。ここに攪乱らしきものが関わっているとすれば、単調で退屈な生活に刺激をもたらした、ただそれだけのことである。この市場空間も、業界間の既存の垣根を踏み越えることによって創造された。

図表2－1の成長モデルが示す通り、真新しい問題を解決したり、真新しい事業機会を掴み取ったりすることによって起きるのは、非攪乱的創造である。なぜなら、新規市場は既存業界の中心部はおろか、周縁部にさえ食い込まないからである。この種の成長は社会にも攪乱を及ぼさない。社会の想像力を膨らませるのはもちろん、利益、売上高、雇用も増やすが、その一方で何も壊さないからである。サイバーセキュリティ、肥満、生涯教育、仮想現実、医療サービスといった分野は、非攪乱的創造の新しい機会に満ち

ている。BOP（ボトム・オブ・ピラミッド）、つまり、所得階層別人口ピラミッドの最底辺に位置する何十億もの人々に関わる事業機会や、彼らの問題の解決も同様である。(原注10)

業界の長年の懸案を再定義したうえで解決する

懸案の解決と、真新しい問題の解決や真新しい事業機会の創出。この二つの間に位置するのが、業界が重視する問題を再定義して解決するという市場創造戦略である。問題を再定義すると、前提を差し替えて、新しい創造的な方法で業界間の境界を引き直すことができる。その際には、攪乱的、非攪乱的、両方の創造が盛んに行われる。

シルク・ドゥ・ソレイユの有名な事例を引きたい。シルクは、「サーカスの楽しさと興奮をいかに最大化するか」から、「いかにしてサーカスの要素と演劇やバレエの要素、両方の粋を集めるか」へと、重点課題を再定義することにより、観客に提供する価値の種類と大きさを飛躍的に増やした。ちなみに、サーカスの要素は道化師、テント、驚異的なアクロバットなど、演劇やバレエの要素は芸術性、音楽、踊り、ストーリー展開などである。シルクは、サーカス、演劇、バレエの中間に新しい市場空間を切り開き、これら三つの業界から少しずつ需要を引き出した。同時に、新たに生まれたこのブルー・オーシャンに新規顧客を引き込み、パイ全体を拡大した。子供を持たない大人や法人顧客など、以前はサーカス鑑賞など思いも寄らなかった人々が、シルク・ドゥ・ソレイユの顧客になったのである。

アンドレ・リュウとヨハン・シュトラウス・オーケストラも、クラシック音楽界が重視する課題を定義し直し、攪乱的と非攪乱的、両方の創造を通して新規市場を開拓した。「大衆向けの巨匠《マエストロ》」と異名を取るリュウは、過去二〇年間、コールドプレイ、ビヨンセ、ローリング・ストーンズと並び、世界のツアー・コンサートのランキング最上位に君臨し続けている。リュウが創始したオーケストラは、伝統的なオーケストラとは異なり、イージー・リスニング・クラシックやワルツ（『美しく青きドナウ』『舟歌』『わたしのお父さん』）と、マイケル・ジャクソンの『ベン』やセリーヌ・ディオンのヒット曲『タイタニック・愛のテーマ』のような、多くの人にとって親しみやすい現代音楽を組み合わせている。リュウはまた、仰々しい劇場を利用せずに、派手な照明と音響効果、楽しさ、聴衆と交流しやすい雰囲気のある、巨大スタジアムでコンサートを開く。主要コンサート・ホールの平均収容能力が最大二〇〇〇人であるのに対して、スタジアムでのリュウのコンサートは優に一万人を超える聴衆を動員できる。

彼は伝統的なクラシック・コンサートの顧客の一部を惹き付けるほか、大勢の新規顧客を掘り起こすことによって、巨大な新規需要を生み出している（新規顧客の中には、クラシック音楽の形式主義やもったいぶった雰囲気に嫌気のさした人々も含まれる）。なぜなら、アンドレ・リュウのオーケストラは、シルク・ドゥ・ソレイユと同じように、誰も目を付けていない課題を再定義して解決することにより、他業界の中心ではなく周縁部に切り込んでいるからだ。

第1章で紹介したグループセブのブルー・オーシャン・シフトも、同じ類型に属する。グループセブは「最高のフライドポテト調理器をどう開発するか」という、業界が重視する課題を、「油で揚げずに、健康的で食欲をそそるフライドポテトをどう作るか」へと再定義した。アクティフライは、従来の電気フライドポテト調理器から需要を奪ったが、提供する価値の種類と大きさが破格であるため、非顧客層のハートを掴み、業界全体の需要を金額ベースで四〇％近くも押し上げた。イラク国立ユース管弦楽団も、従来の境界を引き直し、新たな価値コスト・フロンティアを開拓し、新規顧客を呼び込んだ。しかし、一部に聴衆の重複はあるものの、他のユース管弦楽団に取って代わったわけではない。

要するに、業界の従来からの課題に打開策を提供すると、一般に撹乱的創造が実現する。真新しい課題を見つけて解決したり、真新しい事業機会を掴み取ったりすると、たいていは非撹乱的創造が起きる。そして、既存の課題を再定義して解決するには、撹乱的と非撹乱的、両方の創造の特徴を活かすことになる。

技術イノベーションではなくバリュー・イノベーションに焦点を当てる

市場創造戦略について世界中の人々に話をする機会があるが、多くの場合、まずは聴衆に、グーグルグラス、モトローラの衛星電話イリジウム、アップルの携帯情報端末ニュートンについて考えてもらう。「これらの市場創造の取り組みはイノベーションでしょうか」「商業的には成功と失敗、どちらだと思いますか」と問いかけるのだ。聴衆はたいてい、最初の問いに「イエス」、二番目の問いに「失敗」と答える。

続いて第二弾の質問を投げかける。「ＰＣを発明したのはどの会社でしょう」「家庭用ＶＣＲ（ビデオ）を発明したのはどの会社だと思いますか」。ＰＣに関しては、たいていアップルかＩＢＭという答えが返ってくる。ＶＣＲについては、あらゆる消費者家電メーカーの名前が挙がるが、最も多いのはソニーまたはＪＶＣである。その後、種明かしをするのだが、正解はＭＩＴＳとＡｍｐｅｘである。ほとんどの人は正解を聞いて驚くだけでなく、「どちらも聞いたこともない」という顔をする。

以上のやりとりからは、市場創造に関する重要な点が浮かび上がってくる。技術イノベーターは類まれな卵を産むかもしれないが、ほとんどの場合、それを自分達で孵化させるわけではないのである。市場創造戦略を実りあるものにするには、技術の卵を産み落とすこと自体よりも、いかにそれを孵化させて商業的な成功へと導くかに重点を置くべきである。したがって、世界初のＰＣを発明したのはＭＩＴＳだが、その技術を応用して買い手にとっての価値を飛躍的に高め、新たに誕生したＰＣのマスマーケットを支配したのは、アップルとＩＢＭだった。同様に、一九五〇年代にビデオ録画技術の開発に注力したのはＡｍｐｅｘだが、その技術を応用して、一般消費者にとって使いやすく価格も手頃なＶＣＲを世に出し、高い収益性が長く続いた家庭向けＶＣＲ市場に君臨したのは、ソニーやＪＶＣをはじめとする企業群だった。要するに、これらの企業は、技術イノベーションを「バリュー・イノベーション」へと転換したのである。（原注11）

自社のイノベーションから利益を上げられない理由は、根源的なものではなく、一部にはイノベーションと商用化、両方に成功した企業もある。しかし、過去の歴史は、卵を産む企業とそれを孵化する企業は往々にして異なることを示している。（原注12）これが一因となって、大多数の人が今は市場から消えた技術イノベーターについては社名すら知らず、その代わりに、新規市場を開拓したバリュー・イノベーターが技術開発でも先陣を切ったのだろうと、勘違いしているのだろう。

技術をゼロから開発して大きく育て、収益性と成長性に満ちた新規市場を開拓するまでを、一社が担い、やがてその市場に他社が参入するという流れは、誰にとっても有益である。ただし、忘れてはならない重要な教訓がある。市場創造を成功させるために重視すべきは、技術イノベーションそれ自体ではなく、買い手にとっての価値を飛躍的に増大させることなのだ。(原注13) グーグルグラス、モトローラのイリジウム、アップルのニュートンはみな、この点を誤ったのである。グーグルグラスはオタク的で垢抜けず価格が高いと見なされたうえ、不快極まりないプライバシー問題を引き起こした。イリジウムの衛星携帯電話は、ゴビ砂漠では使えても、必要性の最も高い建物や自動車の中では使えないという、凄い代物だった。アップルの携帯情報端末ニュートンは、鳴り物入りで登場したものの大した機能がなかったため、案の定、買い手から価値がないと見なされた。

実のところ、優れた市場創造戦略は往々にして、技術イノベーションにはまったく頼らない。グラミン銀行のマイクロファイナンス、スターバックス、イラク国立ユース管弦楽団を考えるとよい。これらはいずれも、最先端技術をほとんど用いずに新規市場を創造した。セールスフォース・ドットコムやグループセブのアクティフライのように、技術が深く関係している場合でさえ、買い手に愛される理由は技術にあるのではない。むしろ、シンプルさ、使いやすさ、楽しさ、優れた効果である。つまり、買い手がこれらのサービスや製品を愛好するのは、土台をなす技術の力によって自分達にとっての価値が飛躍的に増大しているからである。

経済学の分野では長らく、R&Dと技術イノベーションが、イノベーションと成長の主な原動力だとされてきた（判断基準はR＆D支出と特許数）。マクロ経済的にはその通りかもしれず、これが一因となって、人々は新規市場の創造について考える際に、まずは技術イノベーションを思い浮かべがちなのかもしれない。しかし、このような理屈は、個々の組織というミクロレベルに当てはめると、必ずしも正しいとはいえない。

例えば、アップルのR＆D支出が売上高に占める比率は過去一〇年間、他のIT企業との比較で最下位に近い水準にある。他方、マイクロソフトの場合は最上位に近い水準にあり、世界各地に立派なリサーチセンターを設けている。ところが、アップルが革新性において産業界で頂点ないしその周辺に位置するのに対して、マイクロソフトはどうかというと、ここ一〇年間に新規に創造した市場はなかなか思い浮かばない。

『タイム』誌は、セグウェイ・パーソナル・トランスポーターの発明者ディーン・ケーメンに関して、セグウェイ発売前後に「技術者にとって極めて辛い現実がある。事業の成否が技術の良し悪しによって決まる例は稀なのだ」という暗示的な記事を掲載した。(原注14) セグウェイは驚異の工学的成果であり、二〇〇一年の発売時には技術イノベーション関連の話題をさらった。にもかかわらず、人々はどこに停めればよいのか、バスや列車に運び入れてもよいのか、歩道と道路のどちらで使うのか、などと困惑し、四〇〇〇〜五〇〇〇ドルを払って購入しようとはしなかった。セグウェイ事業は「発売の六カ月後には損益分岐点に達する」という予測を裏切り、赤字を垂れ流した末、二〇〇九年に売却された。

「新規市場の創造は革新的な技術にかかっている」と誤解した企業は、時代の先を行き過ぎている、難解すぎる、複雑すぎるといった、あまりに「特異な」製品・サービスや、セグウェイのように、新規市場の開拓に欠かせない補完財のエコシステムがない製品・サービスを追求しがちである。事実、技術イノベーションの多くは、組織の名声向上に寄与したとしても、新規市場の創造と支配には失敗する。例えばＴｉＶｏは、初期のＤＶＲ（デジタル・ビデオ・レコーダー）が大きな注目を集め、アメリカ特許商標局の全米発明家殿堂に入ったが、たいていの人は「何をするものなのか」と首を傾げ、欲しい理由など見つからなかった。

ブルー・オーシャン・シフトは以上のような知見を拠り所としている。市場創造戦略の土台がバリュー・イノベーションであるのと同様、ブルー・オーシャン・シフトが成功するのは、新たな価値コスト・フロンティアを開拓して、買い手にかつてない価値をもたらした場合に限られる。バリュー・イノベーションにおいては、イノベーションは技術の素晴らしさではなく、買い手にとっての価値と強く結び付いている。バリュー・イノベーションが実現するうえで技術は不可欠なものではない。これは、ブルー・オーシャン市場の創造に向けた取り組みが、業界がかねてから抱える問題の打開策の提供、業界が重視する課題の再定義、真新しい課題の発見と解決や真新しい事業機会の創造、いずれを目指す場合であっても、当てはまる。

起業家でなくても新規市場は創造できる

「あなたは真っ青と真っ赤、どちらですか」。これは我々が一〇年前に考案した、シンプルだが効果的なクイズの名称である。経営陣の置かれた状況を探り出すためにこのクイズを出す。具体的には、競争の激しさ、利益率の圧迫状況、コモディティ化の度合いに関する質問をするのである。圧倒的に多いのは、「レッド・オーシャンで事業を行っており、そこから脱出する必要がある」という結論を示唆する回答である。(原注15)

ところが深く掘り下げてみると、新規市場の開拓を意図的に目指した場合でさえも、一般にはレッド・オーシャンからの脱出よりも、ライバルがひしめく既存市場へのさらなる投資に、重点が置かれていることが判明する。企業が望み、必要とすることと、実際の行動とが、食い違っているのだ。なぜだろう。現在の市場に親しみがあるうえ競争圧力に日々晒されているから、という理由を別にすると、答えは市場創造についての考え方や対処の仕方にあると考えられる。

シュンペーター以降、起業家はイノベーション、ひいては市場創造の主な原動力と見なされてきた。彼らはリスクを取り、試行錯誤を通して学びながら、直感や創意を活かして事業機会を掴み取ろうとする。しかし、市場創造を現行戦略の重要な一部として位置づけるなら、試行錯誤による行き当たりばったりで高リスクの取り組みであってはならない。信頼性の高い再現可能なプロセスであるべきなのだ。さもないと、市場創造を必要としていながら、そのための投資を避け続ける結果になるだろう。

この点に関しては、歳月とともにいくらか進歩があった。(原注16) それでもなお、イノベーションを買い手にとっての価値と体系的に結び付けるツールの活用指針を伴う、具体的な市場創造プロセスが必要である。しかもそのプロセスは、新しいアイデアを試す際の人々の不安を踏まえてそれに対処するとともに、前進を阻む要因や慣習を精一杯の努力によって乗り越えるよう、鼓舞する役割を果たさなくてはならない。つまり、皆の自信を呼び醒ますために、人間らしさに根差していなくてはならないのだ。

詳しくは後述するが、人間らしさに根差した、伝授可能で体系的なプロセスがあると、市場創造は生まれながらの起業家だけでなく誰にとっても身近なものになる。我々のような普通の人が市場を創造して、偉業を成し遂げることができる。そのようなプロセスを用いて、クラシック分野の指揮者ポール・マカリンディンは新しいタイプのオーケストラを設け、平和への気運を盛り上げるとともに、分断を乗り越えた美しいイラクの姿を世界に伝えた。マレーシアの政府リーダーと一般公務員は、力を合わせて軽犯罪に対処する新しい方法を考案し、政府の費用負担を減らしながら、常習犯を大幅に減らす一方で受刑者に人生をやり直すチャンスをもたらした。

どの業界に属しているかも、起業家を自任しているかどうかも、問題ではない。本書で紹介するプロセスは、現状にとらわれず可能性に目を向けるという、誰もが持つ潜在能力を解き放つはずだ。言うまでもなく、ブルー・オーシャンにせよレッド・オーシャンにせよ、このような努力が実を結ぶかどうかは、すべての戦略施策と同様、結局のところは確率の問題である。それでもなお、戦略の本質とは成功の確率を高めることであり、ブルー・オーシャン・シフトのプロセスはまさにこれを実現するためにある。

以上の理解を踏まえて、次はブルー・オーシャン戦略家の発想について述べる。この発想を身につけることが、ブルー・オーシャン・シフトを正しい方向へと舵取りするためには欠かせない。次章では、ブルー・オーシャン戦略家の発想の大きな特徴を紹介し、なぜそれらの特徴が重要であるかを説明する。それにより、ブルー・オーシャン・シフトの旅へと出発するにあたって、どのような心の持ち方が必要であるかが、分かってくるはずだ。

訳注

本章ではdisruptive innovationを定訳である「破壊的イノベーション」ではなく、「攪乱的イノベーション」と訳している。これは、disruptive（混乱を起こさせる、妨害する）とdestructive（破壊的な）が明確に使い分けされており、論旨を的確に伝えるには両者を訳し分ける必要が生じたためである（訳はそれぞれ『ルミナス英和辞典』を参照）。

第3章 ブルー・オーシャン戦略家の発想

他の人々には、利益と成長性が低下するレッド・オーシャンしか見えていないのに、ブルー・オーシャン戦略家は新しい事業機会を見つけ出す。

なぜだろうか。彼らは、他の人々が当然と見なす事柄に惑わされないのである。まったく新しい角度から疑問を抱くため、かねてからの前提や無意識に受け入れていた限界の裏にある誤りに気づき、理解するのだ。たいていの経営幹部は既存市場で競争するための論理にとらわれているが、ブルー・オーシャン戦略家はそれとはまったく異なる視点を持つ。

ブルー・オーシャン戦略家の発想を詳しく紹介するために、二つの戦略施策を見ていきたい。一つはBtoC（消費者向け）の非営利組織、もう一つは典型的なBtoB（法人向け）の利益追求型企業の事例である。これらの事例からは、ブルー・オーシャン戦略家の発想が、さまざまな業界やセクターに通用するものだと分かる。

お涙頂戴をやめて、楽しい募金集めに取り組む

冷蔵庫を抱えてヒッチハイクで町中を移動する人を、想像できるだろうか。車に乗った人や通行人に寄付を頼む下着姿の男女、あるいは、赤くて柔らかい小さなボールを鼻の頭にちょこんと付けたまま出社して、その姿で会議に出たりするCEOはどうだろう。ようこそコミック・リリーフへ。今日は、一九八五年設立のイギリスの慈善団体コミック・リリーフが二年に一度開催する、赤い鼻の日《レッド・ノーズ・デイ》である。コミック・リリーフは設立以来、レッド・ノーズ・デイを一六回開催し、イギリス国内だけで合計一〇億ポンドを上回る寄付を集めた。二〇一七年の実績は七三〇〇万ポンド超である。

コミック・リリーフが産声を上げた当時、イギリスの慈善募金事業はどのような状況だったか、想像してみよう。そこは、真っ赤なレッド・オーシャンだった。数千もの慈善団体がひしめき合うばかりか、目的もかなり重複していた。ロンドンだけでも、がん基金が六〇〇以上、ホームレス基金が二〇〇もあった。しかも、一〇年少々の間に慈善団体の数が六〇%以上も増加して、競争が激化していた。

同時に、寄付者も疲弊し始め、慈善団体への寄付者の数は二五%以上も減少していた。バツの悪さを感じさせられたり、ひっきりなしに寄付を頼まれたり、膨大な慈善団体の中からどれを選んで寄付すべきか分からなかったりして、疲れてしまったのである。そのうえ、寄付金が実際にどう使われるのか首を傾げていた。間接費に充てられるのか、それとも本来の理念に沿って使われるのか——。

寄付金集めをする慈善団体は当時、多くの業界と同じく型にはまった戦略に従っていた。判で押したように、既存の業界内でより効果的に競争することにばかり気を取られていたのである。対象としたのは、規模の最も大きい顧客層、つまりこの場合は、おおむね五五〜六四歳の高学歴で裕福な寄付者である。慈善団体は、年間を通して熱心にマーケティングと寄付のお願いをしていた。多額の寄付を受けた場合は、さらなる寄付を促すために公の場で表彰するなどした。お祭り的な催しは華やかさを増す一方だが、反面、「寄付しないのは後ろめたい」という感情を呼び起こそうとして、深刻さを伝える気の滅入るような募金活動も展開した。要するに、業界が長年にわたって競争の対象としていたのと同じ顧客や要因を重視して、すでに需要が縮小し始めた業界でシェア拡大を目指して戦っていたのである。これは、ちょうど需要が減少する時期にコストが増加するという、明らかにマイナスの効果をもたらし、かねてからの寄付者をいっそう苛立たせた。

コミック・リリーフはというと、根本的に異なる手法を取った。地域に密着して奇抜な寄付金集めを行う国民的記念日レッド・ノーズ・デイと、そうそうたるスターがまったくの手弁当で出演する長時間のコメディ番組「レッド・ノーズ・ナイト」を設け、慈善募金活動に革命を起こしたのだ。今日、レッド・ノーズ・デイは国民の休日のようになっており、コミック・リリーフのブランド認知度は九六％と驚異的な水準に達している。

この成果を達成するためにコミック・リリーフは、慈善業界の課題を「富裕層の後ろめたさに訴えていかに寄付金を引き出すか」から、「お金を集めるために、すべての人にいかに楽しい活動をしてもらうか」

へと定義し直した。要するに、クラウドファンディングに乗り出したのである。たいていの慈善団体が富裕層を惹き付けようと、華やかな特別イベントを催すのに対して、コミック・リリーフは多額の費用がかかる資金集めの催し、年間を通した募金要請や補助金申請、カウンセリングやケアサービスを取り除くか減らすかした。富裕層に的を絞ることもなかった。そのような小さなセグメントに甘んじるのを拒否して、富裕層から貧困層まで、若者から高齢者、はては幼稚園児まで、すべての人を対象にしたのである。

どれほど貧しい人であっても、いくらかの想像力、そして恐らく少しばかりの勇気があれば、大きな貢献ができる。例えば、ロンドンにおしゃべり魔として有名な旅行代理業の女性がいるのだが、彼女は友人や同僚達から「二四時間、口にチャックをしたまま我慢したら、お金をあげる」という約束を取りつけて、五〇〇ポンド以上を集めた。あるいは、マンチェスター出身の毛むくじゃらの「男の中の男」は、全身の毛を剃ってもらい、やはり五〇〇ポンドを集めた。募金への協力は、ほんの少しのお金で簡単にできる。つい手を伸ばさずにはいられないプラスチック製の小さな赤い鼻が、一個一ポンドでいたるところで売られているから、それを購入すればよいのだ。長時間のコメディ番組の関係者は、テレビ局を含めて皆、無償で奉仕する。コミック・リリーフの理念に心酔し、みずから参加することによって善意を示すのだ。

スター勢揃いの上質なエンターテイメント、誰もが少しばかり羽目を外せる、地域社会に根差した楽しい資金集め、小さな赤い鼻の全国販売。こうしてコミック・リリーフは、大勢の人々を虜にするユニークで感動的なイベントを作り上げる。そのうえ、レッド・ノーズ・デイは隔年の開催であるため、寄付者が疲れてしまう心配もない。

コミック・リリーフに付いているのは支援者ではなくファンである。しかも、イギリスの他の主立った慈善団体の場合、慈善に回す金額は集めた寄付金の約八七％であるのに対して、コミック・リリーフは全額を手付かずのまま慈善に振り向けると確約している。「ゴールデン・ボンド・プロミス」と呼ばれるこの約束をなぜ守れるかというと、さまざまな要素を取り除いたり減らしたりして経費を抑え、非常に少ない管理コストを賛助金や投資収入で賄っているからである。全英で展開するレッド・ノーズ・デイの活動によって、無償のクチコミ広告が拡散されるため、イギリスにおけるマーケティング費用はゼロである。二〇一五年にコミック・リリーフは、レッド・ノーズ・デイを正式にアメリカに上陸させた。

熱意は関心のある分野へと向かう

以上の逸話はまちがいなく感動的だが、どのような教訓につながるだろうか。レッド・オーシャン的な発想でコミック・リリーフを構想することはできただろうか。答えを探り出すために、四つの問いについて考えたい。その過程では、どのような発想をしているかを自問してほしい。

問1。仮にコミック・リリーフが従来の業界慣習を当然のものとして受け入れ、イギリスにおける慈善資金集めの仕組みをもとに戦略を立てていたなら、レッド・ノーズ・デイの着想は得られただろうか。あるいは、競争が厳しく、需要が減少し、コストが上昇する状況では、この分野への参入を十中八九避けただろうか。あなたはどうだろう。この状況では何をしただろう。

問2。コミック・リリーフが他の慈善団体を参考にして、そのベストプラクティスを模倣、改善したなら、結果はどうなっていただろう。違った戦略を選んでいただろうか。あるいは、競争相手を模倣しその上を行くことに力を入れれば入れるほど、戦略は競争相手のそれと似通っていっただろうか。あなたの組織も、これと同じことを頻繁に行っているだろうか。

問3。顧客ニーズの理解と顧客満足は重要視されており、たいていの組織は顧客満足度を定期的に調べている。では、もしコミック・リリーフが既存顧客、すなわち裕福な寄付者により大きな満足をもたらすことに重点を置いていたなら、それら顧客は「貧富にかかわらずすべての人に、楽しいことをして募金を集めるよう依頼する」というアイデアを出しただろうか。それとも、かねてからの慣習の改善だけを求めただろうか。あなたの組織の既存顧客は、可能性を探求することよりも、今と同じ取り組みに注力し続けることを要望するだろうか。

問4。仮にコミック・リリーフが差別化か低コスト、どちらかの戦略を追求していたなら、戦略はどのようになっていただろう。差別化戦略を選んでいたら、業界の既存手法に何かを足すだけで、コストを下げるために何かを取り除くか減らす可能性については、ほとんど注意を払わなかっただろうか。差別化戦略ではなく低コスト戦略を選んだなら、従来の競争要因の一部を取り除く一方、何かを創造して差別化につなげる努力はしなかっただろうか。あなたはどうか。「差別化をするには追加支出が避けられず、低コストを武器に競争に勝つためには自社特有の価値を減らす必要がある」という前提で行動していないだろうか。

法人向け(B to B)分野のブルー・オーシャン

ここではB to B分野に目を転じ、法人が顧客や見込み顧客との関係性を包括的に管理するために使う、CRM(顧客関係性管理)ソフトウェアについて考えたい。CRMソフトウェア業界は、成長性が高く規模も数十億ドルに上る。当然ながら熾烈な競争があり、SAP、オラクル、マイクロソフトといった、大手ERP(エンタープライズ・リソース・プランニング)ベンダーが長く支配してきた。これら企業には、新興企業の大多数に欠けるもの、すなわち製品開発に伴う巨額のR&D(研究開発)コストを賄うだけの、潤沢な経営資源がある。

このようにそうそうたるベンダーが製品を提供しているにもかかわらず、顧客の目には、いずれの製品も似たり寄ったりに見えた。ベンダーは皆、顧客ニーズに合わせてかなりのカスタマイズを行った。また、顧客にいつまでも製品を使い続けてもらえるように、永久ライセンスを販売するという、ソフトウェア業界の従来のビジネスモデルを取り入れた。ソフトウェアのインストール、構成、カスタマイズを客先で個別に行うため、ベンダーは専門性の高い膨大なサービスを担う必要があり、顧客もかなりの専門知識が求められた。ソフトウェアを顧客の既存システムと統合しなくてはならず、そのためには業務プロセスやインフラの大幅変更を伴う可能性がある。全体として、CRMソフトウェアはインストールに多大な費用と時間がかかり、その保有に伴う総コストはかなり嵩んだ。ベンダーは一般に、業界内で差別化して受注を獲得する狙いから、二つの戦略のどちらかを追求した。機能をさらに追加して製品の差別化を目指すか、あるいは商談の最終段階で大幅な値引きをするかである。どちらを選ぶにせよ、業界の全ベンダーが、購買力のある企業、つまりは大規模で複雑な企業にCRMソフトウェアを販売することに注力していた。皮肉にも、この種のソフトウェアは込み入っていて、購入と維持に多大な費用がかかり、インストールが難しく、稼働させるには相当数のミドルウェアとハードウェアが必要であったため、ベンダーは事実上、自分達の業界の需要を抑制していた。

そこに参入したのが、オラクルの元幹部マーク・ベニオフ、パーカー・ハリス、デイブ・モレンホフ、フランク・ドミンゲスが一九九九年に設立した、セールスフォース・ドットコムである。セールスフォースは従来の業界構造を当然視せず、かといって競合他社の打倒に乗り出したわけでもない。むしろ、競争を無意味にするために努力したのである。具体的手法は、それまで業界が顧客に強い、皮肉にも顧客の側でも甘受していた苦痛を、すべて取り除くというものだった。

顧客が苦痛を甘受するのは、非常に多くの業界に見られる現象であるため、熟考に値する。ワクチンの接種が必要な場合、注射は避けられないと当然のように覚悟しながらも、大半の人は「嫌だな」と思うものだ。空港での荷物検査や搭乗には行列がつきものだと分かっていても、やはりある程度のストレスを感じる。法外なチケット代を払って、アメリカの航空会社の国内線ファーストクラスに乗ったにもかかわらず、座席のゆとりやリクライニング角度がエコノミークラスとほとんど違わなくても、「いつものことだ」と諦める。

セールスフォースは、同じような製品で溢れるレッド・オーシャンを打破する決意のもと、市場創造戦略を実行に移し、ブルー・オーシャンを開拓した。ウェブ上で簡単に使える信頼性の高いＣＲＭソリューションを開発し、月額料金制で提供したのである。契約手続きを終えればその瞬間から利用できる仕組みだった。ソフトウエア・ライセンスの購入も、インフラ、導入作業、メンテナンスへの経営資源の投入も必要なく、従来の購入型と比べてコストは全体で約九〇％も減少した。利用契約はいつでも解除できるため、導入に伴うリスクも著しく低下した。当初は単一バージョンのみの提供だったため、ユニット当たりの開発費も従来型ＣＲＭソフトウェアとは比較にならないほど安かった。しかもセールスフォースは、使用率データをもとに重要な機能とそうでない機能を見極め、利用者にとって最も重要なものに戦略的に特化することができた。

結果はというと、設立後わずか一〇年にして、セールスフォースの年間売上高は一三億ドルを突破した。小規模ばかりか中規模の企業も顧客にし、非顧客層を顧客層へと変えながら、需要全体を増やしていった。今日では、従業員数が二万人を超え、年間売上高は八〇億ドルに迫っている。

言うまでもなく、ＣＲＭソフトウェア業界とイギリスの慈善業界は、まるで別世界のようである。それでもやはり、両者は驚くほど似通っている。第一に、同業各社の横並びが顕著である。同じ手法で競争し、同じ投資行動を取り、既存顧客に重点を置き、業界をかなりの程度まで没個性化し、規模の拡大を妨げている。第二に、例によって既存需要のシェア争奪に明け暮れ、往々にしてそれより遥かに大きい潜在需要全体を、見過ごしている。なおかつ、市場の境界は固定化しておらず、想像の産物に過ぎないにもかかわらず、既存の境界によって事実上、市場が規定されているかのように行動する。しかし、新鮮な発想をすれば、境界は越えられる。繰り返しになるが、業界における戦略の土台を再定義すると、新しい市場空間を開拓し、差別化と低コストを実現することができる。

問題はどのような手法を用いるかである。

赤から青へと発想の枠組みを切り替える

さて次は、ブルー・オーシャン戦略家の発想と、レッド・オーシャンの論理との際立った違いを探ろう。ここでの目的は、ブルー・オーシャン戦略家の発想を理解して、みずからブルー・オーシャン・シフトの旅に出発する際に、その論理を活用できるようにすることである。この発想は、戦略の方向性を決めるための羅針盤の役割を果たす。ここで間違えると、どれほど優れた市場創造ツールがあっても、活用法を誤り、狙い通りのシフトを実現できずに終わるかもしれない。

以下では指針となる原則を一つずつ紹介していく。最初は制約しか見えなかったのに、読んでいくうちに、しだいに機会が目に入ってくる様子を意識してほしい。

ブルー・オーシャン戦略家は、業界の置かれた状況を当然だとは見なさず、むしろ、自分達に有利に変えようとする。

経営戦略を策定する人はほぼ例外なく、事業環境の分析から始める。業界は成長、停滞、縮小、どのフエーズにあるか。原材料の価格は上昇と低下、どちらの傾向にあるだろう。競合他社は新工場の建設、大がかりな新製品ラインの市場投入、数百人規模のレイオフ、あるいは人材の新規採用をしているだろうか。顧客の需要動向は増加と減少、どちらだろう。たいていの場合、これらの判断をもとに戦略が立案される。言い換えるなら、業界構造が戦略を形作るのである。(原注1) このような戦略観は、次の二点において決定論的だといえる。①組織の戦略オプションは環境によって制限される、という考えに基づく。②業界の現状に縛られて発想が広がらない。

それでも、業界の旨味が大きければうまくいく。しかし、もし業界構造が魅力に欠け、最大のライバルがかろうじて黒字、または赤字だったらどうだろう。その場合、自社はどのような戦略を取るだろう。他社よりも損失を抑えるのか、それとも撤退するのか。どちらにせよ、張り合いはないし、利益ある高成長への道もない。

ブルー・オーシャン戦略家が認識しているが、他の大多数の人は忘れていることがある。業界の状況は個々の企業が形成するという事実である。しかも、個々の企業は業界の状況を形成するばかりか、方向付けもできる。これを実践したのがコミック・リリーフであり、セールスフォースである。

数々の巨大産業をしばし振り返りたい。二〇世紀の初め、フォード・モーターが大衆向け自動車市場を創造し、後にゼロックスが複写機、次いでキヤノンが個人向け複写機の分野で同様のことを実現した。ファストフード業界のマクドナルド、アプリケーション業界のアップル、速配サービス業界のフェデックスも同じである。アメリカのヘアサロン業界でカット、カラー、パーマを省き、「シャンプーとブロー」に特化した市場空間を切り開いた、ＤｒｙＢａｒ《ドライバー》のような事例さえある。

たったひとつの組織が、素晴らしいアイデアで業界全体を活性化できるのと同じく、既存業界のあり方に影響を及ぼし、新しい業界を創造することも可能である。(原注2) 業界間の垣根は固定しているわけではなく、人々の想像力しだいでいかようにも変わり得る。しかも、何とも皮肉なことに、組織それ自体が業界の衰退に加担する例が少なくない。

アメリカ郵政公社を考えてほしい。利用者が電子メールや、郵便より遥かに高い速配などの代替サービスに流れているため、今や崖っぷちに追い込まれている。政府系の郵便サービスの需要はなぜ縮小しているのだろうか。単に、新興の代替業界のほうが力があるからだろうか。部分的にはこれらの解釈が正しいだろう。しかし、郵便サービスをめぐる顧客経験が全体としてあまりに悲惨であることも、理由のひとつである。アメリカの郵便局に行って、すべての窓口が開いていて担当者が楽しそうに接客する、手際のよいサービスを受けた経験は、どれだけあるだろうか。「また行きたい」と思うような、嬉しい経験だっただろうか。むしろ、長い待ち行列に不満顔で並ぶ場合のほうが、多かったのではないか。あるいは列に並んで五分も待った後に諦めて、イライラしながらその場を去り、時間を無駄にした挙句に何も用事が片付かなかったせいで「二度と行くまい」と誓ったかもしれない。

組織は頻繁に墓穴を掘っているが、たいていはその自覚がなく、自分達にはどうにもならない市場の力のせいにしようとする。しかし、ブルー・オーシャン戦略家は違う。彼らは業界の現状をそのまま受け入れるのを拒み、自分達が困難に陥っているのは現状のせいだというような責任逃れもしない。答えを求めて自省し、「何が可能か」「何から利益が上がるか」を業界の現状にとらわれずに知ろうとする。業界における一般的な思考は、世の中を理解するには役立つかもしれないが、創造的な発想をするうえではとてつもなく邪魔になる。従来の前提をそのまま受け入れ、アイデアを探すことを避け、現状を維持するよう、ほのめかすのだ。しかも、あなたを無力にする。

スティーブ・ジョブズの言葉を引こう。「『世の中とはこういうものだ』という言葉をよく聞く。しかし、それは非常に狭い発想である。あるシンプルな事実を発見すれば、人生の可能性は大きく広がる。『生活を支える身の回りのモノやサービスは皆、取り立てて賢いわけではない、自分達と同じような人々によって作られた』という事実だ。あなたはそれらを変えることができる。影響を及ぼせる。自分で何かを創造して、人々の利用に供することも可能だろう。冒険しても構わないと気づいた瞬間……人生を変えられる。形作ることができる。これこそが、つまり『人生とは敷かれたレールの上を走るようなものだ』という誤った考えを振り払うのが、恐らく最も大切なことだろう。それが分かったら、もう二度と以前の自分には戻らないはずだ(原注3)」。

ブルー・オーシャン戦略家はこの洞察をもとに行動する。すると創造性の幅が広がり、「業界の状況をただ受け入れるのではなく、自ら形作ろう」という考えを即座に切り捨てたりせず、真剣に検討するようになる。

ブルー・オーシャン戦略家は、競合他社を叩きのめそうとはしない。彼らの狙いはむしろ、競争を無意味にすることである。

たいていの組織は競争の罠に陥って身動きが取れなくなっている。(原注4) 経営幹部は、業界構造を変えようのないものとして受け入れ、ライバル企業と自社を比較して相手を凌ぐことに注力し、競争優位を獲得しようとする。事実、競争優位の構築というテーマを持ち出さずに戦略を語るのは難しい。しかし、競争優位の構築に重点を置くと、図らずも非常に皮肉な影響を生み出してしまう。なぜなら、革新ではなく模倣に基づく市場へのアプローチにつながるからだ。その理由は重要であり、ぜひとも理解すべきである。というのも、あなたと組織は恐らく、自覚しているよりも強くこの傾向に毒されているのだ。

分かりやすいところから始めよう。業績のよい組織は、当然ながら競争優位を手にしている。コミック・リリーフやセールスフォース・ドットコムしかり。したがって、競争優位を構築するのは結構なことであり、これについては議論の余地はない。ただしその競争優位は、組織が何を達成してきたか、つまり戦略の結果を説明するものであり、統計学でいう従属変数に相当する。問題は、人々がしだいに勝利の戦略、すなわち競争優位を、それを獲得するプロセス、すなわち独立変数と混同するようになったことだ。こうしてマネジャー達は、競合他社を打ち負かすために競争優位を築くよう、ますます急き立てられてきた。

一見したところこれは合理的である。高業績企業が競争優位を保っているなら、競争優位を追求するのが目的を果たす近道だと思えるだろう。問題は発想の枠組みにある。競争優位をガッチリ固めるよう急かされた場合、マネジャーはどのような行動を取ると考えられるだろうか。彼らは条件反射的にライバル企業に目を向けてその行動を見極め、同じことをよりよく実行しようとする。こうして、戦略的発想は知らず知らずのうちにライバル企業と似通ってしまう。買い手にとっての価値ではなく競合他社が、戦略の決定要因になるのだ。すると、業界の既存各社の競争要因や共通の前提しか目に入らなくなり、敷かれたレールの上を走るようにして業績向上を目指すことになる。果たして、このようにして戦略を決めるべきだろうか。我々の研究は、それは望ましくないという結論を示唆している。業界の旨味が小さくなっている場合はなおさらである。競争優位の構築に血眼になると、既存業界の変革や新規業界の創造から意識が逸れてしまう。すると創造性を発揮できず、他社と横並びの競争から抜け出せない。

これと好対照をなすのがブルー・オーシャン戦略家である。彼らは競争優位の構築ではなく、競争を無意味にすることに邁進する。（原注5）競合他社の動きは黙殺する。「競合他社が実践しているのだから、正しい行動であるはずだ」などとは考えず、「マーケティングに頼らずに大勢の顧客を獲得するには、どうすればよいか」「なぜこのような決まりがあるのか」といった問いを熱心に掘り下げる。この種の組織は、マーケティングの意義を認めないわけでも、他社と同じようなマーケティングをしないわけでもない。ただし狙いは、見たり試したりした人が絶賛せずにいられないような、この上なく魅力的な製品やサービスを創造するよう、組織の背中を押すことにある。

手頃な価格帯の高級ホテルという市場空間を開拓した、シチズンMの共同創業者、マイケル・レヴィは、「私共の狙いは、マーケティングに頼って宿泊客を集めることではなく、素晴らしい宿泊経験を創造することです。そうすれば、お客様は居ても立ってもいられず、クチコミを広めたり、フェイスブックやインスタグラムに写真を投稿したりしますから、それ自体が当社にとってのマーケティングになるのです」と語っている。スティーブ・ジョブズがアップル社内に、競合他社より優れた製品やサービスではなく、「とてつもなく素晴らしい」製品やサービスを創造するよう、妥協せずにひたすら要求した動機も、まさに同じである。ちなみに、アップルの製品やサービスは、結果的に他社より優れたものにもなった。

戦略課題をこのように捉えると、競合他社を基準に据えるのがいかに無益であるかが、はっきり見えてくる。するとマネジャー達は、業界の競争要因や投資対象すべてを根本から問い直し、価値の飛躍的増大に向けて努力する。競合他社との対比で徐々に改善を行うと、競争優位は手に入るかもしれない。しかし、競争を無意味にするには価値の飛躍的増大が欠かせない。

このように努力してこそ、業界が競って実現しようとしているものと、多くの買い手が実際に高く評価するものとの違いに、組織の目が向く。皮肉にも、ブルー・オーシャン戦略家は競争優位の構築に重点を置いていないにもかかわらず、得てして、蓋を開けてみれば最大の競争優位を手に入れている。

ブルー・オーシャン戦略家は、既存顧客の奪い合いではなく、新たな需要の創造と確保に注力する。

ある程度の規模の組織はほぼ例外なく、何らかの形で定期的に顧客満足度を調べている。小規模ビジネスや非営利組織でさえも、一般には、既存顧客に満足してもらうことを優先課題に据えている。このため、製品について評価する点としない点、使い勝手、改善の必要な箇所などを顧客から探り出す。知見が蓄積されるとたいてい、既存顧客が何に価値を見出しているのか、微妙な違いまでよりよく理解できる。これをきっかけに、顧客の特殊なニーズを満たそうとして、セグメンテーションとカスタマイゼーションをいっそう精緻に行う。顧客満足度はほぼ例外なく向上する。あなたは「我々はまさにそれを実践している。得意とするところだ」「当社には、製品を『個』客ニーズに最適化するための、非常に創造的な手法がある」などと思っているかもしれない。

ところが顧客満足度を高めるための努力は、これだけの利点がありながら、組織をレッド・オーシャンである既存の市場空間に繋ぎ止める結果になりがちである。大多数の業界では、どの企業もほぼ同じように顧客を定義している。イギリスの慈善業界では高齢・高学歴の富裕層、ERPソフトウェア業界では複雑な大企業、というように。このような共通の定義をもとに、誰のために経営資源と労力を傾けるかが決まる。業界が成長している間は既存顧客に重点を置いて構わないが、需要が停滞ないし衰退している時はそれが逆に足枷になる。業界の外に新規需要を開拓する機会があっても、そちらに目が向かなくなってしまうのだ。コミック・リリーフとセールスフォースの事例が示す通り、多くの業界では、市場創造戦略によって掘り起こせる非顧客層と比べて、既存の顧客層は大海の一滴のようなものである。(原注6)

しかも、「どうすればもっと満足していただけますか」と既存顧客に尋ねても、返ってくるのは「価格を下げて価値を高めてほしい」という、何度となく聞いてきた答えである場合が多い。しかし、この点を重視したのでは、業界がかねてから抱える課題によりよい解決策をもたらすに過ぎず、レッド・オーシャンからの脱出にはつながらない。(原注7)

アメリカの小売業界は毎年末、その手痛い報いを受けている。クリスマス・セールへの期待を刷り込まれた消費者は、例年よりさらにセールの開始時期を前倒しして割引率を引き上げるよう、求めるのだ。最近では一〇月に早くもクリスマス飾りが店頭にお目見えする。では、利益を伴う力強い成長は実現しているのだろうか。セール開始時期が前倒しになり割引率が上がれば、顧客は喜ぶかもしれないが、売上高はほとんど増えず、利益率は縮小傾向が続いている。

ブルー・オーシャン戦略家は、既存顧客を奪い合う代わりに、非顧客層に着目して新たな需要の開拓を目指す。未開拓の需要があり、開拓されるのを待っていることに、気づいているのだ。非顧客層の存在と、彼らが業界に背を向けている原因に注目して、お涙頂戴的な寄付集めのような、人々を業界から遠ざけていた大きな苦痛を探り当てる。こうして、新規市場を創造するための貴重な知見を集めていく。

ブルー・オーシャン・シフトの途中で皆さんも気づくはずだが、なぜ業界の需要が頭打ちなのか、どうすればその状況を打破できるのかに関して、最大の知見をもたらすのは、顧客層ではなく非顧客層である。非顧客層に着目することで得られるのは、縮小するレッド・オーシャンでわずかばかり分け前を増やす機会ではなく、競争のない市場で新たな需要を生み出す機会である。

ブルー・オーシャン戦略家は差別化と低コストを同時に追求する。価値とコストのどちらかを選ぶのではなく、二兎を追うのである。

第1章で述べたように、レッド・オーシャン戦略家は差別化と低コスト、いずれかの戦略を選ばなくてはならないと考える。片やブルー・オーシャン戦略家は別の道を選び、二者択一ではなく二兎を追うことが市場創造につながると見なす。つまり、差別化と低コストを同時に追求するのである。（原注8）

コミック・リリーフを思い出してほしい。小さい赤い鼻で知られるコミック・リリーフは、地域に根差した楽しい募金集めとお祭り騒ぎを重視し、恒常的な寄付金集めをやめて二年に一度の特別なイベントに力点を置くなど、慈善資金を集める団体の中で間違いなく最も差別化ができている。伝統的な慈善団体とは違い、豪華な催しに時間と資金を費やしたり、政府・自治体や財団に助成金を申請したり、カウンセリングやケアサービスを行ったりはしない。その代わりに、スーパーマーケットやファッション店など、目抜き通りの小売店で小さな赤い鼻を売るのである。

いくつかの推計によると、コミック・リリーフは旧来の慈善募金の七五％超を吸い上げたという。人件費も極めて少ない。これは、一般の人々がスポンサーを見つけて道化を演じ、自発的に資金集めのかなりの部分を担っているからだ。そのうえ、レッド・ノーズ・デイのお陰でさまざまなメディアに注目され、無償のクチコミが拡散するため、多額の広告費を払う必要もない。こうしてコミック・リリーフは、価値とコストのトレードオフを打破して、新たな価値コスト・フロンティアを開拓した。

差別化によって競合他社を引き離そうとする組織は「何を増やすべきか」、業界最低コストを目指す組織は「何を減らすべきか」に、それぞれ重点を置く。いずれも戦略の選択肢になり得るが、結果は、レッド・オーシャンに閉じ込められて、業界の従来の生産性フロンティア内で事業を続けるのが落ちである。ブルー・オーシャン戦略家は、買い手にとっての価値を飛躍的に高め、価値とコストのトレードオフを打ち破るために、何を増やしたり創造したりするかだけでなく、何を減らしたり取り除いたりするかも同様に重視する。差別化と低コストを同時に追求してこそ、競合他社を次々と抜き去り、評判を高めることができる。すると、ウェブ上での「いいね！」や五つ星評価が増えて、単に新規顧客が増えるばかりか、ファンが集まり、尽きることのない称賛を寄せてくれる。

視野を広げる

ブルー・オーシャン戦略家の視点を取り入れるのは、夜空を見上げて業界が長く重視してきたたった一つの星座を眺めてから、方角を変えて、それまで視界になかった広大な宇宙を見渡すようなものである。すると、制約から解き放たれ、新しい事業機会に関心が移る。こうしてあなたは正しい方向へ導かれる。業界構造に挑み、業界の論理と決別し、非顧客層に関心を向け、差別化と低コストの両方を実現するための戦略を立案するのだ。レッド・オーシャンの発想で戦略を考えていては、ブルー・オーシャンの創造は期待できない。

では、次章の内容を紹介したい。第4章では、ブルー・オーシャン・シフトのプロセスに、人間らしさが入念に組み込まれていること、それによって人々が自信を強め、責任を持ってプロセスを前に進めることを説明する。併せて、このプロセスを通して人々の創造性が解き放たれる様子を示し、各ステップで何が期待できるかを述べる。

第4章 人間らしさ、自信、創造性

人間は逆説に満ちた存在である。変化を起こしたいと切望する。世の中を良くしたいと願う。こうして活力がみなぎり、心臓の鼓動が早くなり、アドレナリンが分泌する。ただし、それと同時にたいていの人は「できないのではないか」と不安を抱く。不安を取り除く必要があるのだ。

傍からどれだけ強靭だ、自信がある、洗練されていると見えたとしても、誰しも内面は繊細である。人々を、「企業幹部」「起業家」「政府高官」といった肩書きにとらわれず、もちろん人的資源として扱うのでもなく、人間として見ると、肩書きの陰では誰もが非常に弱い存在なのだと分かる。非難の的になるまいとする。恥をかきたくないと思う。無知をさらけ出すまいとする。

組織においては、隙を見せたり、自分の殻を破ったりすると、たいてい「地位、尊敬、安全、権力を失うのではないか」という不安が湧いてくる。このため、私達は可能性を探るのではなく、現状にしがみつく傾向がある。組織の頂点に立つ人も例外ではない。彼らの自我は得てして他の誰よりも脆いのだ。

これはあなた、我々、そして事実上すべての人にとっての真実である。弱いのではない。人間的なのである。こうした人間の根本的な真実に対処しなかったり、ないものとして扱ったりするせいで、創造性や革新性の向上を目指す変革の努力や試みは失敗続きなのである。そのような施策は、「人間らしさ」を意識してプロセスに組み入れていない。しかし、ブルー・オーシャン・シフトを構想、実践するプロセスには、それが織り込まれている。

人間らしさの備わった戦略プロセスは共感を引き出すため、人々は全ステップに全力で取り組もうとする。たとえ、ためらいがちであっても、互いを信頼していなくても、あるいは、変革を成功させる自信がなくてもだ。

全人格を本当に理解し尊重されていると感じると、また「自分は聡明、勇敢、完璧だからではなく、貢献できることがあり、不安や弱さを克服して現状を変えたいと願っているから、尊重されているのだ」と感じると、私達は後ろめたさのようなものを感じなくなる。他者を信頼するようになる。「成功に向けていっそう努力して、内なる信念を守りたい」と切望するようになる。

つまり人間らしさは、私達の熱意を引き出し、行動への自信を培ってくれる。緊張を解き、「未知なる世界の探求に乗り出しても大丈夫だ」という安心感を与えてくれる。組織と自分によって眠らされたままだった、豊かで素晴らしい好奇心と創造性を、活かそうという気にさせてくれる。業界の垣根を問い直し、改めるうえで、これは極めて重要である。

人間らしさから創造性へ

人間らしさは行動への自信につながり、市場創造のツールやその明快な活用指針は創造性を高めてくれる。市場創造ツールとその活用指針は、ブルー・オーシャン・シフトに必要な実作業を頭で理解する助けになる。

理想の肉体を作ろうとする場合を考えてほしい。正しい発想をすれば、キッチンからスポーツジムへと頭が切り替わるだろう。行動への自信が生まれると、実際に車に乗ってジムへ向かい、運動しようとするだろう。ただし、アスリートが必ず言うように、肉体を改造するには具体的に何をすべきかを知らなくてはならない。どれくらいの頻度でジムに通い、どのようなストレッチを行い、どのマシンをどの順序で使い、どれくらいの加重をかけるのか。何回繰り返すのか。有酸素運動とフィジカル・トレーニングの適度な比率は。そして、理想の食事は……。このような知識がないと、肉体を改造するための強靭さ、回復力、柔軟性を身につけられないだろう。創造的な枠組みと行動のツールに加えて、体系的なプロセスを導入すると、まさにこれと同じ効果が市場創造戦略に及ぶ。ツールと枠組みは、市場の創造と再創造には何が必要かを具体的に示す。志を「創造的な能力」に変え、市場の境界を望み通りに引き直すうえで不可欠な手段をもたらす。

行動への自信と創造的な能力が出合うと、実際に結果を出す可能性が生まれる。変革を目指すなら、「どちらか一方で十分だ」などという言葉に耳を貸してはいけない。ブルー・オーシャン・シフトを実現する自信があっても、具体的な方法が分からないなら、その組織がやろうとしていることはギャンブルであり、見当違いな努力と失敗を積み重ねるだろう。反対に、ブルー・オーシャンを開拓するために何ができるか、何をすべきかをすべて心得ていながら、行動を起こすだけの自信がない組織は、いつまで経っても立ち上がらないだろう。

以下、ブルー・オーシャン・シフトのプロセスが自信と創造性をもたらす様子を見ていく。

人間らしいプロセス作り

ブルー・オーシャン・シフトのプロセスには、行動への自信を培う助けになるよう、人間らしさのさまざまな側面に対応した三つの要素が組み込まれている。細分化、体験に基づく発見、公正なプロセスである。これらを一つずつ説明したい。

細分化

ブルー・オーシャン・シフトの実践は、市場へのアプローチの大胆な変更を意味するが、あえて、組織内ではそう受け取られないよう配慮している。目標があまりに遠大で斬新だと分かっているからだ。「存在すらしない市場について、将来構想を立てろというのか。発想をガラリと変えて、業界の境界を引き直すよう、我々に期待しているのか。自分（達）に、そんなことを実現する力が果たしてあるだろうか」。たいていの人は思わずこうつぶやくが、これは自然な反応である。

では、ブルー・オーシャン・シフトを実現するには、どうすればよいのだろう。一足飛びに実現するのは不可能である。そこで代わりに、取り組み全体を小さな具体的ステップに分けて、少しずつ前進しながら自信を引き出し、深めていくのである。例えば、業界の競争要因は何かと問いかけ、答えを探り出してもらう。あるいは、業界が無駄を省けずにいる最大の原因を特定してもらう。恩恵があるはずなのに製品やサービスを購入せずにいる顧客層に、目を向けさせる……。このように段取りをすると、ステップごとに発想の枠組みが広がる一方、どのステップでもお手上げにはならない。そして、どの局面においても、決して大きすぎる飛躍は求められないはずである。それでいて、これら小さなステップを積み重ねていくと、ブルー・オーシャン・シフトが実現するのだ。

我々はこれを「細分化」（atomization）と呼んでいる。「どのような課題も、細分化して一つずつ解決することに注力すればよい。そうすればどれだけ大きな課題も対処不能ではなくなり、『知恵を使えば解決できる』と思えるようになる」[原注1]という、アインシュタインの考えにちなんだ命名である。皆が各ステップについて「実行できる」と表明すると、新規市場の開拓は可能だという目に見える証拠が積み重なっていく。気の遠くなるような目標に思えたものが、実際には実現可能なのだと、皆が納得するようになる。創造性の向上を実感すると、不安が和らぎ静かな自信と誇りが芽生えてくる。

実体験に基づく発見

何が可能か。自分達には何ができるか。これをどう考えるかは、直面する課題の大きさだけでなく、過去の経験や知見によっても決まる。組織においてたいていの人が目にし、真実として受け止めているのは、競争の熾烈なレッド・オーシャンであり、これが感性と理性、両方にとっての避難先である。このため、たとえ望ましくないと分かっていても、レッド・オーシャンにしがみついてしまう。新人に「指導」を行うたびに、従来の戦略観が組織にいっそう根付くことになる。

「既存戦略をどう変える必要があるか」と質問して人々の世界観に挑むのは、以上のような自然な傾向に反する。もっとも、「自然」だからといって必然だとは限らない。もし現状を擁護し、それに合わせて真実を歪めようとするのが組織の行動原則であるなら、リーダーには何ができるのかが問題である。

我々の研究から得られた答えは、「人々が変革の必要性を、誰かから教わるのではなくみずからの体験から悟るような状況を、生み出す」というものだ。ブルー・オーシャン・シフトのプロセスは、二つの重要な方法によってこれを実現する。

第一に、結論を示さずに、むしろ各ステップにおいて自分達で答えを見つけ出せるよう、ツール類を与えるのだ。このツール類は、新しい発想をする方法を教示し、ブルー・オーシャン・シフトを実現する必要があるかどうか、自分達で気づくよう促す。あらかじめ結論が決まっているわけでないため、「操られている」という印象は生まない。このプロセスのもとでは自力で結論に辿り着くため、創造性、何が重要であるかについての理解度、結果に対する当事者意識が高まる。

第二に、このプロセスを通して従来とは違った見聞や経験をするため、先入観がなくなり、自分の目で確かめた事柄だけを真実と見なすようになる。（原注2）市場とじかに向き合うよう工夫がなされているからだ。洞察が得られるよう願う、市場を作って買い手が現れるのを待つ、第三者による市場調査に頼る、というやり方はしないのである。したがって、オフィスから飛び出して現場へ向かい、顧客だけでなく非顧客とも言葉を交わし、購入者の立場になって製品やサービスと関わり、顧客が常々経験している苦労を初めて知って体感し、代替業界や人間行動を観察するなど、要するに、理屈ではなく直感に基づく知見を集めるよう促されるのだ。この過程で人々は変革の必要性と、それを実現するための戦略や市場の転換に目を向け、感触を得はじめる。

まさに百聞は一見にしかずである。自分の目で見れば、「分からない、知らない」という非常に脆弱で不安定な意識が、「分かっている」という静かな自信に変わる。報告書で読んだとか、第三者によるフォーカスグループで語られたのではなく、自分自身で見て経験したからである。目の前の霧が晴れて、「これほど自明なのに、なぜ今まで気づかなかったのだろう」と思うようになるのだ。たとえどれほど頑固な人でも、過去には縁のなかった状況や「特異だ」として無視していた状況に、目を向け始める。自信が深まり、楽観主義が広がり、創造性が増す。

公正なプロセス

人間らしさの第三の要素は公正なプロセスである。公正なプロセスは、私達の人間としての本質的な部分に関わるものである。信頼という贈り物をくれ、緊張を解き、熱意や自発的な協力を引き出してくれる。

公正なプロセスとは要するに、三〇年近くにわたって研究し、論文や書籍などに書いてきた三つの原則、すなわち関与、説明、明快な期待内容に凝縮される。(原注3) これらの原則はどれほど強調しても強調し過ぎることはないほどの効力を持つ、ブルー・オーシャン・シフトのプロセスの土台でもある。関与とは、戦略的判断に皆を積極的に巻き込むという意味である。その手段として、意見を求めたり、互いの考えや仮説の価値に疑問を投げかけることを認めたりする。すると部下達に、彼らとそのアイデアを尊重する姿勢が伝わり、チーム全体の見識が高まる。こうして関与を引き出すと、よりよい判断ができ、判断の実行を担う人々がいっそう献身してくれる。

説明とは、ブルー・オーシャン・シフトのプロセスや各ステップの戦略判断の基本をなす考え方を、分かりやすく説くということだ。説明を受けた人々は、「会社の総合的な利益になるように判断が下され、その際には自分達の意見も考慮された」と納得する。すると、自分の意見が採用されたかどうかにかかわらず、マネジャーの意図を信頼するようになる。

最後の明快な期待内容は、文字通りの意味である。すなわち、各ステップにおいて、またプロセスが完了してさらに前へ進む際に、何を期待できるのか、役割と責任は何かを、皆にはっきり説明するのだ。大きな期待がかかるかもしれないが、最終目標と里程標、誰が何に責任を負うかが分かっていると、「自分達は尊重されている」と感じて安心する。

ここでの期待とは、ブルー・オーシャンの担当チームだけでなく、組織全体に対する期待を意味する。

ブルー・オーシャン・シフトによって影響を受ける人々全員に情報を伝えて、土壇場になって初めて実情を知って愕然とするような事態を防ぐということだ。リーダーがチームメンバーに対して公正なプロセスを用いるのと同じく、チームメンバーも職能部門の関係者に、公正なプロセスに基づいて接しなくてはいけない。つまり、チームとしての発見に関わらせ、その背後にあるプロセスを説明し、次に何をどのような理由で行うかを明快に説明するのだ。職能部門を巻き込みたいなら、一般に不意を衝くようなやり方は評判が悪いことを覚えておくとよい。たとえ嬉しい知らせであっても、プロセスが稚拙なせいで「信用されていない」「蚊帳の外に置かれた」という感情を生み、拒絶されかねない。(原注4)

公正なプロセスがなぜ効果的かというと、皆を個人としてどれだけ尊重しているか、知的、情緒的価値をどれだけ評価しているかを、行動を通して伝えるからである。(原注5) 尊重されていると感じると、私達は安心し、全力を尽くそうと心の底から思う。信頼と約束を胸に、保身の姿勢を捨てて分かち合いや未知への探求にみずから進んで乗り出し、周囲の反応が読み切れない場合でさえも最善のアイデアを出すようになる。組織の中で働いた経験のある人は誰でも、これがどれほど大切か分かるはずである。

有難いことに、公正なプロセスを通して「自分は尊重されている」と知ると、心の奥底で何かのスイッチが入る。公正なプロセスにより、私達は理性的になる。性急な判断を避けて信用を築き、他者の意見に耳を傾け、学習と比較をし、貢献するようになる。さもないと、侮辱されたと感じて、内心では他人の意見など受け入れまいと誓いながら、表向きは受け入れる素振りをいとも容易にしてしまう。こうした食い違いを避けることは、変革が課題になっている場合にはとりわけ重要であり、公正なプロセスはそのために大きな役割を果たす。

公正なプロセスを、細分化や実体験に基づく発見とともにブルー・オーシャン・シフトに組み入れると、人間らしさ、ひいては行動への自信が培われ、より強くなる。すると、戦略の実行はもはや後付けではなくなる。むしろ、成果を出そうとして皆が関与するため、実行もブルー・オーシャン・シフトの一部になるのだ。特筆すべきは、最初に期待していたのと異なる意思決定がなされても、関与が揺るがない点である。「判断の結果が違っていればよかった」という思いはあるかもしれないが、他方では、「物事が常に自分の思い通りに進むはずはなく、成功に向けて前進し、組織の生き残りを図るためには、当座の妥協が求められる場合もある」と納得するのだ。ただし、このように納得するためには、人間らしさがプロセスに備わっていることが条件となる。

図表4-1に、人間らしさがどうブルー・オーシャン・シフトのプロセスに組み込まれるか、その概要を紹介してある。ここには、細分化、実体験に基づく発見、公正なプロセスの三つがそれぞれ人間らしさの別々の側面に対応し、全体として行動を起こしてブルー・オーシャン・シフトを実現するための自信を生み出す様子が示されている。細分化により、対処しやすいように課題を小分けにする。実体験に基づく発見により、それまで見えなかったものが視野に入り、変革の必要性を確信する。そして、公正なプロセスの存在により、皆が「評価、尊重されている」と感じて自発的に協力する。

このようにして、誰かから強制されたり、アメとムチによって操られたりするのではなく、戦略を実行しようという意欲が内面から湧いてくると、皆が自発的に戦略を支持、遂行し、ブルー・オーシャン・シ

図表4-1｜人間らしさがブルー・オーシャン・シフトのプロセスに組み込まれる仕組み

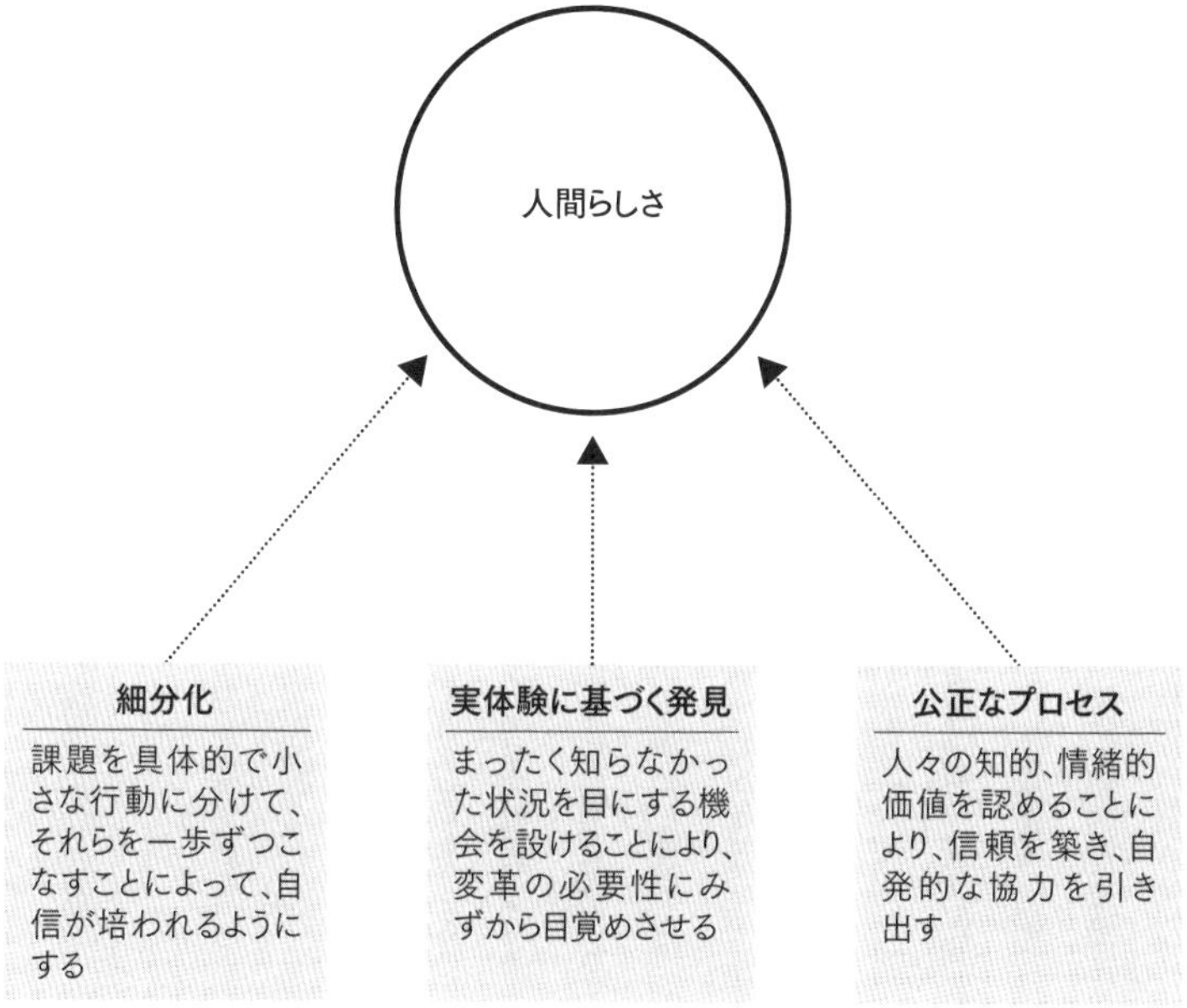

フトを実現する。ブルー・オーシャン・シフトの最終段階では、「さあ、進水だ!」という気合いがみなぎる。

適切なツールと指針

起業家は十中八九失敗する。これは、どの状況でもほぼ例外なくショッキングな数字として受け止められるだろう。起業関連のコミュニティではなぜか、かねてから容認されてきたが、それでよいはずはない。ブルー・オーシャン・シフトのプロセスは五つの体系的なステップからなる。このため、新規市場創造に際して成果のばらつきや試行錯誤が最小限に抑えられ、成功率が最大限に高まる。実績ある市場創造のツールやフレームワークを用いて組織の創造性を培い、差別化と低コストを同時に実現するビジネスモデルをもとに、新しい価値コスト・フロンティアを切り開く。しかも、ツールを実地に活かすための明快な指針を掲げ、何が期待できるか、誤りや失敗をどう避けるかまで、カバーしている。ツール類はビジュアル化されているため、理解も活用もしやすい。

我々は、経営陣、最前線の従業員、小さな小売店のオーナーと共にツール類を活用してきたが、いずれの場合も同程度の効果が得られた。芸術、政府・自治体、教育といった分野の人々も、それらを用いてブルー・オーシャンを切り開いてきた。高校生や宗教団体も同様である。あえて述べるなら、このプロセスをひとたび踏むと、自分達の市場はもとよりあらゆる市場の見方、理解の仕方ががらりと変わり、二度と元には戻らないだろう。

以下、プロセスの流れと各ステップで学ぶツールと指針を、順番に紹介する。

ステップ❶ 準備に取り掛かる

ステップ1では、ブルー・オーシャンの創造に乗り出すに当たり、まずはどこに的を絞るのがよいか見極める方法を学ぶ。変革のスケールがあまりに大きくなるのを避け、直面しそうな組織面の制約に照らして最も実現可能性が高い分野に重点を置くためだ。これを達成するために、最大の利益につながるような分野に的を絞るためのＰＭＳマップ（pioneer-migrator-settler map）を紹介し、どう活用するのか、結果から何が明らかになるかを説明する。活用に際して陥りやすい罠を取り上げ、それを避ける方法を解説する。

変革すべき領域が決まったら、ブルー・オーシャンへの旅に最適なチームを築く番である。メンバーは何人にすべきか。どのような技能を持つ人々を集めるのが望ましいか、どの職能や階層からメンバーを出してもらうべきか。チームメンバーとあなたは、どれくらいの時間をこの変革のために費やせそうか、それによって通常業務にどう影響が及ぶだろうか。小規模企業のオーナーや起業家、ＣＥＯ、製品マネジャー、政府のリーダーの目にどう映るだろうか。

ステップ❷ 現状を知る

ステップ2では、チームや組織全体に、業界の現状についての危機感をどう自然な形で持ってもらうか、という課題に対処する。競争の実情を全員が明快な形で理解するための方法を示す。皆が戦略の現実を目の当たりにし、変革の必要性について合意すると、本物の結束が生まれ、一丸となって変革を目指すようになる。

この目的を果たすために、ステップ2では**戦略キャンバス**を紹介する。戦略キャンバスを使うと業界の競争要因や重点対象、顧客にとっての価値、主力企業の戦略プロフィールを、簡潔な図表に表すことができる。各社の戦略が顧客にはどれだけ似通って見えるか、業界がどうレッド・オーシャンへと向かっているかが明らかになる。変革の出発点について全員の認識が一致するという、重要な利点がある。

ステップ2で学ぶのは、戦略キャンバスをどう描くか、それをチームで作成することによって何が期待できるか、完成したキャンバスをどう解釈してその戦略的意味合いに関する理解を共有するか、このツールを活用する際に陥りかねない落とし穴は何でそれをどう避けるか、である。

ステップ2の素晴らしさは、これをひとたび完了すれば、以後はブルー・オーシャン・シフトの必要性を説く必要がない点にある。むしろ、組織は自力で必要性を見つけ、語り始めるだろう。人々は本能的にそれを感じ取るだろう。

ステップ❸ 目的地を思い描く

現状から可能性へと視点を移すために、ステップ3では**買い手の効用マップ**を取り上げる。この分析ツールは、現在の業界や目標とする業界が顧客経験全体を通して買い手に強いている苦痛や不安を、具体的にあぶり出すのに役立つ。より重要な点として、価値が封印されたまま解き放たれるのを待っているような、未踏の空間を探り当てる助けになる。ブルー・オーシャン・シフトの過程では、苦痛や制約は足枷にはならない。これは戦略の場を変える明らかな機会であり、大多数の業界が見過ごしているものである。

ステップ3では、自社の状況に合わせて買い手の効用マップを活用する方法や、顧客経験全体を把握する際に注目すべき点を示していく。結果をどう解釈すればよいかを述べ、買い手の効用マップを使う際に陥りがちな失敗とその克服法を紹介する。競争が熾烈な業界においてさえ、顧客にとっての価値がどう削られ、製品やサービスの魅力がどう狭められているかを理解すると、革新的な価値を引き出す方法が見え始める。「ブルー・オーシャンの開拓につながる事業機会が存在し、自分達にはその開拓に必要なものが備わっている」という自信が深まる。すでに、背伸びをせずに達成できる目標が見つかったわけである。

続いて、顧客を狭く捉えすぎる傾向から脱する方法を示す。現状では業界の視野に入っていないものを含めた需要の全体像を掴むために、**非顧客層の三つのグループ**を紹介する。三つのグループそれぞれをどう自社に当てはめるか、結果をどう解釈するかを説き、この分析枠組みを用いる際に生じそうな疑問と最善の対処法に焦点を当てる。

このステップでは、従来は見えていなかった非顧客層が視野に入り、潜在需要を開拓する可能性が開かれる。人々は驚愕し、時にはおどけたりしながら、「これまで他社と奪い合っていた顧客層は、えてして潜在需要全体のごく一部に過ぎないのだ」と目覚める。ここまで来ると、ブルー・オーシャンの概念はもはや比喩ではない。皆がその可能性を見て、感じ、言葉で表すようになる。

ステップ❹　目的地への道筋を見つける

このステップでは、戦略の対象となる場を再定義して、商業的に旨味のある新規市場を創造する方法を説く。行き当たりばったりのブレインストーミングを脇に置き、体系的な道筋《パス》を用いて市場の境界を引き直し、市場を創造ないし再創造する方法を学んでもらう。ここで紹介する**六つのパス**という分析ツールは、ブルー・オーシャンの創造を分かりやすく解きほぐし、段取りを示す。六つのパスは、新鮮な視点で市場を眺め、他者が見落としているものを見る方法を示す。市場の境界を再定義し、再考し、引き直す上で必要な知見を発掘するために、各パスをどう探索すべきかが学べるはずである。知見を得るために、誰に現場で意見を聞いたり観察の対象にしたりすべきだろうか。気づいた事柄をどう記録しまとめるか。市場の境界を引き直す過程でよくある罠を、どう見つけて避けるか。こうすると、①業界が焦点を当てる問題を再定義、再構築する、②まったく新しい課題を見つけて解決するか、まったく新しい事業機会を掴む、③

業界がかねてから抱える課題に対する画期的な解決策を生み出すなどの実践的な方法を身をもって知ることができる。

ステップ4では続いて、これらの知見をどう掘り下げ、優れた戦略の策定に活かすのかを説く。この目的のために紹介するのは**四つのアクション**というフレームワークである。つまり、何が「取り除く」「減らす」「創造する」「増やす」というアクションの対象になるかを重点的に考えて、実行できそうなブルー・オーシャン施策を六つ考案するのである。このツールが極めて有効なのは、差別化と低コスト、両方を追求するよう促すからである。この発想こそが、価値とコストの二者択一を打破し、ブルー・オーシャンの創造につながるのだ。

ステップ⑤ 戦略を絞り込み、実行に移す

ステップ5では、どの施策を実行に移すかを決める**ブルー・オーシャン見本市**を紹介する。見本市の狙いは、政治的な駆け引きを排除して意思決定を行い、戦略案を検証してフィードバックをもらい、実行が決まった戦略への関与と支援を確かなものにすることにある。見本市については、どう実施するか、つまり、参加者、プレゼンテーション内容、戦略案の紹介のしかた、各戦略案の可否についての投票方法などを紹介する。参加者の意見や理屈をもとにどう調整を図るのか、最終的に経営トップは実行に移す戦略をどう選ぶのかも説明する。

この結果、明快な判断が下り、カギとなる利害関係者がそれを了承する。彼らは、実行に移す戦略をさらにどう改善するとよいか、また、実行するうえで足りないものをどう効率的、効果的に補えばよいかに関して、多数のフィードバックや知見を寄せる。その後は、おおまかな試作品を使って速やかに試行導入し、市場の反応を確かめ、必要に応じてアイデアを改良することになる。

続いて、ブルー・オーシャン戦略をどう完成させて、製品やサービスを市場に投入するか、その詳細を詰める。大局的なビジネスモデルを、買い手にとっての価値を飛躍的に増大させ、利益を伴う力強い成長（非営利組織の場合は寄付金の正味金額の大幅な増額）を実現する戦略にどう落とし込むかを示す。戦略を一貫したやり方で実行できるように、ブルー・オーシャン開拓のための新製品や新サービスをどう効果的に市場投入し、大きく展開していくか、また、戦略キャンバスを活用してなすべきこと、避けるべきことをどう判断するかを説く。展開手順に関しては、ブルー・オーシャン戦略をさらに検証、調整、改良して新規市場ひいては業績を最大化する方法を概観する。

ブルー・オーシャン・シフトのプロセスを個別事情に合わせて使う

図表4－2は、ブルー・オーシャン・シフトの流れを俯瞰したものである。ここでは感性と知性、人間らしさ、自信、創造性がうまく調和している。感性と知性を調和させると、皆が行動を起こしてくれる。この手順の利点は、各ステップとそれに対応する分析ツールや指針それ自体に価値があることだ。これが

図表4-2 | **ブルー・オーシャン・シフトのおおよその手順**

STEP1 準備に取り掛かる

- ブルー・オーシャンの創造を目指すにあたり、どこに的を絞るべきかを判断する：**PMSマップ**
- ブルー・オーシャン・シフトにふさわしいチームを築く

STEP2 現状を知る

- チームの皆で競争の現状を簡単な図表にまとめる：**戦略キャンバス**
- 戦略転換の必要性を悟り、容易に合意にいたる

STEP3 目的地を思い描く

- 業界が顧客に強いている苦痛を探り出す：**買い手の効用マップ**
- 開拓可能な需要全体を把握する：**非顧客層の3つのグループ**

STEP4 目的地への道筋を見つける

- 体系的な経路《パス》をもとに市場の境界を引き直す：**6つのパス**
- 差別化と低コストをともに実現する戦略案を考える：**4つのアクション**

STEP5 戦略を絞り込み、実行に移す

- ブルー・オーシャン見本市で実行すべき戦略を決め、短期の市場テストを行い、戦略を改良する
- 自社と顧客の両方に恩恵をもたらす大局的なビジネスモデルを仕上げ、戦略を完成させる
- 製品やサービスを市場に投入し、展開していく

＊太字は分析ツールを表す。

なぜ重要かというと、ブルー・オーシャン・シフトの手順はステップ1から5までで完結するが、出発点は組織ごとに異なるはずだからである。例えばあなたの会社は、かつての市場リーダーで今なお多大な利益を上げているが、競合他社からの猛追に遭っているかもしれない。購入者レビューからは、製品はもはや卓越しているわけではないことが窺えるが、経営幹部の大半は目を逸らしている。会社は、ブルー・オーシャン・シフトの全手順を踏む準備はできていないかもしれないが、あなたとしては、組織を差し迫った脅威に目覚めさせる必要性を感じている。注意喚起をしたにもかかわらず、行き詰まって死の谷に落ちるのは避けたい。そのような場合は、戦略キャンバスを用いてステップ2を実践すればよい。これは話し合いにより幻想と現実逃避を解消して、現実を直視させるうえで、極めて有効なやり方である。

あるいは、あなたの会社は依然として製品は卓越しているが、業界規模が小さく、何とか成長できないものかと切望しているかもしれない。既存顧客の奪い合いは利益率の低下につながるだろう。しかし、業界の非顧客層が誰であるかは掴めていない。それならステップ3を実践しよう。非顧客層の三つのグループという分析フレームワークを用いて、掘り起こせそうな潜在需要について知見を得るのだ。

新規市場の創造につながる事業アイデアを見つけようとして、無作為にA／Bテストを実施することには、飽きてしまっただろうか。創造性を発揮する道は断たれてしまったと考えているだろうか。どちらの場合も、他のステップを飛ばしてステップ4を実践してみよう。六つの体系的なパスを活用して、商業的に旨味の大きい新規市場を創造する方法を学ぶのだ。

細分化の原則は、個人ばかりか組織にとっても有用である。今日では大多数の組織がレッド・オーシャンから脱出する必要に迫られているが、見たところ、多くの組織はブルー・オーシャンを創造したいと願いながらも、いまだに腰を上げていない。ただし、手をこまねいているだけの余裕があるわけではない。だからこそ我々は、どのような組織でも着手できるように、必要に応じて一つまたは一部のステップを実践して成果を得られるよう、ブルー・オーシャン・シフトの手順全体を複数のステップに分けたのである。言い換えるなら、必ずしもすべてのステップを網羅しなくてもよいのだ。

ここまで説明してきたように、その時々のニーズに最適なステップに着目して、それだけを実践しても構わない。レッド・オーシャンからブルー・オーシャンへ移行するための知見は、どのステップからも引き出すことができ、全ステップを踏むかどうかは関係ない。次章以降の各ステップについての解説から、それぞれのステップ独自の意義が明らかになるはずだ。このようにどの組織も皆、現状と課題を踏まえて、ブルー・オーシャンへと船出することができる。特に、どのステップにも人間らしさの三つの要素が組み込まれているため、自信と創造性が増すだろう。つまり、各ステップには皆を立ち上がらせる仕組みが備わっているのだ。

ここまで、ブルー・オーシャン・シフトの手順がどのようなものか、各ステップにおいてどう自信と創造性が培われるかが、理解できたはずである。次は実践に踏み出そう。次章では、ステップ1の導入部を取り上げ、ブルー・オーシャンの創造をどこから始めるべきか見極める方法を紹介する。

第2部
ブルー・オーシャン・シフトの5つのステップ

BLUE OCEAN SHIFT

STEP

1

準備に取り掛かる

第5章

出発地点を決める

第6章

望ましいブルー・オーシャン・チームの構築

第5章 出発地点を決める

ブルー・オーシャンの創造に乗り出すに当たっては、必ず「何から始めるか」が問題になる。「まずは対象を絞り込むことから」が答えである。つまり、どの事業または製品・サービスに挑むかを見極めるのだ。

主力の製品ないしサービスが一つだけの場合、妥当な対象はすぐに決まる。レッド・オーシャンではなくブルー・オーシャンで事業を行うには、新興企業は今開発しようとしている製品やサービスに注力する必要がある。レストラン、水道設備業、地場の歯科医院など、専門特化型の組織や小規模な自営業者は、従来の分野に専念すべきだろう。

ところが、多様な製品やサービスを提供する既存組織にとっては、妥当な範囲に対象を絞り込むのは決して容易ではない。ゼネラル・エレクトリック（GE）、IBM、プロクター・アンド・ギャンブル（P&G）を考えてほしい。これら企業は大規模事業をいくつも展開し、そのおのおのが幅広い製品やサービスを提供している。大企業の場合、一つの事業部だけでもいくつもの可能性が考えられる。例えば、オランダの巨大エレクトロニクス企業フィリップスの消費者ライフスタイル事業部は、電気シェーバー、電動歯ブラシ、口腔清浄器、ドライヤー、ヘアアイロン、女性用電気脱毛器など、実に多様な製品を提供している。

このような複雑な組織でもブルー・オーシャン戦略の対象範囲を決められるよう、ＰＭＳマップ(pioneer-migrator-settler map)というシンプルだが有用なツールを考案した。これを用いると、既存の事業ポートフォリオや製品・サービスすべてを一つの図表上にプロットして評価し、業績の先行きを見通すことができる。自社のバリュー・イノベーション状況やその欠如、さらにはポートフォリオ固有の成長見通しを十分に把握できる。

この章では、自社のＰＭＳマップを作成する方法や、それを活用してブルー・オーシャン戦略の妥当な対象範囲を決める方法を説明する。ＰＭＳマップを作成、活用する過程で戦略への自信と支援が増していく様子、また、過去の成功体験を持つ組織にとって特に厄介な罠をどう避けるべきかにも言及する。

将来を展望するために現状を分析する

組織のリーダーは従来、製品やサービスのポートフォリオがどれくらい充実しているかを知るために、市場シェアと業界の魅力度という二つの指標を用いてきた。市場の魅力度が高く、そこでの自社の市場シエアが大きいほど事業は健全であり、（これが戦略に関して重要な点だが）進路を変える必要性は小さいと考えられている。

果たしてそうだろうか。

市場シェアは重要である。ほとんどの組織は市場シェアの向上を望む。しかし、市場シェアは遅行指標である。それが映し出すのは将来ではなく過去の実績なのだ。例えばコダックは、デジタル写真が普及を始めたまさにその時点で、写真フィルム業界の市場リーダーだった。コダックの市場シェアは驚異的な高水準にあったが、戦略の脆弱性もまた高かった。

逆の事例として、アップルがｉＰｈｏｎｅを発売した時にはスマートフォン市場は小さく、ブラックベリーが堂々たるシェアを誇っていた。ところが、その後の展開は誰もが知る通りである。アップルの低シェアは、市場参入から日が浅かったせいであり、そこからは将来の大躍進など見通せなかった。同様に、ブラックベリーの高シェアは過去の遺物であって、それが戦略の脆弱性を覆い隠していた。

似たような理屈は業界の魅力度についても当てはまる。非常に魅力的な業界は、多数の企業が次々と参入して多大な経営資源を投じたなら、一夜にしてまったく旨味のない業界に変わるかもしれない。

ＰＭＳマップはこのような問題をおおむね回避するために、市場シェアと業界の魅力度に代えて「価値」と「イノベーション」に着目する。価値は極めて重要である。なぜならこの尺度を用いると、慢心せずに、顧客にどれくらい価値を届けているかをもとに、各事業を値踏みせざるを得ないからだ。その価値しだいで顧客の行動が決まり、それが事業の将来的な成長見通しを左右する。片や、現在の市場シェアは過去に顧客に届けた価値に基づいている。

他方、イノベーションがなぜカギを握るのかといえば、既存業界の現状を克服するのに役立つからである。イノベーションが起きなければ、企業は競争相手を睨みながら改善を重ねるという罠に陥ってしまう。イノベーションが実現すれば、一度は衰退へと向かった業界さえも、非常に利益率の高い市場を創造できる。

アクティフライの戦略が、家庭用の電気フライドポテト調理器という、販売数が年率一〇％で減少するいかにも冴えない陳腐化した業界を、高成長、高収益の新しい市場空間へと変えたことを考えてほしい。シチズンMホテルズは、「手の届くラグジュアリー・ホテル」というコンセプトで高成長、高収益の新規市場を創出して、利幅が薄くて活気のない中価格帯のホテル業界に新風を吹き込んでいる。

結局のところ、業界とは創り出すものである。心躍る何かやイノベーションを実践すれば、業界に活気が溢れる。従来と同じことを続けるだけでは、業界の魅力は損なわれていく。

「買い手にどれだけ革新的な価値を提供しているか」という切り口で製品やサービスを品定めすると、自社のポートフォリオがいかに戦略的に脆弱ないし健全であるか、本当の姿が見えてくる。把握すべきは以下の諸点である。①模倣戦略による「もどき」の価値しか提供しない製品・サービスや事業はどれか、②競合とそれほど違わない、価値を若干上乗せした程度のものはどれか、③文字通り価値を飛躍的に高めたバリュー・イノベーションはどれか（そもそも存在するだろうか）。

これを探るために、ＰＭＳマップには以下の三つのセグメントが用意されている。

●**パイオニア（pioneer）：**バリュー・イノベーションを体現する事業や製品・サービスを指し、その購入者や利用者は顧客ではなく愛好者《ファン》と呼ぶにふさわしい。かつてない素晴らしい価値を提供し、新たな価値コスト・フロンティアを開拓する、ポートフォリオ刷新のカギを握る存在である。戦略は競合他社と一線を画し、利益を伴う力強い成長が見込まれる。

●**安住者（settler）：**パイオニアの対極をなし、顧客にもたらす価値は二番煎じによるものである。製品や価格を少しずつ変える競争手法を取り、戦略は同業他社と横並びである。業界自体が成長し利益を上げていない限り、大きな成長は見込めない。

●**移行者（migrator）：**パイオニアと安住者の間に位置する。競合他社よりも優れた価値を提供し、業界内で最高水準かもしれないが、「革新的」と呼べるほどではない。

図表5－1は、ある消費者家電メーカーのＰＭＳマップである。円はそれぞれ異なる事業、製品ないしサービスを表し、大きさは直近の収益に比例している。マップ上での位置は成長または衰退の見通しを示しており、円の大きさと位置を考え合わせると、可能性ないしリスクの大きさが分かる。

この消費者家電メーカーに関しては、ＰＭＳマップを一見しただけで気づくことがある。基本的に、過去の栄光に寄りかかって食いつないでいるにすぎず、戦略面で脆弱なのである。現在は、複数の事業部が高い市場シェアを握っているため、利益が上がっているかもしれない。しかし、安住者タイプの事業が主体であるため、過去の戦略施策の余勢を駆っているだけで、将来の屋台骨になりそうな新たな手立てを講

図表5-1｜消費者家電メーカーのPMSマップ

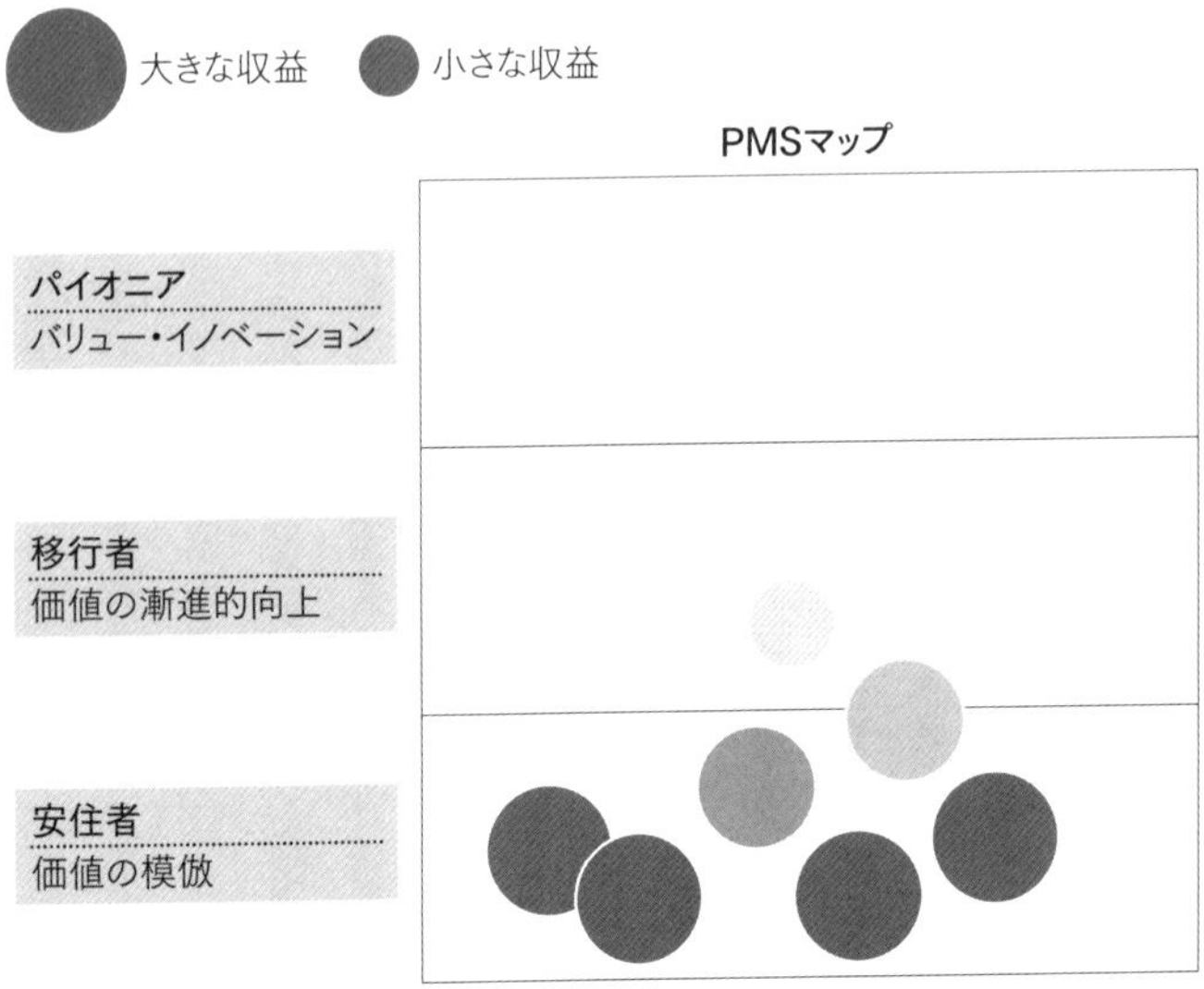

じているわけではない。ブルー・オーシャンにふさわしい製品やサービスを携えた組織のＰＭＳマップには、将来の利益と成長の種を播くパイオニアが描かれているはずである。

マイクロソフトのＰＭＳマップを作成すると、図表５‐１の消費者家電メーカーと似たり寄ったりであることが分かるだろう。過去一〇年ほどの間に、マイクロソフトは一〇〇〇億ドル超の利益を上げてきた。しかし、株価はさほど上昇しておらず、かつてのように逸材が続々と集まってくるわけでもない。なぜなら、マップを作成すれば気づくように、利益のほぼすべてをオフィスとウィンドウズという、何十年も前に誕生して今や安住者となった、たった二つの製品から得ているのだ。株式市場や逸材達の目には、次なる大型キラー・アプリなどのパイオニア型事業は映っていない。確かに、マイクロソフトの研究所は世界でもひときわ印象的で資金も潤沢である。ところが残念ながら、技術の進歩を活かしてバリュー・イノベーションに相当する製品・サービスを開発することは、できずにいる。

このような企業は他にもある。既存の事業ポートフォリオをPMSマップ上に示すよう求めると、たいていの企業のマップは図表5－1に似たものになる。あなたの会社はどうだろう。あなたの会社のPMSマップを作成すると、バリュー・イノベーションの実施状況はどう表されると思うか。将来のために、ブルー・オーシャンの開拓につながる成長事業を築いているだろうか。

バリュー・イノベーションの度合いという観点から事業ポートフォリオを把握することは、二つの根本的な理由から極めて重要である。第一に、現在の業績数値だけにとらわれるのではなく、将来を見通すようになるため、戦略が脆弱かどうか、ひいては行動を起こす必要があるかどうかを見極めることができる。第二に、ポートフォリオ全体を、購買行動の根本要因である価値とイノベーションの観点から俯瞰すると、施策の範囲規模を吟味するきっかけになる。「きっかけになる」と書いたのは、図表5－1のように、たとえポートフォリオで幅を利かせているのが安住者であっても、それらすべての変革に乗り出すのは得策ではないからである。それではあまりにスケールが大きい。一度に過大な変革を仕掛けると、変革の推進役とプロセス、両方への信頼を損ない、全員が消耗するおそれが強い。

成果につながるブルー・オーシャン創造手順の土台には、「小さく始めて大きく育てる」手法がある。つまり、安住者の製品やサービスを一つ選んでブルー・オーシャン・シフトの手順を当てはめ、結果を見てから、その経験をもとに、ポートフォリオ内の他の事業や製品・サービスに展開していくのだ。この手法は、施策の規模の適正化に寄与するだけでなく、関係者に自信をもたらし、「公正でしかも合理的だ」と感じさせるため、緊張がほぐれ、新しいアイデアを受け入れようという意欲がみなぎる。

PMSマップの作成方法

さて、今度は自社のPMSマップを作成してみよう。取り組みの範囲が決まると、皆がバリュー・イノベーションの観点からポートフォリオを同じように理解するだろう。変革とブルー・オーシャン創造の必要性が組織内でどれだけ広範に及んでいるかも、見えてくるだろう。具体的な手順は以下の通りである。

ポートフォリオのカギを握る製品またはサービスを特定する

まずは、カギとなる事業や製品・サービスを見極めて、PMSマップ作成メンバーを選ぶ。少なくとも、各事業ユニットの責任者はメンバーに含めるべきである。選ばれたメンバーはたいてい、要となる部下一〜二人を加えたいと考えるだろう。これは大変助かるだけでなく、心強くもある。実際にPMSマップに自分達の製品やサービスを書き入れる段になって、事業ユニットの人々との意見調整を担ってもらえるからだ。

製品やサービスをパイオニア、移行者、安住者に分類する

次に、これまでに述べてきたパイオニア、移行者、安住者の定義を各マネジャーに伝えよう。市場シェアや業界の魅力度ではなく、価値とイノベーションの観点から、おのおのの事業や製品、サービスがどの分類に当てはまるかを判断するのが目的だと、はっきり説明するとよい。「事業、製品、サービスはいずれも、自社の他の事業、製品、サービスではなく、買い手の観点から評価すべきだ」という念押しも重要である。つまり、買い手からどう判断されるか、ということだ。買い手が市場で手に入る他の製品やサービスと比べたら、パイオニア、移行者、安住者のいずれだと見なすだろうか。

これまでに、「自社の製品やサービスの中では最も革新的だ」という理由からパイオニアに分類する、という失敗を見てきた。しかし、「代替品と比べて、購入者にとっての価値は飛躍的に向上していますか」と質問すると、購入者の視点からは実は競合製品と非常に似通っていて、まさしく安住者と分類すべきであることが、はっきりした。この種の近視眼は、非常に内向きな組織によく見られる。

事業や製品、サービスをマップ上に記入する際に、円の大きさは、他の事業や製品、サービスとの相対的な収益に比例して決めるべきだ（収益が相対的に大きいほど、円も大きくする）と全員に伝えよう。人気のないパイオニア事業を表すには、小さな円の中にクエスチョン・マークを書き入れよう。記録破りの販売数を誇る製品の場合、収益もそれを反映した規模になるはずである。そうでないなら、理由を探ることになる。発売直後であるなら辻褄が合う。しかし、実は価値に関してはまったくパイオニアでなく、ほとんどの購入者が価値を見出さない、単なる技術面のパイオニアであるのかもしれない。この点を掘り下

げるのを忘れてはならない。巨額のR＆D予算を持つ組織、あるいは技術集約型の業界に属する企業は、この点を誤解しがちである。

ＰＭＳマップを作成してもらうと、パイオニアがここかしこに散らばっている。一般に円は小さいが、それは発売間もない製品だからではない。調べてみると、それら事業のマネジャー達は、製品がなぜ技術革新の成果であるかは説明できるが、それがどのようにしてなぜ買い手に飛躍的に大きな価値をもたらすのかを、簡潔な言葉で明快に語ることはなかなかできない。

これは重要な点である。なぜならこのような状況はほぼ確実に、開発者と買い手の間に深刻な断絶がある兆候であり、もしR＆Dや技術開発に投じた資金を無駄にせず、商業的に旨味のあるブルー・オーシャンの創造につなげたいなら、断絶を放置せずに対処する必要がある。

ＰＭＳマップを作成する

さて、白紙のＰＭＳマップに、個々の事業や製品、サービスに関するグループとしての評価を書き入れよう。作業をしやすいように、www.blueoceanshift.com/ExerciseTemplates に関連する素材やテンプレートを載せてあるので、自由にダウンロードして活用してほしい。経営チームはたいてい、実際のＰＭＳマップの核をなす概念と仕組みを知ったら、協力しながら比較的容易に完成に漕ぎ着けるはずである。

目的は、各製品やサービスのその時点における位置付けを記録することである。それも、「個人」の判断ではなく、「グループ」の評価である点に注意してほしい。なぜなら、前章で説明した通り、実体験に基づく発見と公正なプロセスは、ブルー・オーシャン・シフトの手順の重要な構成要素なのである。あなたはポートフォリオをどうマップ上に記入すべきか、直感的に分かっているかもしれないが、カギを握る他の関係者が同意するとは限らない。

例えば、大きな事業ユニットや製品・サービス部門のマネジャーが、担当製品がとうの昔に月並みなものになっているにもかかわらず、自分のユニットを過大評価しているとしよう。あなたがその事業ないし製品を安住者として記入したなら、件のマネジャーはまず間違いなくマップの作成から手を引き、「自分のユニットが見下された」と反発して、あなたに腹を立てるだろう。

この問題を防ぐ最善の方法は、複数の事業ユニットのマネジャー達に一緒にマップを作成させることである。まずは各人に所属ユニットの製品やサービスをマップ上に記入してもらおう。そのうえで議論をして、なぜそのように描いたのかを互いに探るとよい。このように協力しながら作業を進めると、全員が誠実に取り組む。互いの認識に耳を傾けると、全員が組織全体のポートフォリオに関する知識を深め、共通の理解にいたる。こうして最終的には、安住者あるいは安住者に近い移行者だという判断が、その事業を担う人々によって下される。望ましい判断を、当事者が導いたのだ。

ＰＭＳマップの作成に当たり、「正確を期するために追加の調査が必要だ」という声が上がるかもしれない。もっともだと思うだろう。しかし我々の研究からは、大勢が力を合わせて事業、製品ないしサービスの規模や位置づけを判断すると、正確度は八〇％近くに達する。ここでの目的は、業界内での相対的な位置づけを知ることであり、完璧を求めているのではない。たいていの場合、定量的な市場調査の結果は、

ＰＭＳマップにわずかな影響を及ぼすにすぎず、決定的な影響はないことが分かっている。

例えば、追加調査により「安住者に近い移行者」が実際には「移行者に近い安住者」だったと判明するかもしれない。つまり、境界線のわずか上ではなく、わずか下に位置するということである。とはいえ、些細な違いは最終的な結論を左右しない。したがって、追加調査が議論の俎上に上ったら、こう訊いてみよう。「さらなる調査によって、何が期待できるのですか」「今の位置づけが大きく変わると考えていますか。それとも、微調整でしょうか」「安住者だと思われる事業が実はパイオニアであったとか、その逆の例はあり得ますか」。現実には、ほぼ例外なく微調整で終わる。こうしてこの件は終息し、議論の重点は大局観へと戻る。

製品やサービスを上下のどの辺にプロットすべきか、意見が分かれたら、価値や革新性の面で何が際立っているのかを質問して、互いの前提を掘り下げるよう促そう。その事業（製品やサービス）は本当に移行者あるいはパイオニアなのか。比類ない価値をもたらすというなら、それは何か。狙い通りに多数の顧客を獲得できるのか。逆に、「マップ上の位置が低すぎる」と考えられているなら、「本当に安住者なのか」と問いかけよう。皆が自分の事業ユニットの製品やサービスを実際以上に高く評価していないか、あるいは逆に、成果を過小評価していないか確かめよう。

すべての事業ないし製品、サービスが妥当な位置に落ち着くまで、疑問を投げかけ、議論を続けよう。こうすると、既存のポートフォリオを極めて適正に評価し、合意に達することができるはずだ。

ＰＭＳマップは対話を通して作成される。何が妥当な評価かをめぐって当初は往々にして意見が食い違うが、それはすぐに解消へと向かい、若干の調整の後、最終的な合意にいたることが分かっている。

エレクトロニクス・サービス企業の実情

ＰＭＳマップに関する議論は実際のところどう展開するのだろうか。我々はアメリカのあるエレクトロニクス・サービス企業（以下「ＥＳＣ」と呼ぶ）の社長から、ＰＭＳマップの作成を依頼された。ＥＳＣの経営チームの議論を紹介しよう。ＥＳＣは、エレクトロニクス企業の最終顧客や、企業のＩＴ、通信インフラを対象とした出張修理事業を手がけ、成功へと導いてきた。ここでは、ＰＭＳマップを作成する過程で経営チームのメンバーが互いにどのようなやり取りをして共通の理解に至ったかを、紹介したい。参加者は社長の他に、事業開発ディレクター、グローバル事業バイス・プレジデント、ＩＴディレクター、戦略プランニング・マネジャー、経理部長、ヨーロッパ事業バイス・プレジデント、アジア事業バイス・プレジデント、人事マネジャーである。

社長が口火を切り、「知っての通り、ここ数年は業績が大変好調でした。今や一〇を超える拠点で五〇〇〇人超を雇用し、事業規模は五億ドルに迫っています」と言うと、経理部長に続きを促した。「今後も、親会社（数十億ドル企業）より遥かに高い営業利益率を達成し続けるのは、間違いないと思います」と経理部長。一同頷く。彼らは不自然なくらい背筋を伸ばし、業績にご満悦で誇らし気な様子で話を聞いている。

社長が話を続ける。「これまでの好業績はさておき、今後の見通しはどうでしょう。利益を伴う成長は可能でしょうか。市場ではいくつもの新しい課題が持ち上がっています」

ブルー・オーシャンの専門家がＰＭＳマップの概要を説明した後、事業ポートフォリオをマップ上に書き込む作業が始まった。一見したところ、ＥＳＣはブルー・オーシャンを泳いでいるようである。「これらの法人顧客は間違いなくパイオニアだ」。アジア事業とヨーロッパ事業のバイス・プレジデントが「賛成です」と頷く。経理部長は売上関連の数字を確認した後、「パイオニアは全世界の事業の三五％を占めます。利益率が高いだけでなく売上高も大きいですね」。いたるところでハイタッチが交わされる。さらなる議論の後、ポートフォリオの三〇％を移行者に分類し、安住者が占める比率はわずか三五％となった。経営チームは上機嫌だった。

ブルー・オーシャン専門家は、出来上がったマップを紹介しながら、これは製品やサービスのポートフォリオではなく、法人顧客の分類をもとに作成されたものだと述べた。法人顧客に着目する限り、マップは非常によい状況を示している。ただ、マップの本来の趣旨とは異なるため、専門家は経営チームに苦言を呈した。すると一人が反論した。「この業界では、法人顧客が発想や行動の拠り所です。サービス分野ではなく。それが業界のしきたりです」

事業開発ディレクターの説明はこうである。「当社のように法人向けの業界にいると、独特の力学が働くのです。すべては、大手法人顧客からいかに提案依頼をもらうかに尽きます。それが利益の源泉です」。一同相槌を打つ。「法人顧客から高い収益が上がっていれば、間違いなく正しい取り組みをしているわけです。当社にとっても、恐らく業界全体にとっても、それこそがパイオニアなのです」。室内に少しずつ熱気がみなぎる。

「まさにその通りです」と社長。「法人顧客に関しては、これまでの業績は間違いなく素晴らしいです。しかし、皆さんもご承知のように、競争が激化しています。問題は、我々が提供するサービスは、他社との差別化ができていて、今後とも、利益率の大幅な低減なしに大口の法人顧客の獲得に寄与するのか、ということです。もしそうでないなら、将来的には利益ある力強い成長など期待できないでしょう」。社長がさり気なく論点を切り換えた意味に、参加者達ははっきり気づいたようだった。

業界各社は、大型の提案依頼と高利益率を追いかけるのに躍起かもしれないし、ESCも、既存のサービスに関して同様の姿勢で成功してきたのかもしれない。しかし、ESCの利益や成長性の将来見通しは、「サービス・ポートフォリオが顧客から見てどれだけ魅力的か」という観点から判断する必要がある。顧客が選ぶのは、従来よりも大きな価値を提供してくれる企業だろう。

チームは、作業をやり直してサービスの観点からPMSマップを再作成することで合意した。すると、前回とはまったく異なるマップが出来上がった。何が各サービスを際立たせるのか、チームでいくら議論、探究しても、結局はいつも同じ答えに辿り着いた。どのサービスも二番煎じの安住者だったのである。チームはこう結論づけた。「恐らく当社は、競合他社と同じサービスを同じように提供しているに過ぎない。修理の質、料金、サービスの水準、修理に要する時間……いずれも概ねどんぐりの背比べなのだ」

誰もが黙り込んだ。PMSマップは真っ赤である。「法人顧客と収益性からサービスとバリュー・イノベーションへと、切り口を変えたら、まったく違う仕上がりになるとは。一体どういうことでしょう」と一人が問いかけた。「我々が泳いでいるのはほぼブルー・オーシャンだと思っていたのに」。チームがこの食い違いを掘り下げると、気づきが得られた。最初にパイオニアに分類した法人顧客の多くは、五〜七年前に契約した長年の顧客であり、契約から二年以内の最近の顧客は、安住者としてプロットしてあった。

パイオニアあるいは移行者の本質はどのようなものか、標準像がメンバーの頭の中に浮かび始める。チームは、自分達の事業を過大評価しているのかもしれないと悟る。長期契約を基本とする業界慣習を踏まえると、旨味の大きい法人顧客の存在は、自社が革新的な価値を提供しているとか、将来的に優れた業績が期待できることを意味するのではなく、現状に甘んじる顧客の姿勢と過去の成果を映し出しているようだ。最近は提案依頼を受けても、契約に漕ぎ着けるまでに以前よりも遥かに長い期間がかかり、利益率は格段に低い。場の雰囲気が変わり、重苦しい空気が流れる。

社長がそんな雰囲気を破る。「私達は死の谷にいるのではありません。今でも業界リーダーと見なされています。それを喜ぶべきでしょう。もっとも、最近では従来にないタイプの企業が参入しています。例えば大手コンサルティング企業は市場の細分化を狙っています。一部の企業は顧客と親密な関係を築くために、客先に修理担当者を常駐させている、という話も耳にする機会が増えています」

人事マネジャーが「今後五年間の当社の成長見通しはどうなっていますか」と質問する。

「実質一〇％です」と経理部長が答える。

「PMSマップ上に、その原動力となる事業はありますか」とITディレクター。

「私もまったく同じ疑問を抱きました」。事業開発ディレクターはこう言うと、完成したばかりのPMSマップを、全員によく見えるように壁に貼る。

室内の沈黙が多くを物語る。一同は、競合他社との比較に基づく業務改善にもっぱら注力する現状に、思い当たった。差別化を目指してサービスの見直しとイノベーションを実践するための投資計画は、持っていないのである。

「さて、なすべき仕事が見えてきたのではないでしょうか」と社長が議論をまとめる。

PMSマップから何が分かるか

PMSマップが完成したら、その戦略的な意味合いを議論する準備が整った。ESCや業績が停滞ないし衰退している大多数の企業のように、安住者が多いポートフォリオだろうか。巨額の利益を上げて成長性も高いかつてのパイオニアは、最近は安住者と化しているだろうか。この状況は、次なるパイオニアを生み出さない限り、会社の成長性が鈍化することを示唆しているだろうか。

目指すべき理想のポートフォリオは、言うまでもなく業界ごとに異なる。例えば変化の激しい業界では、安住者よりパイオニアが多いほうが望ましいだろう。固定費が大きく顧客に埋没費用《サンクコスト》が生じる業界では、当面の業績を確保しながら将来への足固めをするうえで、頼りになる移行者いくつかと、恐らくパイオニアの組み合わせが適切だと考えられる。

図表5-2｜調和の取れた健全な事業ポートフォリオ：消費者家電メーカーの例

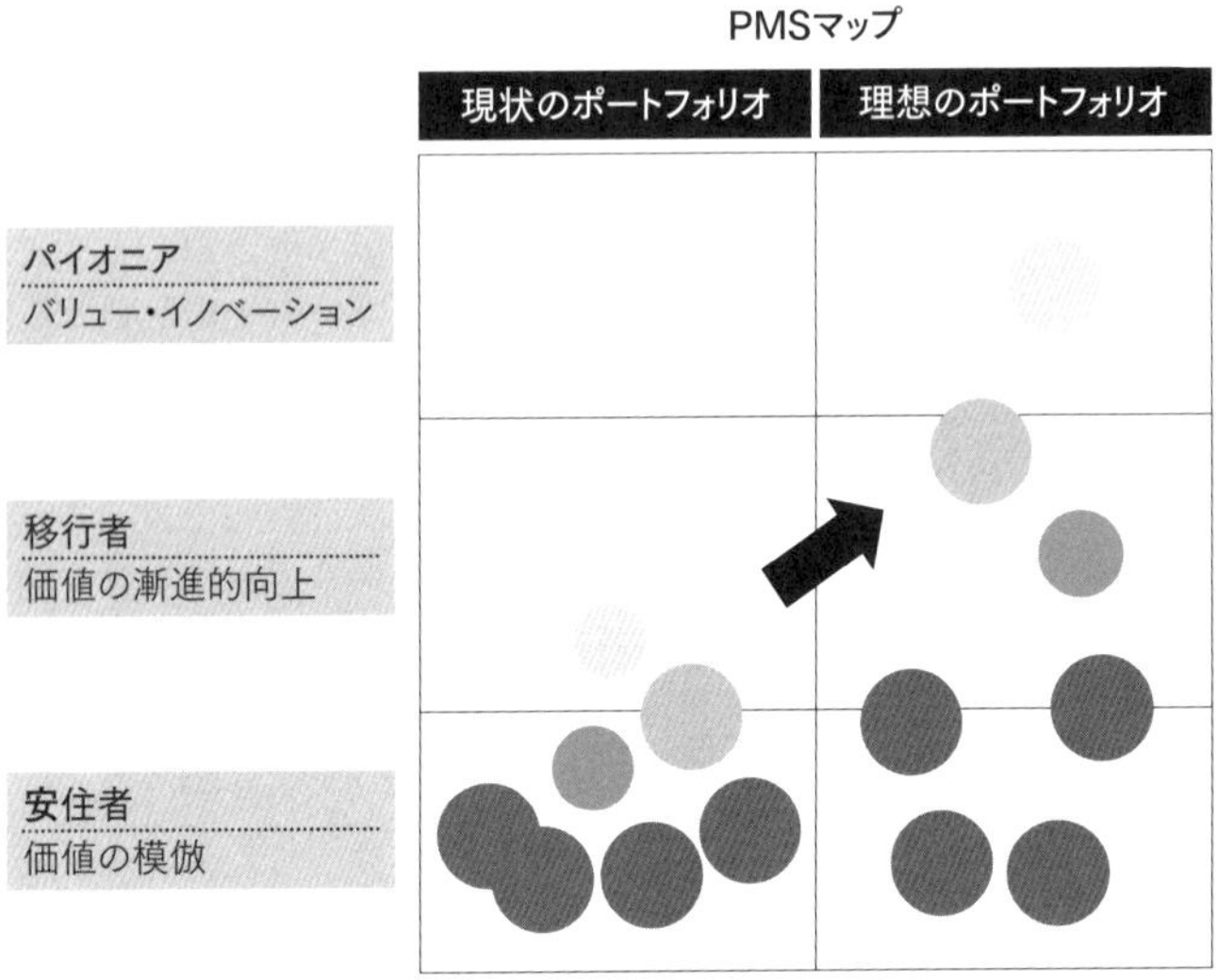

パイオニア主体のポートフォリオを作るのが目的ではない点を、強調しておこう。目的は、現金を創出して収益安定に寄与する安住者と将来に向けた成長源であるパイオニアを、健全に調和させることである。これこそが利益ある成長への道である。

図表5-2は消費者家電メーカーの成長への軌跡を示している。ここからは、安住者が中心だったポートフォリオを、移行者とパイオニアの調和が取れた状態へと変革してきた様子が見て取れる。

PMSマップを作成した結果、パイオニア、移行者、安住者がすでにほどよく調和しているなら、あなたの組織は当面の利益を確保しながら、将来への備えを着々と固めているといえる。その場合は、ブルー・オーシャン創造に向けた取り組みを先延ばしにしても構わない。ポートフォリオを強固にするには、健全なパイオニアが必要だが、その反面、市場の期待に応えたり経営資源を準備するために、安定的な売上げも求められる。この点で大きな付加価値をもたらすのが安住者と移行者である。

他方、PMSマップを作成したところ図表5-1と似たようなポートフォリオであるなら、その戦略的意味合いについての理解を促すために、経営チームに以下のように問いかけるとよい。「安住者や安住者寄りの移行者には、利益を伴う力強い成長はどれくらい期待できますか」「ポートフォリオの中身は安住者と移行者です。それでも、『急成長していて利益を伴う力強い成長が期待できる業界だ』といえるのでしょうか」

PMSマップを金融業界のアナリストに見せたらどうだろう。アナリスト達は、予想外の高収益を期待するだろうか、それとも株式のレーティングを継続保有ないし格下げとする可能性が高いだろうか。最後に、顧客がPMSマップにどう反応しそうかを議論しよう。あなたの会社の製品が安住者や移行者であることを知ったら、買い手は感銘を受けて愛顧するだろうか。それとも、値下げ要求を強め、利幅圧縮への圧力をさらにかけてくるだろうか。

ここで重要なのは、何もしなかった場合はどのような状況になりそうか、PMSマップをもとに理解を共有しておくことである。組織の成長目標は、作成したPMSマップが示す全体像と整合しているだろうか。それとも、食い違いがあるだろうか。その意味合いが理解されるにつれて、ブルー・オーシャン・シフトへの意欲が芽生え、強まっていく。この機会をうまく活かして、「事業あるいは製品・サービスを一つ選んで、ブルー・オーシャン・シフトを始動させ、ポートフォリオ全体の価値向上に乗り出そう」という意図を、皆に伝えよう。

適切な範囲を決める

作成したPMSマップをじっくり眺めると、ESCや図表5‐1の消費者家電メーカーと同様に、依然として対象とする事業や製品・サービスの候補が多すぎると気づくかもしれない。我々は、このよくあるジレンマに有効な絞り込み基準を見つけ出した。理想的には、以下の四つの基準すべて（あるいは最も多くの基準）を満たす事業ないし製品・サービスを選ぶとよい。

第一の基準は、安住者または安住者に非常に近い移行者であり、現在はレッド・オーシャンで競争していることだ。

第二の基準として、責任者がレッド・オーシャンからの脱出を強く願い、そのためには戦略の抜本的な再考が不可欠だと認識していること。このようなマネジャーが率いる事業を選ぶのが、非常に重要である。マネジャーの熱意と「変革が必要だ」という信念が、変革の途上で部下達の糧になるだろう。このような熱意は、人々に自信をもたらすほか、どっちつかずの態度は許されないという合図にもなる。変革に向けて全員に共通の理解を持たせるうえでも、大いに効果がある。

対照的に、変革の必要性が切実であるにもかかわらず、マネジャーが現状についての言い訳を延々と並べたり、新しいアイデアや手法が成果につながりそうもない理由を無数に挙げたりするような事業部を選んだのでは、変革への着手さえままならないだろう。この手のマネジャーは負のエネルギーを発し、「本当は変革など信じていない」という合図を部下達に送ってしまう。すると、部下の自信や「全力を傾けよう」という意欲が損なわれる。馬を水辺に連れて行っても、水を飲ませることはできない。だから、無駄足を踏むのは避けるべきである。

第三の基準は、他に大きな施策が進行していないことである。事業や製品、サービスを支える人々が大掛かりな組織変更や新しいERPソフトウェアの導入ですでに手一杯であるなら、たとえリーダーが施策の実施に心から関心を寄せていたとしても、一般にはそのような事業部は避けたほうがよい。通常業務に加えてあれもこれもやらせたのでは、成果は上がらない。

第四の基準は、事業や製品、サービスが背水の陣を敷いていることである。すでに述べた通り、安住者の製品は成長の可能性は限定的かもしれないが、損失を出しているとは限らない。それどころか、依然として非常に収益性が高いかもしれない。ただし、安住者や安住者寄りの移行者が、競争の激しいレッド・オーシャンを泳ぐだけでなく赤字であるなら、あるいは、飛ぶ鳥を落とす勢いのまったく新しい競争相手から猛攻を受けているなら、状況に刺激されて、「形勢を変えるために新しいアイデアを試そう」という緊迫感と意欲が生まれる。自然に生まれたこのエネルギーが、新しい手法への切望につながり、ブルー・オーシャン創造の取り組みはそれを活かすことができる。

必要であれば、翌週ないし数週間、各事業ユニットのマネジャーを集めて、彼らとその事業ユニットがどれだけ準備ができているか見極めよう。そのうえで、カギとなる四つの基準すべて、あるいは最も多くの基準を満たすユニットを選ぼう。

対象範囲がうまく決まり、信頼と前向きな熱意が培われたのだから、ブルー・オーシャン・シフトに乗り出すために、望ましいチームを作る用意は整った。次章ではチーム構築について述べる。さあ、始めよう。

第6章

望ましいブルー・オーシャン・チームの構築

「幅の広いピンクのストライプ模様の箱が、いちばん見栄えがするように思う。すごく素敵。それに、明るい色が魅力を添えている」

「本当にその通り。女性の目に留まるのは間違いない」

残念ながらこのマーケティング・チームは、女性向け製品のパッケージを選んでいたのではない。製品は「アイロンがけの要らないアイロン」。主に男性と若い男女向けに開発されたものである。皺のあるシャツやパンツをハンガーか椅子の背もたれにかけて、手のひらサイズの機器を布に当てて上下に動かすだけ。これでもう出来上がりである。蒸気が勢いよく当たって、アイロンの半分の時間で皺を伸ばしてしまう。いっさいのスキルも、アイロン台も、不要である。

問題が持ち上がったのは、遡ること八カ月前。家電事業の責任者ブラッド（仮名）がマーケティング責任者のジョー（仮名）に、「今構築中のブルー・オーシャン・チームに、あなたの部下にも加わってもらえないだろうか」と打診した。ジョーは、マーケティング部門が「重要な」新製品の発売とキャンペーンでどれだけ忙しいか、ざっと説明した。彼の姿勢ははっきりしていた。「新製品の開発なら、心配しなくていい。我々が途中から引き継ぐから。市場のことはよく分かっている。それが強みだからね」

実のところブラッドとしても、マーケティング部門の人材をブルー・オーシャン・チームに加えるのは、あまり乗り気ではなかった。事業部内では一般に「消費者と市場に関しては、マーケティング部門は周囲の意見に決して耳を傾けない。『自分達よりもよく分かっていたり、新たな知見を授けてくれたりする人などいない』と思っているのだ」と考えられていた。

ブラッドはチームの意欲を引き出すためにも、マーケティング部門の人材を加えるのをあっさり諦めた。そのほうが面倒が少ないし、家電事業部とマーケティング部門、両方にとって好ましいように思われた。こうして家電事業部は腕まくりをし、小型アイロンにブルー・オーシャン・シフトの手順を当てはめようと、腰を上げた。

ヨーロッパのアイロン市場は、レッド・オーシャンの極みだった。あらゆる価格帯に似たり寄ったりの製品がひしめき、価格が上がるごとに特別な機能が増える。チームは、これに逆行するような選択肢はあり得ないと確信していたが、新たな知見を得るにつれて、少しずつその確信が崩れていった。例えば、アイロンには長年の間に気の利いた機能がいくつも追加されたが、最大の問題点にはどのメーカーも対処していなかった。人々はアイロンがけを嫌がっていたのである。アイロンがかけやすくなることなど望んでいなかった。

おらず、そもそもかけずに済ませたいと思っていたのだ。

しかも、アイロンをかけるにはアイロン台が必要で、うまく仕上げるにはよい台が求められた。このような追加費用は歓迎されなかった。アイロン台は大きくて不恰好で収納しにくく、取り出したりしまったりするのも手間だった。このような問題も完全に放置されていた。というのも、アイロン台は別業界の製品であるため、理屈の上ではアイロン・メーカーの責任外だったのである。

ブルー・オーシャン・シフトの担当チームは、これら放置されていた問題に加えて、非顧客層の増加にも大きな事業機会を見出した。男性の結婚年齢が上昇し、一人暮らしの期間が長くなったため、家事をする機会が増えていたのである。彼らはだらしない格好で外出するのを嫌がる一方、退屈なアイロンがけはもっと避けたかった。しかも、たいていの人は外注するほどの金銭的なゆとりもなかった。若者も男女かかわらず、ほぼ未開拓の非顧客層だった。にもかかわらず業界は概して、一九五〇年代の発想から抜け出していないようだった。アイロンがけのような家事に関しては、女性に焦点を当てるべきだと考えていた。しかも、「女性は細々とした仕事を好む」という思い込みがあった。

「アイロンがけの要らないアイロン」はすべてを変えるだろう。

ブルー・オーシャン・チームは約束通り、試作品、検討の過程、短期の市場テストの結果をマーケティング部門と共有した。マーケティング部門も約束通りバトンを引き継いだが、前段階にまったく関わっていなかったため、疑問だらけだった。

一部のマーケターからは、「折り目が付けられないなんて……。折り目は大切なのに」という声が上がった。「ブルー・オーシャン・チームの皆は分かっていない。アイロンを買うのは男性ではなく女性だし、若者だって滅多に買わない」という意見もあった。

そこでマーケティング部門はダメージを最小限に抑えることにした。対象とすべきは非顧客層ではなく顧客層である。そんなことは常識中の常識だろう。こうして彼らは、既存顧客層を惹き付けようとして、新しい「機器」をピンクのストライプ模様の目立つ箱に入れ、折り目が要らない場合のための予備的なアイロンとして売り出した。

パッケージと売り方がこんな風であるから、女性達はこの製品を、物がいっぱい詰まったクローゼットにしまうべき付属品のようなものと見なした。アイロンがけを不要にする代替品であるとは夢にも思わなかったし、そのような売り方も一切なされなかった。若い男女、つまり主な対象であったはずの非顧客層も、ピンクのストライプの箱に見向きもしなかった。

マーケティング部門の行動は、ブルー・オーシャン・チームが重要だと判断した事柄を、踏みにじっていた。ブルー・オーシャン・チームが重視した点は、マーケティング部門が信じる常識に反していた。ここからは次のような教訓が得られる。ブルー・オーシャン・シフトの取り組みに参画して、新しい価値コスト・フロンティアの扉を開くアイデアの素晴らしさを目の当たりにしない限り、人々はそのアイデアをいとも簡単に的外れだと無視し、有効性を否定する。そして、業界のいわゆる「最良の慣行《ベストプラクティス》」に反するとして拒否してしまう。たとえ、そのベストプラクティスが時代遅れか、まったくとんでもないものであったとしてもである。

このような理由から、ブルー・オーシャン施策の実行に適したチーム作りはこのうえなく重要である。シフトを行うには、つまり、企業行動や業界のかねてからの競争要因を変えるには、主立った関係者すべてを巻き込む必要があるのだ。

以下では、営利、非営利、公的分野の典型的なライン組織とスタッフ組織を持つ既存組織や事業部を念頭に置いて、望ましいチームを築く方法を説いていく。そのような組織で新しい戦略を遂行するには、恐らく職能の垣根を越えた協力が求められ、よくある政治的駆け引きや反対派の存在を乗り越える必要もあるだろう。

小さな家族ビジネスや商店街の単一店舗のオーナー、あるいは創業間もない起業家の場合は、配下のプロフェッショナル人材はせいぜい五人くらいだろう。大組織と違って人材の層が薄くても、心配には及ばない。ブルー・オーシャンのビジョンに向けて人々の足並みを揃えることにかけては、創業者やオーナーの方がほぼ例外なく、大きな主導権を持っている。

チームを成功へと導く秘訣を頭に入れたなら、ブルー・オーシャン・シフトの旅に出発する時に、従業員や頼りにできる人材をどう活用すべきかを最もよく知る立場になっているはずだ。

望ましいチームとは何か

では、誰をチームに入れるべきだろうか。アイロンの事例が示すように、新製品や新サービスの市場導入に重要な役割を果たす職能部門や組織階層すべてから、人材を出してもらうのが望ましい。典型的な企業の場合、一般には人事、ＩＴ、マーケティング、財務、製造、Ｒ＆Ｄ、営業、さらにはコールセンターや店舗など最前線のスタッフが含まれるはずである。組織においては、効率化のために職能や階層を分けるのが通例だが、そうすると縦割りが起き、往々にして信頼が損なわれる。ひいては、全体が足並みを揃えて最初から実行を織り込んだアイデアを出し、全員がそれを積極的に受け入れる必要がある時に、皆が「そこそこの成果でいい」という気になってしまう。全体で一〇～一五人のチームを目指すべきである。少なくとも、主な職能部門すべてが人材を出し、貢献の機会を得て、変革の必要性を実感する必要がある。上限の目安としては、変革プロセスをうまく管理でき、チームが臨機応変に速やかに動ける範囲に人数を抑えるべきである。その規模を越えると身動きが取りにくくなり、関係者が苛立ち、チームの熱意や労力が空回りし、変革プロセスの一貫性が崩れてしまう。

チーム作りに際しては、特定の職能分野の人材について「貢献より火種の方が大きいのではないか」「ブルー・オーシャンの発想になかなか馴染めずに、変革の足を引っ張りかねない」などと見なして受け入れを躊躇する恐れがある。ブラッドのようにマーケティング部門の人材を敬遠したり、人事部の人材を「福利厚生の管理ばかりして戦略的なビジョンを持たない」として、受け付けなかったりするかもしれない。

しかし、警鐘を鳴らしたい。「財務は戦略に勝る」という常套句を耳にしたことはあるだろうか。我々は長年、多くの人々から「財務部門の人々は『何が可能か』と考えるのではなく、自分達に馴染みのある数字で把握できる施策を支持して、イノベーションを起こす努力を阻止した」という話を聞かされてきた。

ブルー・オーシャン・シフトの取り組みも同じ末路を辿るのではないかと、気を揉むのも無理はない。

けれども、過去一〇年に及ぶ研究からは、そのような懸念を打ち消す結果が導き出された。

財務部門の人材をチームに迎えて変革プロセスを経験してもらうと、彼らは他のメンバーと同じように、戦略変更の必要性と、自分も一枚噛んだブルー・オーシャン創造に向けた戦略的施策の効果を、目の当たりにする。財務スタッフは、自分があまり理解していない戦略施策を承認するよう求められると、ソロバン勘定しかしない。例によって、馴染みの薄いアイデアに資金を投じることに違和感を持つのだ。財務部門を味方に付けるには、財務スタッフを最初からチームに加えておくとよい。チームは財務面の専門性と安定性を手に入れ、財務部門は投資判断に際して本当の意味での戦略的パートナーになるだろう。これにより双方とも学びを得て成長する。

チームは部門横断的であるのが望ましいが、変革に真剣に取り組むために、レッド・オーシャンからブルー・オーシャンへの移行を目指す事業ないし製品・サービスにじかに関与する人材を選ぶことを、忘れてはならない。部門横断的であることは大きな意味を持つ。これによって、チームが推進する変革の真価を心から信じる人物が、どの職能部門にも一人はいることになるからだ。彼らは変革の各ステップにおいて、自分の属する職能部門や階層とのパイプ役を果たし、チームの最新の知見をみずから広める。こうして知見が信頼され、変革プロセスの健全性が証明される。

先に挙げたアイロンメーカーの事例を、これから紹介する法人向け外国為替業務を行う企業の事例と比べてほしい。この企業はブルー・オーシャン・シフトに乗り出す前は、アカウント・エグゼクティブ（A

E）を大手銀行に対する自社の競争優位の柱と見なしていた。当然のようにAEも同じ意見だった。社内での彼らの威勢のよさや立場がそれを表していた。ところが、ブルー・オーシャン・チームが変革を進めていくと、思いも寄らない事実が発覚する。顧客は、AEは大した役割を果たしておらず、彼らと話をするのは時間の無駄だと考えていたのである。あれこれ言い訳を考え出して、顧客が抱える問題や苛立ちを適当にやりすごすのがAEだ、というのだった。AEに利点があるとすれば、送金遅延が頻発したり、取引完了の確認を忘れたりした場合に、注意喚起をしてくれたり、適切に為替ヘッジを行うための、ちょっとした知識を授けてくれたりすることだ——。

AE以外のチームメンバーは、「もし変革チームにAEがおらず、このような意見をじかに聞いていなかったなら、彼らは『変革プロセスは正しく機能しておらず、チームメンバーは自分達の言っていることの意味を分かっていない。むしろAEこそが会社の差別化要因である』と、強く主張したに違いない」と断言した。実際にはチームにAEがいて、顧客から同じ意見が出るのを何度も聞いていたため、それを否定することはできなかった。

さらに有益だったのは、この発見によりAE達が目を覚ましたことである。彼らは長い間、社内の花形と見なされていた。ところが今や、自分達が英雄視されていたのは、顧客に本物の価値をもたらしていたからではなく、たいていの場合、言い訳や謝罪をしたり、相手を落ち着かせたりするのが巧みであるため、顧客を離反させずにいるにすぎないと悟った。そこでチームは、当のAE達から助力を得ながら、彼らのポストを廃止する判断を下した。AEは、大口顧客向けの営業担当者という立場に変わった。これによって営業要員は実質的に三倍に増え、コストは従来のままで売上獲得力が著しく向上した。

地理的に分散した組織においては、「この地域は事情が異なる」という言葉をよく耳にする。個別施策のグローバル展開で失敗続きのある企業では、子会社のマネジャーが、本社の価値観を「現場はカス、本社は頭脳集団」と表現した。当然ながら「カス」達は、本社が推進する施策をこっそり邪魔して遅らせることで、溜飲を下げていた。重要地域の人材をチームに加えれば、この状況の打開に大きく寄与する。現地スタッフは「自分達の地域は重んじられている、言われたことをただ実行するだけの愚か者と見られてはいない」と感じるはずである。

このような国境を越えたチームでは、「うちの地域は異質であるため、いくら新しい『グローバル』戦略を立案しても、ここでは通用しないだろう」と、地域メンバーが不満を述べる例が散見される。その場合には、こう切り返すとよい。「変革プロセスを通して、それが本当かどうか明らかになるでしょう。本当なら、ブルー・オーシャン・シフトを構想し世界展開するという目標を、取り下げることになりますね」。こう単刀直入に述べるだけで、変革プロセスがガラス張りになり、関与を引き出すことができる。

チームが始動して、世界中の顧客層や、対象となる非顧客層に共通するいくつかの懸念にうまく対処すると、社内の人々は地域特有の要望の多くを快く取り下げる例が多い。すると、皆は変革プロセスにいっそう本腰を入れ、熱意をみなぎらせる。事業がさまざまな地域に分散する多国籍企業の場合は、複数のブルー・オーシャン・チームが必要になるが、ここでは分かりやすさと簡潔さを重視して、単一チームを前提にして話を進めたい。

チームメンバーに何を求めるべきか

ここまで、どの部門からメンバーを募るべきかを述べてきた。実際、あたかも人材と職能が一体であるかのように、人材に「マーケティング」「財務」などのラベルを貼ってきた。これ以降は方針を改めて、個々人に焦点を当てていく。

人間関係については多くのリーダーが綺麗事を述べている。確かに、人間関係をうまく機能させるには、あらかじめ時間をかけて熟考しなくてはならない。しかし、それによって得るものは非常に大きい。だからこそ、誰をチームに入れるかの判断に際して最も重要なのは、肩書きではなく人柄である。探すべきは、尊敬を集め、組織の中ですでに信頼を築いた人々である。

この条件を満たすからといって、組織内の地位が高いとは限らない。聞き上手で、思慮深さで知られ、率先して質問を投げかけようとする人を選ぶとよい。壮大な夢を掲げるだけでなく、仕事を完遂することで知られた人物をである。彼らは自然と周囲から敬われ、話を聞いてもらいやすい。このような人がいると、組織内でのチームの信頼度が高まり、メンバーも互いをより尊重するようになる。

同時に、否定的な意見ばかり述べることで知られる人を一人（場合によっては二人）、メンバーに加えるとよい。ただし、彼らがチームを仕切ったり、前向きなエネルギーを削いだりするのを防ぐために、あくまでも少数派にとどめるべきである。

否定的な意見を言う人をなぜ加えるのか。一つには、このタイプがいると、変革プロセスやチームが引き出した知見の信頼性が高まる。つむじ曲がりの抱く疑念や懸念をも跳ね返せるという自信が、周囲にそれとなく伝わるのである。「現状に挑むアイデアはすべて徹底的に検証し、リスクになりかねない点は隠し立てせず十分に検討することにより、後から悪影響が生じる可能性を封じる」という意図が示される。そのうえ、疑い深い人がみずから変革プロセスを体験して、従来の戦略が市場から歓迎されずにいる実情を目の当たりにすれば、たいていは変革への不満を口にしなくなる。しかも、彼らが納得すれば、変革への機運はいっそう高まる。

ホーム・デポで創業者のバーニー・マーカスが実権を握っていた当時、準大手の照明器具メーカーのリーダーが、ホーム・デポなど大手流通企業との取引額を増やそうとして、ブルー・オーシャン・シフトの必要性を感じた。ところが、「自社の製品は改善の余地がある」と理屈と数字で説明しても、社内の改革否定派を説き伏せることはできなかった。否定派はもっぱら、てこ入れすべきはセールス部隊だと主張して譲らなかった。

そこでリーダーは作戦を変えた。変革チーム内の否定派二人を顧客に会わせることにしたのである。まずは最大顧客のトップであるバーニー・マーカスと面会した。マーカスは本音をぶつけた。二番煎じであるうえ価格が高すぎるし、信頼性に乏しい。そんな製品のために貴重な陳列棚を使うのは無駄である……。この歯に衣着せぬ意見を聞いた否定派は、顔面蒼白になった。新戦略の策定を促す必要はなくなった。

チームメンバーに「選ばれて嬉しい」と感じてもらうと同時に、仕事が増えることを納得してもらえるように、備えをしよう。一般に、メンバーがチームの仕事に費やす時間は勤務時間の一〇%ほどだが、プロジェクトの各段階の繁忙期には二〇~二五%に上るだろう。これだけの稼働が、ほぼ例外なく日常業務に上乗せされるのだ。しかし、苦労せずに成果は得られない。幸いにも、成果は苦労を上回るだろう。

この過程でチームメンバーはリーダーシップを身につけ、他の職能や階層の人々と一緒に仕事をする経験を積み、市場の現実をみずから学び、自社と事業環境の全体像をたいていは初めて掴む。これらは皆、すべての関係者にとって極めて貴重な訓練である。ブルー・オーシャン・チームの仕事をすると、日常業務の範囲が変わり、業務運営から戦略課題へと重点が移る。

メンバーは、先行きに関する問いを発するようになる。コストは嵩むが価値は増えない施策は何か(例:法人向け為替サービス会社のアカウント・エグゼクティブ制度)。若干のコスト増で価値が飛躍的に向上する施策は何か。業界の非顧客層は誰で、どうすれば顧客にできるのか……。こうしてチーム全員が脱皮して、会社とチームにとってより価値ある存在となる。このような利点について、あらかじめチームメンバーと話し合っておくとよい。たとえ仕事が増えても、新しい技能、人脈、将来の事業機会をめぐるアイデアなど、参加することによって得られるものの方が大きいと分かれば、誰もが納得するだろう。

重要なチームリーダーの指名

肩書きがすべてではないが、チームリーダーは、あなたであれ、あなたが指名する人物であれ、他のメンバーより格上である必要がある。そのほうがメンバーにとって受け入れやすく、従いやすい。チーム内の力学と全社に絶大な影響力を持つ強大なリーダーがいると、組織のかなりの部分から変革への後押しを取り付けやすいだろう。

リーダーに求められるのは、チームの窓口役を果たし、方向性と高揚感を維持し、全員への情報提供を怠らず、チームが組織内でうまく活動できるよう先導することである。加えて、チームが使命を果たすうえで妨げになりかねない問題を見越して、積極的に対処する必要もある。

組織では往々にして、この種の役割の多くをアシスタントに任せようという誘惑が生じる。いくつもの理由により、これは避けるべきだと強く助言したい。チームリーダーがこれらの役割をみずから担うと、「軽く扱うべきではない重要な取り組みだ」という合図になり、チームメンバーを尊重する姿勢を示すことにもなる。熱意を絶やさず、先送りや中途半端な取り組みを排除する意味も持つ。相手がアシスタントだと、皆はともすれば軽くあしらうだろう。口では「すぐに返答するから」と言っておきながら三週間も放置するなどして、変革プロセスを歪め、機運を削いでしまう。

機能不全に陥った組織のために：相談相手を頼る

あなたの組織は機能不全に陥っているだろうか。異様なほど官僚体質に染まっているだろうか。あるいは、社内政治が蔓延し、何かをやり遂げるのは地雷原を歩くようなものだろうか。古くからの大組織にはこれらの傾向があるかもしれない。政府組織も同様である。このような状況では、チームメンバーを揃えて適材をリーダーに据えるだけでなく、相談相手を頼ることを検討するとよいだろう。これは、十年一日のごとく運営されてきた組織や、強烈な文化を持つ組織において、特に重要である。

ブルー・オーシャン・シフトは、業界や組織に根づいた慣習の多くを覆す可能性がある。これは仕事のやり方に予期しない影響を及ぼしかねず、ひいてはその仕事に携わる人々を不安に陥れる恐れがある。人間の感情や行動に関しては、事前の防止策はまさに値千金である。このため、どこかに反発の種がないか、実行段階になって表面化する恐れはないか、常に注意を払っておく必要がある。

相談相手は、手に負えなくなる前にこのような問題に気づく助けになるだろう。相談相手にふさわしい人物は、社内の情勢をいち早く察知し、社内政治に熟達している。また、頼りになる人材、妨害者、誰よりも変革を切望していて最大の支援者になりそうな人、それぞれの目星が付いている。人望の厚い部内者でもあり、チームに助言を与えるほか、変革に反対しそうな人々から守ってくれる。積極的にあるいはそれとなく変革を阻止しようとしかねない人々から、支援を取り付けてくれる。最適な候補者は、大きな影響力を持ち、静かな賛同者になり得て、しかも、必要ならチームの前に立ちはだかる障害を取り除くために、一肌脱いでもよいと考える人物である。

施策の範囲が決まり、望ましいチームが出来上がったなら、ステップ2へ進む用意が整ったといえる。ステップ2では、業界の状況をはっきり理解し、チーム全員の足並みを揃えるとともに、「ブルー・オーシャン・シフトを実現する必要がある」という、チームメンバーや組織全体が本来持つ危機意識を呼び覚ます方法を扱う。

STEP

2

現状を知る

第7章

現状を明確にする

第7章

現状を明確にする

戦略全体を表すシンプルな図表、全マネジャーが同じように理解し認識する図表があるだろうか。自社の属する業界や、狙い定めた業界の競争要因や投資対象が何か知っているだろうか。担当する製品やサービスの際立った点や競合との違いを心得ているだろうか。つまり、あなたとチームは業界の現状を客観的に把握しているだろうか。

ブルー・オーシャン・シフトに乗り出そうとしているにせよ、業界の現状が本当に分かっているか確かめたいだけにせよ、その時々の戦略の構図をはっきり掴み、共有していることが重要である。これができていれば、第一に、個々には意味をなすかもしれないが、相乗効果がないうえに互いに相反する戦術を寄せ集めただけでなく、戦略と呼べるものを持っていることになる。第二に、全員が共通の認識を持つ。現状の戦略と戦略環境について認識が揃い、「変革が明らかに必要だ」という考えで一致して初めて、本当の意味で皆の足並みが揃い、行動への意欲がみなぎってくる。あなたと、あなたが選んだチームリーダーは、レッド・オーシャンを抜け出して戦略を根本的に考え直す必要性を、理解しているかもしれない。しかし、他のチームメンバー、ましてや組織全体がその見方で一致しているとは限らない。

それだけではない。マネジャーは一般に、戦略の一、二の側面に関しては自社とライバルの競争状況を十分に認識しているが、全体像を把握している人は皆無に近いようである。スローガンはあるかもしれないが、「最も快適なエアライン」「最高の総合グローバル銀行を目指すのが当行の戦略です」というように、スローガンと戦略を混同している例もあるだろう。具体的に掘り下げようとすると、中身はたいてい曖昧であり、競合他社の製品やサービスの説明にもそのまま使えそうな標語やキャッチフレーズが並ぶ。

この問題に対処するために戦略キャンバスを開発した。ブルー・オーシャン・シフトの全行程において、診断用に使えるツールである。製品やサービスの現状の戦略キャンバスを作成すると、チーム、ひいては事業部や全社に、業界内の力関係や、自社と競合他社の戦略を客観的に示すことができる。戦略キャンバスから何が明らかになるか（ならないか）は、あらかじめ決まっているわけではない。したがって、チームは現状に挑み、自社の製品やサービスの戦略プロフィールをブルー・オーシャンの観点から考え直すのが妥当かどうか、自力で探り当てることができるだろう。公正なプロセス、実体験に基づく発見、細分化がこのように組み合わさると、皆が仕事の結果を十分に受け止め、内面化し、信頼するはずである。

戦略キャンバス

戦略キャンバスは、自社の製品・サービスが何にどれくらい力を入れているかを、他社製品と比較、分析し、一枚にビジュアル化したものである。戦略の四要素、つまり、①競争要因、②各要因の提供度合い、③自社と他社の戦略プロフィール、④自社と他社のコスト構造を、明快に示す。しかもストーリー、つまり自社と他社が目下のところ何に投資しているか、製品、サービス、配送など何で競争しているか、各社の既存の製品・サービスから顧客が何を得ているのかを伝えて、理解を助ける。新規事業の創造を目指す起業家や、新興の非営利組織にとっても同様に、進出しようとする業界の戦略キャンバスを描くことは重要である。なぜなら戦略キャンバスは、どのような戦略と向き合うことになるのかを、一枚のシンプルな図表を通して浮き彫りにするからである。出資候補者や資金提供者との議論に使うビジュアル資料としても有用である。

図表7-1は、コミック・リリーフが参入する以前の、イギリスの慈善募金業界の戦略キャンバスである。横軸に並ぶのは、この業界における従来の競争要因と投資対象である。具体的には、お涙頂戴、相談・ケアサービス、恒常的な募金活動・イベントなどである。横軸に並ぶのが、買い手にとっての主な価値要素ではなく、「主な競争要因」である点に注意してほしい。これは重要な違いである。なぜなら、皆さんもすぐに気づくだろうが、企業が競争に際して重視し、価値につながると見なす要素と、買い手が実際に

図表7-1 | イギリスの慈善募金業界の戦略キャンバス(コミック・リリーフ誕生以前)

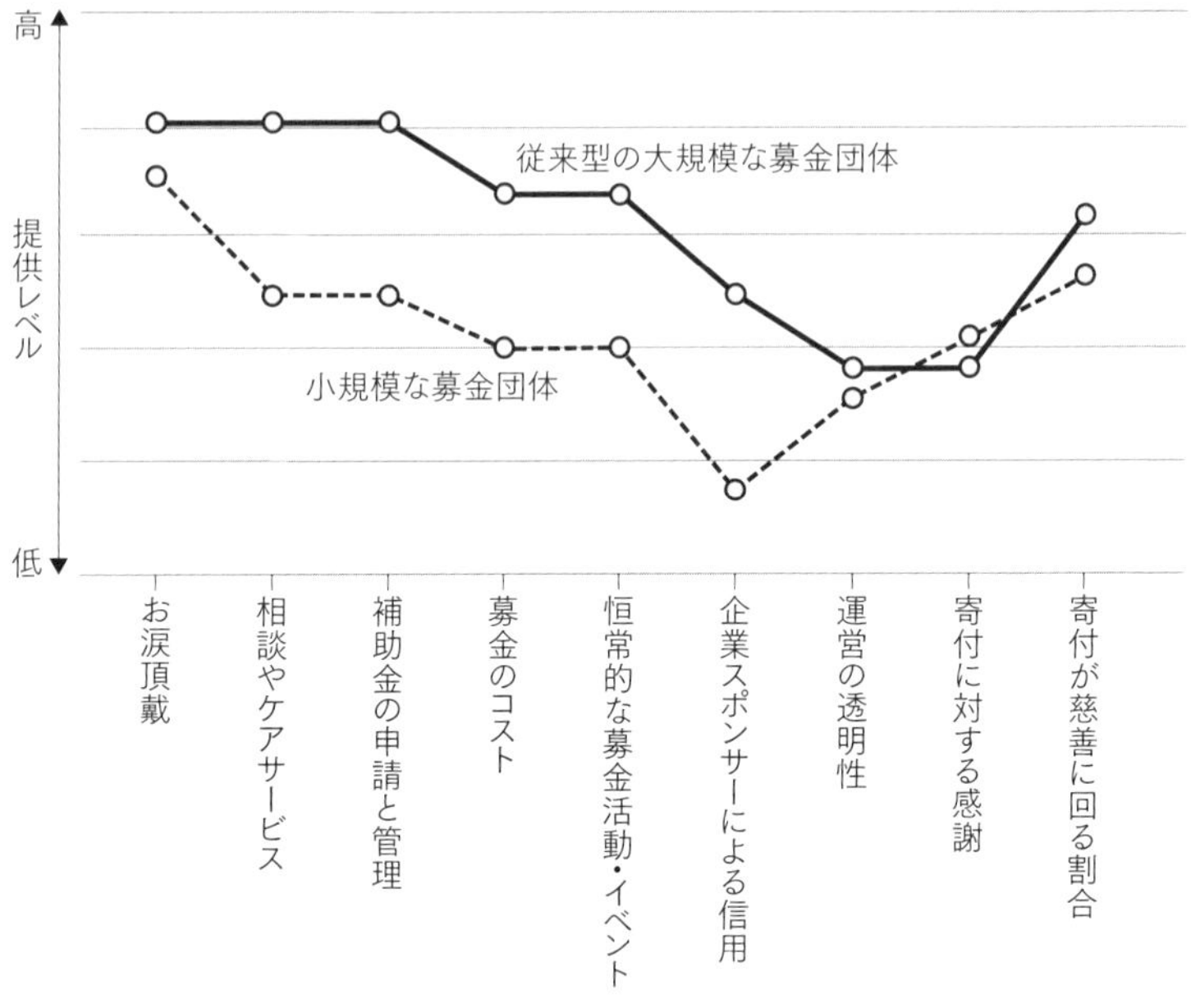

価値を見出す対象は、往々にしてまったく異なるのだ。

事実、企業が競い合って提供するものは、得てして買い手の視点からは無価値であるばかりか、むしろ製品やサービスの価値を損なっている。慈善団体が競ってひっきりなしに行う、募金イベントや寄付のお願いを考えるとよい。これらは「寄付しよう」という気持ちを引き出すどころか、相手を疲弊させている。テレビのリモコンにはたいてい、多数のボタンが付いていて、役に立つというよりむしろ、苛立ちと混乱の種になっている。ケーブルテレビは膨大な数のチャンネルを提供しているが、視聴者が本当に見たいのは、好きな番組を放映する二、三のチャンネルだろう。

業界の競争要因の特定に努めると、自社と競合他社が互いに追い着き追い越そうとするなかで注力するものすべてが、浮かび上がってくるだろう。それらはコストを押し上げ、時間を食うほか、業務を複雑にしかねない。にもかかわらず、必須であるように見えるため、ほとんど問題視されない。したがって、それらの要因をあえて特定すると、コストを下げながら買い手にとっての価値を飛躍的に高めるために、取り除くないしは減らす要因を探す時に備えて、候補一覧を作成することにもなる。

戦略キャンバスの縦軸は、業界の主な競争要因を買い手が享受ないし経験する度合いを表している。イギリスの慈善募金業界、またはあらゆる非営利業界においては、寄付者は実質的には非営利組織の使命や信用の買い手であり、その「対価」として寄付を行っている。縦軸の高スコアは、組織が買い手、つまりこの場合には寄付者により多くのものを提供していることを、また、相対的に低いスコアはわずかしか提供していないことを、それぞれ意味する。

すべての点を結ぶと、戦略プロフィールが出来上がる。業界の競争要因をめぐる自社と他社の相対的な位置付けが、図示されたのである。図表7－1のような戦略キャンバスは、業界における競争の現状を示しているため、「現状の戦略キャンバス」と呼ぶ。これは、業界の実情についてチーム内で共通の理解を得るのに役立つ。

戦略キャンバスが明らかにするもの

図表7-1を眺めると、この業界がなぜ競争の激しいレッド・オーシャンになったのかが、文字通り見えてくる。要するに、この業界はみずから没個性化したのである。イギリスには何千もの慈善団体があるが、寄付者の視点からは、各団体の戦略プロフィールは非常に似通っている。従来型の大規模な慈善団体は事実上、同じような手法で競っている。小規模な慈善団体も同様である。そのうえ、大小の団体の戦略プロフィールは基本的に同じ形状であり、上下の位置がずれているだけである。どちらも、コストを抑えながらより多くを提供することによって価値を高めようとし、業界の最良の慣行《ベストプラクティス》を基準に据えているため、戦略プロフィールの基本形状は重なり合う方向へ進む。この結果、図表から見て取れるように、各団体の戦略プロフィールは基本形状から外れることなく、ほぼ同一になっていく。これは珍しくない、ごく一般的な状況である。

サンパウロ、ニューヨーク、パリ、ラゴス、東京の主要なリテール銀行を考えるとよい。立地、外観、雰囲気、さらには窓口係に大きな違いはあるだろうか。顧客の視点からは、言語が違う以外はほぼすべてにおいて大同小異ではないだろうか。世界各地のガソリンスタンドはどうだろう。何か大きな違いが期待できるだろうか。ガソリンスタンドもやはり、どこも変わりばえしない。では、法律事務所やコンサルティング会社はどうか。例によって、非常に似通っている。唯一、注目を集める著名な弁護士や思想リーダー的なコンサルタントが、異彩を放つ可能性があるだけだ。このような例は枚挙にいとまがない。少し考えただけで、競合他社のほんの少しだけ上を行く戦略を取る企業の名前が、次々と思い浮かぶに違いない。

戦略キャンバスはこのような状況を変える助けになる。些細な点に気を取られるというありふれた状況を抜け出して、一歩下がった場所から業界の特徴をはっきり見るように、つまり、木ではなく森を見るように促してくれるのだ。すると、業務運営上の小さな違いのような、専門的で細かい点にとらわれずに、業界の現状をマクロの視点から把握し、表現できるようになる。

業界の戦略プロフィールの基本形に着目するのは重要である。なぜなら、業界の基本的な戦略規範に挑み、変えないことには、ブルー・オーシャン・シフトの実現は不可能だからである。個々の企業が製品やサービスに加えるささやかな違いを戦略キャンバス上に描くと、買い手の目に映る全体像を混乱させ、構想途上の戦略シフトにとって邪魔になるだけである。

メリハリ、高い独自性、訴求力のあるキャッチフレーズの重要性

ブルー・オーシャン・シフトを実現するからには、自社の戦略プロフィールの基本形状が他社と似通っていたのではまずい。自社の製品やサービスは、他社のそれとひと括りにされないよう、際立った違いがなくてはならない。具体的に述べると、シフトを実現して顧客の目に留まるためには、戦略プロフィールが次の三つの基準を満たしている必要がある。

第一に、戦略キャンバスに描かれた戦略プロフィールの基本形状が、業界における平均的な形状と、見るからに異なっているべきである。競合他社と基本は変わらず、程度の違いでしかない、というのではまずい。

第二に、戦略プロフィールにメリハリが求められる。他社と同じ土俵でもっぱら量だけを競うのは望ましくない。むしろ、買い手への提供価値を飛躍的に高めることのできる、切り札となる要因を重視して、他の要因は取り除くか減らすかすべきである。これにより、提供価値の増大と同時にコスト低減が可能になる。

第三の条件として、訴求力のあるキャッチフレーズを用いて市場に語りかけ、製品やサービスがもたらすものを率直に伝えるべきである。美辞麗句とは無縁の誠実な内容でなくてはならない。空虚なメッセージはすぐに見透かされる。訴求力のあるキャッチフレーズは、戦略プロフィールを支えるメリハリと高い独自性が、差別化だけを目的とするものではなく、実際に買い手にとっての価値の飛躍的向上へとつながるかどうかの、最初の試金石である。

第3章で詳しく紹介したコミック・リリーフの戦略プロフィールを考えたい（アメリカではコミック・リリーフという団体名よりも、「赤い鼻の日《レッド・ノーズ・デイ》」の方がよく知られている）。**図表7-2**は、コミック・リリーフが三条件すべてを満たす戦略プロフィールを築き、イギリスの慈善業界で新たな市場空間、すなわちブルー・オーシャンの創造へとつなげた様子を表している。この「理想の」戦略プロフィールの構築方法はステップ4で示す。

図表7-2｜コミック・リリーフの戦略キャンバス「何か楽しいことをして寄付を集めよう」

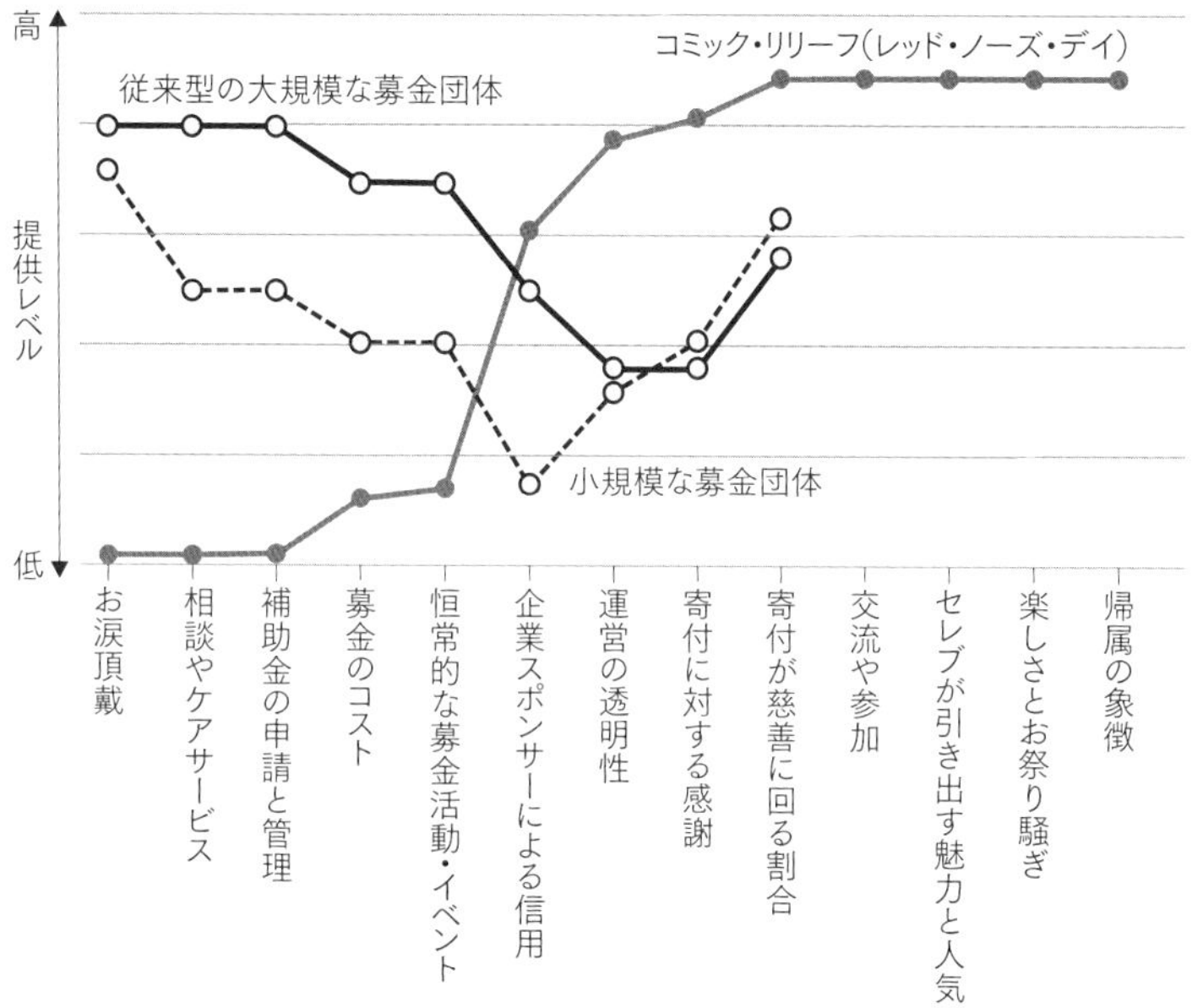

あなたの業界、あるいはこれから進出しようとしている業界の現状の戦略キャンバスは、どのような姿をしているだろうか。コミック・リリーフ誕生前のイギリスの慈善業界に似て、主要団体の戦略プロフィールはほぼ同じ形状をしていて、買い手の視点からはほとんど違いが分からないだろうか。そこからは、あなたの会社の戦略プロフィールに関して、何が分かるだろうか。競合他社と横並びだろうか、それともコミック・リリーフのように違いが際立っているだろうか。これらの問いは、あなた自身が答えるのではなく、チームに投げかけて、業界の現状の戦

略キャンバスを描くなかで答えを探り出させるべきである。

戦略キャンバスの作成方法

現状の戦略キャンバスは、顧客調査の結果ではなく自己評価を反映している。狙いは、チームの視点、つまりチームメンバーが現状の戦略の全体像をどう捉えて記録するかを、知ることである。彼らは、対象の製品やサービスについて、何を競争要因と見なしているか。自社と競合他社は重要性の高い各要因をどれくらい提供しているか。自社の価格は相対的にどの位置にあるか。コスト構造は他社と比べてどうか。現状の戦略キャンバスを作成すると、驚くほど膨大な知見や洞察が得られる。

以下、作成手順を説明していこう。

業界を特定する

まずは、www.blueoceanshift.com/ExerciseTemplates から、現状の戦略キャンバスのテンプレートと補足説明を無償でダウンロードしよう。そのうえでチーム全員に、戦略キャンバスの作成対象として選んだ事業や製品・サービスはどの業界で競争しているのか、判断を求めよう。あるいは、起業を目指している場合は、どの業界に参入するのかをチーム全員に考えてもらおう。目的は、お仕着せではなく自分達で決めた出発点を共有し、これから作成する現状の戦略キャンバスについて一人称で考えるよう、動機づけることである。この作業は一般に難しいものではなく、すぐに完了する。とはいえ稀にではあるが、「どの業界に身を置くべきか」という仮定を持ち出す人がいる。その場合には、この段階では「べき論」ではなく現状に焦点を合わせるのだと、念を押そう。「べき論」を扱うのはもっと後になってからである。

業界の主な競争要因を特定する

この課題とじっくり向き合う前に、いくつかの条件を設定しておこう。

- 現状の戦略キャンバスを作成するために、最少で五つ、最大で一二の競争要因を特定しよう。五つ以上としたのは、「もっぱら価格で競争している」という人達の前提に疑問を投げかけ、当然過ぎて意識しなくなった競争要因を掘り起こすためである。化学やプラスチックのような基幹的な法人向け事業では、往々にしてこのようなことが起きる。というのも、「自社の製品は型にはまっている」という思い込みにより、特徴を出せる競争要因は価格だけだと主張するからだ。しかし実際には、評価・技術支援サービス、納品までの日数、在庫の有無なども、たいていは競争要因なのである。

反対に、「最大で一二」という上限を設けるのは、膨大な数の要因を挙げる人々に対して、思いつくものすべてを盛り込もうとするのではなく、「カギとなる」競争要因だけに絞るよう促すためである。狙いは、過度に簡略化したり、些細なことに気を取られたりせずに、全体像に焦点を当てることだ。利益追求型企業の場合、価格は必ず主な競争要因に含めるべきである。

●主な競争要因は、製品やサービスの他、流通のプラットフォームに関連している可能性もある。このため、競争要因を抽出する際にはこれら三つすべてについて考えるとよい。例えば、タービン・エンジンのメーカーにとっての主な競争要因には顧客向け融資（サービス関連）、エンジンの馬力（製品関連）、納品までの期間（流通関連）が含まれるだろう。

●競争要因を説明する際には、供給側の専門用語を避けて、買い手の視点に立って言葉を選ぶとよい。例えば、「メガヘルツ」の代わりに「速度」と表現しよう。

チームとして現状の戦略キャンバスの作成に着手する前に、各自が自分なりにリストを作ろう。最初にこれを実践しておくことは三つの理由により重要である。

第一に、集団思考を避けるためである。集団思考に陥ると、皆が自分の意見を出しにくくなり、幅広い意見を反映しないリストが出来上がってしまう。このような遠慮からは、「もし～なら」という暗黙の発想が生まれて根を下ろし、結論の信頼性を損なってしまう。最終的な目的は実行なのだから、「これを指摘していたら、結果は違っていただろうか。なぜ発言しなかったのだろう」などと後悔するのは避けたい。

第二に、業界の競争要因と見られるものを列挙するよう、チーム全員が迫られる。すると、当人たちの当初の思い込みとは裏腹に、ほとんどの人がこの問いを熟考したことがないと判明するだろう。じっくり考え始めると、たいていはすぐに「手ごわい問いだ」と気づく。

第三に、自社や業界の活動についての解釈が人によって違い、同じ要因を挙げてもその意味するところが違う場合が頻繁にあることを、チームが理解する（これについては後述する）。このようなプロセスを踏むと、仕事の性質によって引き起こされがちな視野狭窄が克服できる。

各自がリストの作成を終えたら、再び全員が集まるべきである。この重要な機会に、全員に自分が挙げた競争要因を読み上げてもらい、それをホワイトボードに書き出して、他の人の考えを「見る」機会を設けるとよい。すでに書き出されている要因を新たに誰かが挙げたなら、脇に✓マークを付けて、大多数のメンバーが挙げた要因がどれであるかが一目で分かるようにする。

この時点ではたいてい、複数の人が挙げた要因が競争要因全体の五〇～六〇％ほどを占めているだろう。年次の戦略プランニング作業を終えたばかりであるにもかかわらず、メンバー同士がリスト作成にどれくらいの時間がかかったか気軽に話し合う様子に、しばしば接する。「競争要因をいくつも挙げて、チームとして合意に達するのがこれほど大変なのだから、忠実に実行される明快な戦略を立案することなど、果たしてできるのでしょうか」という意見をよく耳にする。また、ある企業幹部はいみじくもこう語っている。「どうしても目的を果たせない理由が判明しました。どこを目指しているのかが分かっていないのです」。このような悟り自体が、「戦略についてもっと深く考える必要がある」とチームメンバーが理解するきっかけになる。

次に、競争要因に含めるべきかどうか意見が割れている項目について、議論の口火を切り、先導していこう。各人に要因選定の理由を説明してもらうと、全員が同僚達のさまざまな業界認識を尊重し、常に身近にありながら見落としがちな要因を頭に刻み込む。この段階では通常、リストに載った競争要因の二〇

〜三〇%は、呼び方が違うだけで中身は類似していることが分かる。一人か二人しか挙げなかった要因について、当人達から選んだ理由を聞くと、すぐに「重要な競争要因だ」と分かる場合もある。

戦略キャンバスの横軸に並ぶことになる競争要因が特定できたら、それを自社の視点からではなく、顧客の視点から説明する重要性を思い出させる必要があるかもしれない。「優れた人材」「最先端のIT」といった組織要因は、しばしば重要な競争要因と混同される。これらは確かに組織の強みかもしれないが、もし本当に顧客に訴求するものであるなら、それにふさわしい表現に置き換える必要がある。買い手にとって見えない要因、経験できない要因は、消し去るべきである。

例えば「優れた人材」は、もし買い手に素晴らしい対応をしているなら、「素晴らしい顧客対応」と書き換えるのがよいだろう。「最先端のIT」は顧客への便益をもとに「使いやすさ」という表現になるかもしれない。大切なのは、製品や主な競争要因を自分達の視点ではなく顧客の視点から捉えるよう、絶えずチームを意識づけることである。

同様に、チームメンバーは往々にして「ブランド」を主な競争要因として挙げる。しかしほとんどの場合、ブランドは戦略プロフィール——つまり購入者や利用者に何をもたらすか——によって左右される。アップルのブランドが強力なのは、製品やサービスが魅力的だから、つまり、世の中の最先端を行き、信頼性が高く、使いやすく、スタイリッシュだからである。グーグルのブランドに大きな価値があるのは、製品やサービスが目覚しい性能を発揮し、迅速で使いやすく、信頼できる結果を生むからである。要するにブランドとは、事業活動の結果であり、独立要因ではない。

ブランドを手がかりに競争要因を掘り下げるなら、ブランドが顧客にもたらす魅力的な要素は何かを探るとよい。例えば、フェデラル・エクスプレスのブランドは、信頼性、速さ、安心などによって説明できるだろう。チームが「ブランドのもたらす価値」と見なすものの根源を探り当てるには、自社の製品やサービスを顧客が購入する理由の上位三つを、メンバーに考えてもらうとよい。

比較対象に適した主力競合企業を選ぶ

主な競争要因を絞り込んだら、次は比較対象として最適な企業を選ぶ必要がある。我々が推奨するのは業界リーダーである。一般に業界リーダーの戦略プロフィールは、他社が追い着こう、あるいは打ち負かそうとして注目する「基準」なのだ。自社が業界リーダーであるなら、最も手強いライバルを比較対象にしよう。「最良企業だけを取り上げて、現状の戦略キャンバスは業界の状況を正しく捉えることになるのだろうか」と思うかもしれない。その疑問への答えとして、ペプシ対コカ・コーラ、あるいはサザビーズ対クリスティーズについてしばし考えてほしい。すべての投資銀行、すべての大手高級服飾メーカー、すべての大手会計事務所、すべての主要州立大学の戦略プロフィールがどのようなものか、想像してほしい。

これら業界の企業や組織は、競合同士に違いはあると主張するだろうし、確かにその通りである。しかし、買い手（ないし寄付者）の視点から大局的に眺めれば、非常に似通っている。市場リーダーの戦略プロフィールは一般に、他社が目指してきた姿であり、多くの場合、模倣対象に近い状態になっている。加えて、業界リーダーの戦略プロフィールはその業界の特徴を示す代表例でもある。

チームメンバーが「戦略キャンバスを意義あるものにするには、他社の戦略プロフィールも追加する必要がある」と感じるなら、追加を認めるとよい。ただし、四社以上を比較するのは避けるよう、強く釘をさしておきたい。さもないと、戦略キャンバスが雑然として、買い手にとって取るに足らない差異を強調することになる。

例えば、時速一〇〇マイルに加速するまでの所要時間が三秒か一五秒かの違いは、自動車メーカーと一部のマニアにとっては重要かもしれない。しかし、エンジニアには申し訳ないが、普通のマイカー運転者にとっては、大した差異ではない。把握しようとしているのは買い手の視点に立った全体像であり、比較的小さなニッチ市場にしか受けそうにない、供給側から見た技術的な違いではないことを、思い起こしてほしい。

とはいえ、二社以上を比較対象にすることが意味を持つ場合もある。典型例は、市場に対照的な二つの戦略グループが併存していたり、代替業界の製品やサービスが投入されたりしている場合である。グループセブのクリスチャン・グロブ率いるブルー・オーシャン・チームの事例を引きたい。このチームは、ブルー・オーシャン創造に取り掛かった時点では、家庭向け電気フライドポテト調理器の戦略プロフィールを、従来型の競合一番手である、グローバル消費者家電メーカーだけでなく、大手小売企業のブランドとも比較した。大手小売企業のブランドが市場で躍進していたため、それを現状の戦略キャンバスに盛り込むことが重要だと考えたのだ。

我々が低価格ホテル業界の仕事をした際、そのホテルは、顧客の視点から見て妥当な二つの戦略グループ、すなわち一つ星ホテルと二つ星ホテル両方の市場リーダーと、自社の戦略プロフィールを比較した。別の企業では、「市場リーダーの戦略プロフィールは概ね業界の特徴を代表しているが、業界の論理を否定して急成長を遂げ、大きな注目を集める新規参入企業もある」という見解でチームメンバーが一致した。新規参入企業はただ者ではなかった。彗星のように現れ、業界を支配するのは時間の問題だと思われた。この事例では、業界リーダーと新規参入企業、両方の戦略プロフィールを自社と比べるべきだ、という主張がなされた。このように、二社以上との比較を行う場合は、それが戦略的に重要な意味を持つ理由を見つけるべきである。

主な競争要因に関して、自社と業界リーダーそれぞれの製品を評価する

比較対象とする企業を選んだら、次は、自社と他社の事業ないし製品・サービスが各競争要因をどれだけ提供しているかを評価する。比較対象を二社にすべきだと判断した場合は、その両方を評価対象に含めるべきである。もっとも、ここでは分かりやすくするため、戦略プロフィールを比較する相手は一社だけだという前提で話を進める。

1は「非常に低い」、3は「平均」、5は「非常に高い」というような、五段階のリッカート尺度（あるいはその派生形）を用いて、競争要因ごとに自社と他社の製品を評価するよう、チームメンバーに指示する。このやり方は、評価が高すぎたり低すぎたりしないかという信憑性の確認がすぐに取れるため、非常に効果的である。

各競争要因に関して自社と業界リーダーをどう位置づけるか、なぜそう感じるのかについて、メンバーが疑問を投げ合うと、たいていは議論が活発化する。この議論の過程でメンバーは往々にして、「以前は自分と同僚が、ともすれば異なる基準で製品やサービスを品定めしていたせいで、互いに話が噛み合わずにいたのだ」と直感的に理解しはじめる。従来はこのような状況であったため、年次の戦略プランを作成しても、そこに示されたのは大きな構想ではなく、業績目標を達成するための戦術である場合が多かった。これもまた、チームメンバーが必ずといってよいほど得る気づきであり、事実に基づいて判断を下す姿勢を強めるきっかけになる。

価格を戦略キャンバス上に書き入れる際には表示価格を使うべきである。したがって、高い価格は縦軸の上方に、安い価格は下方に書き入れることになる。当然だと思うかもしれないが、低価格を上方に、高価格を下方に書き込むという、間違ったやり方をするチームは珍しくない。価格と価値を混同しているのだ。しかし、価格はあくまで価格であって、価値とは異なる。悲惨な製品やサービスを安くしても価値が上がるわけではないのと同様、魅力的な製品やサービスが高いからといって価値が下がるわけではない。

この段階で競争要因に軽重を付けるべきかという質問を頻繁に受けるが、答えはノーである。なぜなら焦点がずれてしまうからだ。現状の戦略キャンバスの狙いは、業界が目下のところ力を入れる競争要因と、各要因の提供度をできるだけ客観的に記録することである。提供度を、特定の価値観に基づいて主観的に評価するのではなく、「価格は安いか高いか、各要因の重視度合いや提供度は低いか高いか、それに見合った投資行動を取っているか」というように、客観的な評価を下すのが狙いである。後に市場を観察する際には、価値判断を行って現状からあるべき姿へと視点を切り替える。

現状の戦略キャンバスを描く

各競争要因の水準判定ができたら、自社と最強の競争相手の現状の戦略キャンバスを描く準備が整った。まずは、価値の本質が明確になるよう、横軸の一番左に価格を書き入れるべきである。価値とはすなわち、買い手が対価と引き換えに得るものだ。横軸上で価格より右側に位置するものはすべて、買い手が得るものである。戦略キャンバスをこのように眺めると、買い手が価格と引き換えに何を得るかが分かりやすい。

次に、横軸上に価格以外の主な競争要因を並べる必要がある。現状の戦略キャンバスがジグザグ曲線だらけにならないよう、気をつけたい。ジグザグになると、業界の競争状況を理解、伝達するのは非常に難しいだろう。これを避けるには、提供度が近い競争要因を隣り合わせにする必要がある。

この作業が完了したら、各要因の提供度をプロットして、点と点をつないで現状の戦略プロフィールを作成する。続いて、最大の強敵の戦略プロフィールを描き入れると、現状の戦略キャンバスが完成する。

仕上げに、現状の戦略キャンバスをじっくり眺めて、自社製品の特徴を表す説得力のあるキャッチフレーズを探すよう、チームメンバーに促そう。その際には、「広告用のキャッチコピーを考えるのではない」と釘をさすべきである。なぜなら、広告のキャッチコピーは、戦略とは実質的にほぼ無関係だからである。キャッチフレーズは、戦略プロフィールの中身を忠実に反映したものであるべきだ。自社の戦略プロフィールが他社のそれと似通っていると、誠実さに裏打ちされた説得力溢れるフレーズを考案するのに苦労するだろう。

戦略キャンバスから見えてくるもの

戦略キャンバスを作成するなかでチーム内にどのような力学が生じ、どういった知見が得られるかを理解するために、アメリカのスクールフーズ（仮名）という給食会社の事例を考えたい。スクールフーズは少し前から利益ある成長が止まり、業界では大手二社が幅を利かせている。そのような状況下、ＣＥＯが戦略キャンバス作成プロジェクトを陣頭指揮し、チームリーダー役も担うことになった。

チームは競争要因について議論した後、主な競合二社と比較しながら自社の戦略プロフィールを描きはじめた。「二社が共に強大であるため、比較対象を一社に絞るわけにはいかない」という理屈だった。ところがほどなく、これは誤解だと判明した。二社の戦略プロフィールが似通っているばかりか、自社もそれらとほとんど違わないと、すぐに判明したのである。三社の戦略プロフィールは、財務状況、管理サービスの質、入札プロセスの透明性などを競争軸にして、ほぼ重なり合っていた。唯一の違いは、主力二社は知名度の高さ、スクールフーズは使命感の強さを特徴とする点であり、スクールフーズはこれを、他社との違いを際立たせる要因として、戦略キャンバスに反映させたいと考えた。「皆が使命感を大切にしていることを、顧客のうち一社でも知っているでしょうか」とチームに問いかけると、メンバーの一人が渋々ながら「いいえ、恐らく知らないでしょう」と答えた。チームは熟考と議論の末に、「自分達は使命を誇りにしているが、顧客はそれについて何も知らない」という意見で一致した。

ブルー・オーシャンの専門家が、「ライバル企業がどのような給食、サービス、イメージを提供しているか、知っていますか」と問いかけると、全員が沈黙した。皆無表情だった。やがて一人が「他社の提供する給食の中身やサービスのことは知りませんし、顧客が当社の給食を他社との比較でどう見ているのかも、分かりません」と答えた。追及はさらに厳しくなる。「給食の質や種類が競争要因に含まれていないのはなぜですか。事業の本質は給食サービスですよね?」。チームの皆は苦笑した。あるメンバーが、「うちの会社は、入札に勝つことに躍起になっているのだと思います。学校の偉い人達が望む、最も有利な価格条件を提示して、選定してもらおうとしているのです」と実情を明かした。

「関係性を築く重要性が常々話題に上っていますよね。なぜそれが戦略キャンバスに反映されていないのですか」。チームの皆は互いに顔を見合わせた。業務責任者がこう答えた。「関係性を築き、絶やさないために、日ごろから大変な労力や熱意を傾けています。ですが、それが顧客に価値をもたらすわけではありませんよね」

あるメンバーがこれに同意する。「この業界は主に、基準を満たす給食をできるだけ安く提供しようとして、しのぎを削っています。ですが、それがすべてではないでしょう」。別のメンバーが言葉を添える。「よく考えると、この業界の競争要因は、価格、入札の際に示すコストの透明性、包括的な価格設定など、どれも契約条件に関係しています。要するに、金銭面で最もよい取引条件を示そうとして張り合っているのです。最も充実した給食を届けることではなく」

スクールフーズのチームは四五分間の話し合いを通して、自分達が他社と「横並び」のビジネスをしているのだと気づいた。顧客の目には、スクールフーズと他社は提供内容に違いがないように見えた。知名度の低さも考え合わせると、なぜ少し前から成長が止まっているのかがよく理解できた。肝心の給食の中身が他社と比較してどうか、はっきり分かっていなかった。本当の意味での顧客、すなわち給食を食べる生徒達にとって、ほとんど意味のない事柄をめぐって競争していた。この点に気づいたのは幸いだった。業界全体が直接の取引相手しか視野に入れていなかったのだ。チームの全員がブルー・オーシャンを創造するための未開拓の事業機会に目を留め、「最終顧客も視野に入れて競争しよう」と意欲をみなぎらせた。皆、始動に向けて心を躍らせていた。

戦略の意味合いについて共通の理解を得る

戦略キャンバスが完成したら、今後はそこから戦略的な意味合いを引き出す番である。手始めに、戦略キャンバスの作成を通して得た主な知見を、チーム全員に書き出してもらおう。グループ討議を始めるにあたって、各人の知見を披露してもらうことを伝えておこう。内省、考えの取りまとめ、浮かんだアイデアの具体化をメンバーに求めるのは、ブルー・オーシャン・シフトの成否を握る信頼、自信、当事者意識を培ううえで重要である。グループ討議に期待することをあらかじめ明確にしておくと、公正なプロセスが約束され、「熟考しよう」という意欲がチーム全体にみなぎる。

全員が知見を披露し終わったら、自由回答式の質問を投げかけることにより、各自の意見を掘り下げ、チームとしての戦略的知見を皆に浸透させよう。掘り下げるべき点はいくつもある。自社の戦略プロフィールの基本形状は、業界の主力企業の戦略プロフィールと重なり合うか、それともかけ離れているか。自社の戦略プロフィールには、真実を表すキャッチフレーズを付けることができるだろうか。それとも戦略プロフィールは、正直なところ「懸命に努力したが、競合他社とほとんど差別化できていない」状況の裏付けになるだろうか。

現状の戦略キャンバスの完成版を見込み顧客が見たら、自社のファンになって製品やサービスを購入する理由を見つけてくれるだろうか。それとも、ほぼ無関心だろうか。投資家が見たら、利益や成長性の将来見通しを引き上げて、追加資金を提供してくれるだろうか。戦略キャンバスは、資金調達を目指す際に効力を発揮する。説得力ある戦略を持つ企業にとっては、自社の愛好者になるべき理由を顧客に客観的に伝えるための、効果的なツールにもなる。

戦略キャンバスの作成過程で得られた大切な知見が十分に活かされるよう、チームリーダーは、賛成または反対の意見がどれだけ出たかを詳しく探るべきである。主な競争要因、相対的な提供度、最強の競争相手の見極めなどに関して、メンバー間に意見の開きがあったなら、その意味合いを探るために、次のように問いかけよう。

「全員が大切にする明快な戦略ビジョンがなかったら、製品やサービスを安定的に売ることができるだろうか」「何を顧客に提供しているのか、その本質について組織内の意見を一本化できないなら、顧客に製品やサービスの購入をうまく働きかけることなどできないだろう」「自社の戦略について見方が分かれていたら、どうやって一貫性のある投資判断を下すのか」

有名ブランドを擁して業界に君臨してきた伝統的企業が、利益や成長の見通しが先細りになり、逸材を集められずにいるなら、以下の二点に注意を払うとよい。第一にこのような例では、状況がどれくらい深刻か、現在の傾向がいつまで続くのかをめぐって、しばしば混乱や強い拒否反応が見られる。この事例の戦略キャンバスからは、ブルー・オーシャンに漕ぎ出すのに必要な状況とはまったく反対の状況が、一目で見て取れるだろう。つまり、有名ブランドから利益を上げようとして、ライバル企業よりも高い価格を設定する反面、皮肉にも、業界の主な競争要因をわずかしか提供していないのだ（このような状況は一般に、知名度への依存、慢心、競争に秀でたライバル企業の登場などが重なって生じる）。第二に、現状の戦略キャンバスからは、すべての競争要因に多大な投資をしたため、戦略プロフィールが要するに「高コストの二番煎じ」になっていることが明らかになるかもしれない。このような例を何度も見てきた。片や飛ぶ鳥を落とす勢いの新興企業は、メリハリのある独自の戦略プロフィールと、説得力あるキャッチフレーズを持っている。

以上のいずれかが当てはまるなら、チームメンバーに次のように問いかけよう。「少しずつ改善を積み重ねるやり方は時間稼ぎにはなるかもしれないが、利益を伴う力強い成長につながるのか。本当に、コストを下げながら、他社との製品面の違いを際立たせることができるのか」。こう問いかけたら、後は沈黙しよう。質問の意味が十分に伝わり、チームメンバーが答えるまで待つのだ。

現状の戦略キャンバスから、自社の戦略プロフィールが模倣であるとか、競合他社より劣っていることが浮き彫りになったなら、その戦略キャンバスは、ブルー・オーシャン・シフトの必要性を強調し、皆を結集させるための、効果的なツールである。ただし、そこで立ち止まってはいけない。「水で満ちたコップには、それ以上水を入れることができない」という格言があるように、「何もかも分かっている」と思っているうちは、人は知識を渇望せず、学習の余地は限られる。

課題は、チームメンバーにブルー・オーシャン・シフトの必要性に気づいてもらうだけでなく、彼らの心の中のコップに余裕を持たせ、新鮮な視点で世の中を見ようという渇望を抱かせることである。これこそが、皆に新しいアイデアを受け入れてもらい、ブルー・オーシャン・シフトを実現するうえでの核心である。

学ぼうという意欲を持ってもらうには、メンバー自身の発言を要約することにより、このステップで出会った未知の事柄を強く印象づけるとよい。よく耳にする以下のような感想が、この点の重要性を裏付けている。

- 「主な競争要因を特定するのは、思っていたより難しかったです。私達のほとんどは大局観を持たず、買い手の視点から業界を眺めていません。戦略キャンバスを描く前は、ほとんど全員が、これを実践しているつもりになっていましたけれど」
- 「我々も、業界の他の人達も、同じ競争要因を無条件に受け入れて、『各社が競い合って提供しているのだから、これらの要因は買い手に価値をもたらしているはずだ』と思い込んでいました。でも、本当にそうなのでしょうか。もしかしたら、それらは誰も疑ったことのないタブーなのかもしれません」

- 「我社の戦略は受身で、競合他社に振り回されています」
- 「同業他社すべての戦略プロフィールを描いたら、我が社や主なライバルのプロフィールとほとんど同じでしょう。違いがあるとしても、顧客から見たら誤差の範囲でしょう」
- 「我々の製品はチグハグな気がします。ある競争要因には非常に力を入れているのに、その支えとなる別の要因は無視しているのです。例えば、多額の資金を投じてオンラインストアの見栄えを改善しているのに、ページの表示速度を上げる努力はしていません」
- 「提供度と価格が整合していません。要するに、価格は高いのに提供価値は小さいのです」

前へ進む

現状の戦略キャンバスが出来上がったら、競争の現状、業界の前提、既存企業の戦略の類似度合いが、その一枚の図から見て取れる。変革が望ましいと告げられるまでもなく、チームメンバーはみずから変革の必要性に気づいたことになる。必要性を確認した以上、変革を自分達の課題として捉える。完成した戦略キャンバスは、なぜブルー・オーシャン・シフトが適切なのか――あるいは不適切なのか――に関して、客観的で説得力のある論拠を示すばかりか、新しいアイデアの評価基準としても役に立つ。

スクールフーズの事例で見たように、時には幹部がチームの一員となり、ブルー・オーシャン施策のリーダーを兼ねる例もある。大きな利点があるのは明らかだが、このやり方が可能だとは限らない。このため、取り組み過程で明らかになった主な知見は、忘れずに幹部に報告しよう。幹部層への報告を徹底すると、期待内容を明快にして、突拍子もない期待を持たれるのを防ぐことができる。

同様に、このステップを終えた後は各メンバーが所属部門に戻り、自分が得た気づきや現状の戦略キャンバスから分かった中身を伝えることが重要である。部門の幹部や同僚とともに、現状の戦略キャンバスを描く過程での出来事を、全員に説明する必要がある。競争の現状についての理解はどう変化したか。その理由は何か。現状の戦略キャンバスからは何が明らかになったか。チーム全員による議論を通して、何が分かったか……。こうすると、部門の皆を変革プロセスに巻き込んで、「寝耳に水」の状況を防ぐことができる。

これは実行のカギであり、全員の学習成果を高めるとともに、戦略の現状を共通の言葉で語り、共通の「図」を通して理解するための、きわめて有効な方法である。従業員の大半は戦略をめぐる議論に参加する機会が少ないが、このプロセスは参加の文化を醸成し、「自分達は重要な役割を担っている」という意識を育む。

以上を受けて次のステップでは、あるべき戦略を構想する作業に入る。次章では、現在の業界やこれから参入しようとする業界が、どのようにして顧客に目に見えない苦痛や苦労を負わせ、需要の伸びを抑え、潜在顧客の離反を招いているか、そのありとあらゆる原因を探り当てる方法を学ぶ。ブルー・オーシャン・

シフトのプロセスにおいては、苦労や限界は制約条件ではない。戦略の構図を変えるためのまたとない機会なのである。では、探求を始めよう。

STEP

3

目的地を思い描く

第8章

業界の規模拡大を妨げる苦痛を探り当てる

第9章

非顧客層の海を見つけ出す

第8章 業界の規模拡大を妨げる苦痛を探り当てる

現状の戦略キャンバスがあると、誰もが全体像すなわち業界の競争状況を掴むことができる。新しいアイデアを評価する際には、チーム全員の合意のもと、これを比較対象にすればよい。次の課題は、業界の前提や垣根が顧客に「苦痛」をもたらし、そのせいで業界の魅力や規模が増大せずにいる様子を、大局的な見地から明快に示すことである。

苦痛とはその名の通りである。つまり、事業、製品、サービスの特徴のうち、買い手が意識しているかどうかは別として我慢せざるを得ず、買い手にとっての効用を減らしたり、あまりに不便であるため非顧客層を代替物に向かわせたりするものを指す。効用とは、事業、製品、サービスが買い手にもたらす満足であり、効用を妨げる要因はこれとは正反対のもの、つまり、業界が買い手に強いる困難ないし苦痛である。苦痛は往々にして目に見えないが、ブルー・オーシャン・シフトのプロセスにおいて、苦痛は制約にはならない。競争状況を変えるための紛れもない機会なのである。ところが、買い手が苦痛に慣れるのと同様、大多数の業界はまたとないこの機会を見過ごしている。現状に疑問を持たないのだ。

アメリカのワイン業界を考えたい。アメリカは、一人当たりのアルコール消費量が比較的多いにもかかわらず、ワイン愛好者は依然として少ない。アルコールの売上高全体に占めるワインの比率は、わずか一五％である。「なぜだろう」と疑問に思うなら、数千のワイナリー、数百もの種類、何万もの複雑なラベルから、銘柄を選ぶのが果たして簡単かどうか、自問するとよい。そのうえ、アメリカの消費者の八〇％と同じく、あなたもコルク抜きを持っていないとしたら、ボトルを開けるだけのことが、果たして簡単だろうか。あるいは、客人にふさわしくない銘柄を選んでしまったり、温度管理が適切でなかったりして、恥をかく可能性はどうだろう。

買い手の効用を損ない、業界の魅力を小さくしている業界慣習には、どのようなものがあるだろう。その概略を掴みやすいように、買い手の効用マップというツールを開発した。競争の熾烈な業界でさえも、既存顧客や潜在顧客に苦痛を強いて需要を頭打ちにしてしまっている。買い手の効用マップは、そのような状況を詳しく理解するための、土台となるツールである。これを使うと、「ブルー・オーシャンを創造する機会は存在し、自分達はそのために必要な条件を備えているのかもしれない」と、客観的に考えるようになる。

このような視点をチームに確実に根付かせることは非常に重要である。なぜならこの段階では一般に、チームメンバー達は二つの強い感情を抱いている。彼らは現状の戦略キャンバスを描いた経験から恐らく、現状を維持ないし微調整しただけでは、利益ある高成長を遂げられないと分かっているだろう。正面競争から抜け出してブルー・オーシャンを目指すには、違う何かが求められるだろう。このような思いには、心の底にありながらほとんど表に出ない問いが付きまとう。「もしブルー・オーシャンを切り開く機会があるなら、業界の人々はなぜそれを見過ごしているのか」という問いである。つまり、チームが新たな気づきを得ても、「このチームは本当にブルー・オーシャンを創造できるのだろうか」という、これまでにも言及してきた根強い自己不信がまとわりついて離れないのだ。

チームリーダーは、こうした迷いを無視してはいけない。見て見ぬふりをすれば、水面下で状況は悪化していく。ブルー・オーシャンを創造する旅の途上では、問題にぶつかるはずだが、ささやかな問題でさえも、いとも容易にチームの自信をいっそう揺るがしてしまう。とはいえ、自己不信の存在を認めてそれを拭うよう伝えても、効果はない。絶えず頭をもたげてくるからだ。むしろ、そのような不信を早めに解消しよう。そして、メンバーに自分の能力や創造性に目覚める機会をもたらすことで、チーム全体の自信を培い続けるのである。

では、具体的にはどうすればよいのだろう。チームはすでに、現状の戦略キャンバスを描く過程で、実体験をもとに気づきを得ている。今後は、業界が見過ごしてきた機会、あるいは、自分達で設けた限界や前提によって生み出された機会を計画的に見つけ出すなかで、気づきを深めるチャンスを得るだろう。これは直感に反するという印象を生むかもしれない。しかし、誰もが受け入れる業界の「真実」を深く理解すると、苦痛のせいで背を向けた顧客や、無関係だとして完全に見過ごしてきた非顧客層の存在が目に入り始める。この知見を得るためのツールとして開発したのが、買い手の効用マップである。

買い手の効用マップ

買い手の効用マップは、「自分達の業界を含むほぼすべての業界が、解決すべき大きな問題を抱えている」という気づきを引き出す役割を果たす。マップは、買い手が製品やサービスの利用に伴いどのような経験をするかを一通り示す。業界が放置している問題と、そのせいで生じる、解消すべき苦痛をあぶり出すと同時に、それらに対処することによって頼まれな効用を引き出す方法をも示す。こうしてチームは、業界が買い手にどのように効用をもたらしているか、その方法すべてを探り当てるだけでなく、どこで効用が損なわれているかという重要な気づきを得る。すると、競争を脱して市場規模を拡大するための隠れた機会が掘り起こされる。この様子を、買い手の効用マップの特徴を詳しく紹介しながら見ていきたい。

顧客経験の六つのステージ

まずは顧客経験の全体を概観する。顧客経験は必ずと言ってよいほど、業界の見立てよりも幅広いものである。**図表8－1**の横軸にあるように、顧客経験は六つのステージに分けることができ、概ね、購入、納品、使用、併用（製品を使う際に必要となる他の製品やサービスとの併用）、保守管理、廃棄という順序を辿る。例えば小売店で買い物をする場合、購入ステージでは店に赴き、店内で希望の品を探し、購入

図表8-1｜買い手の効用マップ

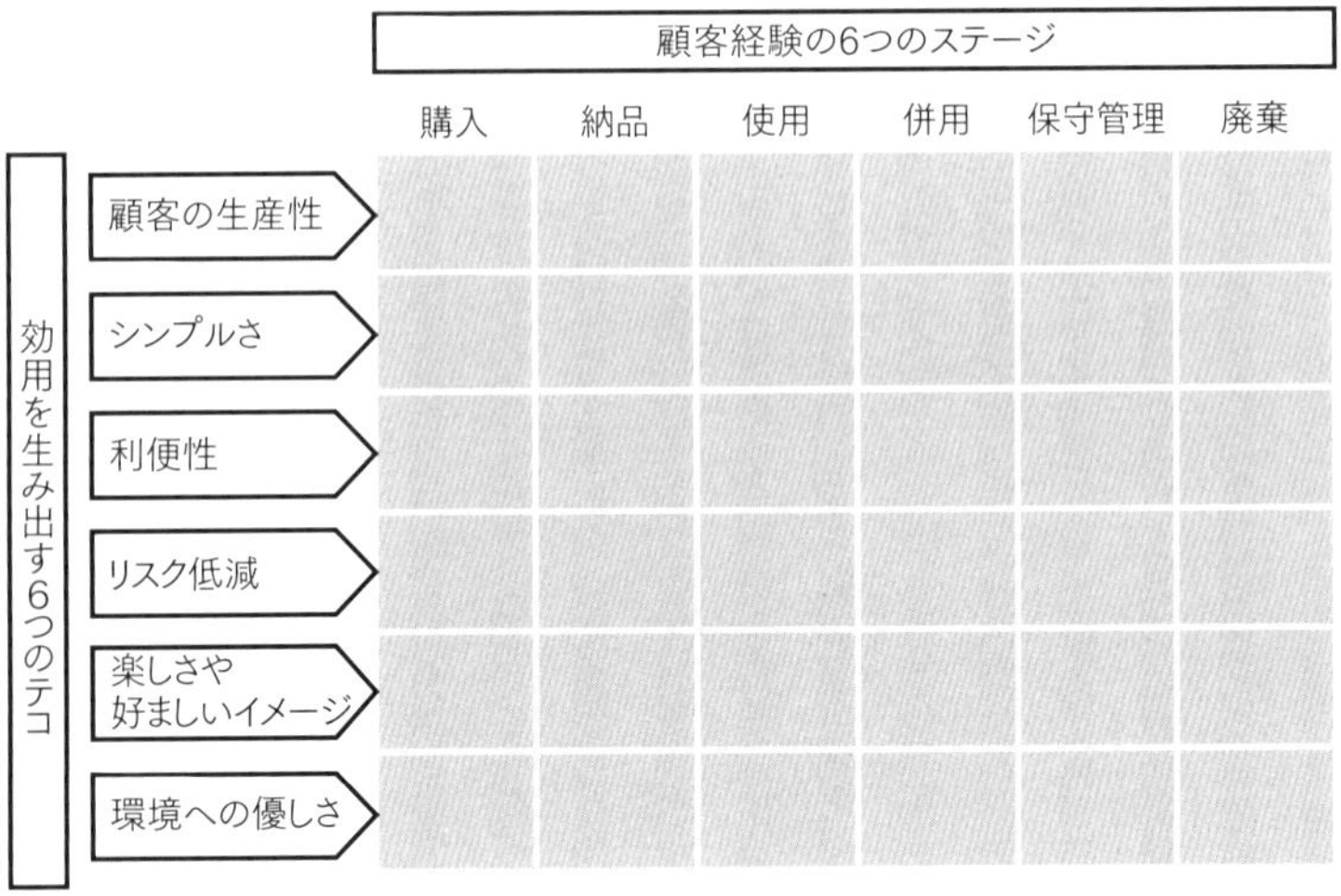

を決めたら支払いをする。六つのステージの枠組みは、顧客経験の全体を考えるための一般的なものであり、業界の実情に合わせてカスタマイズして構わない。

実際、カスタマイズは頻繁に行われている。具体例として、ふたたびワインを購入する場合を想定すると、顧客経験はおおよそ、探索（種類、料理との相性、産地などを考慮）→購入→冷蔵または保管→開栓、グラスに注ぐ→飲む→ボトルの廃棄となるだろう。

興味深いことに、多くの業界は顧客経験全体のうち一、二のステージだけに注目して、他のステージに潜む機会を見過ごしている。この不合理は往々にして顧客に苦痛をもたらすが、企業は別のところに注意を向けているため、どこ吹く風である。買い手の効用マップを用いると、顧客経験の全ステージを特定できるため、業界が無条件に受け入れてきた前提、つまり、買い手の効用を低減させてきた、覆すべき前提を見つけるきっかけになる。

効用を生み出す六つのテコ

買い手の効用マップは、効用を高めるために使用可能な主なテコ（手段）をも示す。横軸に顧客経験の六つのステージが並ぶのに対して、縦軸には六つのテコが並び、全体として三六の「効用スペース」ができる。

シンプルさ、楽しさや好ましいイメージ、環境への優しさといったテコがもたらす効用は、はっきりしている。事業、製品、サービスが、顧客の金銭、身体、評判に関係するリスクを低減できるという考え方も、明快である。製品は、手に入れやすく使いやすいというだけで、利便性を提供しているといえる。最もよく利用されるテコは、顧客の生産性である。これは、時間や労力、お金の節約を可能にすることによって、各ステージにおいて顧客のニーズをどれだけ効率的に満たすか、その程度を表す。興味深いことに、各業界は一部のステージにしか着眼しないばかりか、六つのテコのうち一部にしか注目せず、六つすべてのテコがもたらす多大な機会を見過ごしている。

あなたの会社が属する業界ないし進出を目指す業界は、三六のスペースのどこに重点を置いているだろうか。コモディティ化の進んだレッド・オーシャン業界の経営幹部は、ごく一部だけに注力して、残りをほぼ無防備な状態で放置しているが、そこには見過ごされた問題点がいくつも潜んでおり、ブルー・オーシャンを創造する機会が溢れている。

詳しくは**図表8-4**を用いて後述するが、グループセブのクリスチャン・グロブ率いるチームは、ヨーロッパのフライドポテト調理器業界（第1章参照）の買い手の効用マップを作成して、この事実に気づいた。これは特殊な状況ではない。大多数の業界や企業は、どれほど多様な効用を開拓可能であるか、逆に言えば、現状ではどれだけ狭い範囲に焦点を絞っているかに気づいていない。何のヒントも与えずに、「新しい効用は創造できる」という発想を引き出そうとしても、ほとんどの場合、視野を広げる助けにはならない。

業界の視野がいかに狭い範囲に限定されているかに気づき、開拓可能な効用に着目してそれらを数え上げると、価値が封じ込まれている場所を文字通り探り当てることができる。キンバリー・クラークのブラジル法人は、まさにこれを実践した。ブルー・オーシャン施策の担当チームが、トイレットペーパー事業の買い手の効用マップを作成していた時のことである。全員が、この業界はコモディティ化が進んだ血みどろのレッド・オーシャンだと認識していたため、最初は「ただのトイレットペーパーで何ができるというのか」と疑心暗鬼だった。競合他社より低いコストで生産する以外、何も思いつかなかった。しかし、後の章でも触れるが、買い手の効用マップを作成したところ、広々とした効用スペースが放置されていて、それを開拓すればブルー・オーシャンを創造できることが分かった。

マップのどこにどのような苦痛が潜んでいるかを突き止められるよう、買い手の効用マップは、あらゆる可能性を計画的に検討するための、分かりやすく系統立った手法を用意している。**図表8-2**にあるよ

図表8-2｜買い手の効用を妨げているものをあぶり出す

	購入　納品　使用　併用　保守管理　廃棄
顧客の生産性	各ステージで顧客の生産性向上を妨げている最大の要因は何か その主な理由は何か
シンプルさ	各ステージで物事を複雑にしている最大の要因は何か その主な理由は何か
利便性	各ステージで利便性向上を妨げている最大の要因は何か その主な理由は何か
リスク低減	各ステージでリスク低減を妨げている最大の要因は何か その主な理由は何か
楽しさや好ましいイメージ	各ステージで楽しさや好ましいイメージを妨げている最大の要因は何か その主な理由は何か
環境への優しさ	各ステージで環境への優しさを妨げている最大の要因は何か その主な理由は何か

うに、まず、個々のテコについて最大の障害は何か、顧客経験の各ステージでその障害をもたらす要因は何かを考える。誰も気づいていなかった苦痛、あるいは、現状の競争ルールのもとでライバルを打ち負かすことに躍起になっていたせいで、業界があえて見過ごしていた苦痛が見つかったら、「なるほど！」の連続である。

買い手の効用マップの作成方法

自社の製品やサービスについて買い手の効用マップを作成するには、どうすればよいのだろう。以下にその手順を示す。

顧客経験のサイクルから始める

図表8-1にある顧客経験の一般的なサイ

クルをブルー・オーシャン・チームに説明し、その中身を皆に確実に理解させよう。この章で説明する作業を効率的に行えるよう、関連する資料とテンプレートをwww.blueoceanshift.com/ExerciseTemplatesに用意してある。無償でダウンロードして使っていただきたい。続いて、これを参考にしながら、顧客の立場になって、購入から廃棄にいたる経験を最初から最後まで想像してもらおう。

多くの業界の顧客経験サイクルは、図表8－1にある基本パターンに概ね沿うが、自分達の業界、製品、サービスに合わせてカスタマイズしても構わない。例えば、一部のステージの名称を変えたり、業界特有の事情に沿ってステージを追加ないし割愛したりしてもよい。パーソナル・コンピュータ（PC）の顧客経験には通常、納品と使用の間にセットアップというステージが入る。

次に、各ステージの具体的な行動を挙げてもらおう。この作業を通して皆は、購入から廃棄にいたる一連のプロセスで購入者が実際にどのような経験をするのか、十分に理解するだろう。PC業界の例に話を戻すと、セットアップのステージでは、しっかり梱包された大きな箱からPCを取り出し、セットアップ・マニュアルを読んで理解し、本体と他の数々のデバイスを接続し、プラグを差し込むために家具の下にもぐり込む（この時に頭をぶつける人が多い）。そして、箱とその中に入っていた大量の緩衝材を捨てるのだ。

効用を生み出す六つのテコを理解する

顧客経験のサイクル全体を明らかにしたら、次に効用を生み出す六つのテコに移る。各テコの意味を全員に確実に理解させるために、チームリーダーは、簡単な定義（**図表8－3**）掲示するとよい。

図表8-3｜効用を生み出すテコの定義

効用を生み出す6つのテコそれぞれの意味を明快に理解できるよう、
以下に簡潔に定義を示す。

顧客の生産性	顧客のニーズを効率よく――すなわち少ない時間、労力、金銭的負担の下で――満たすことに関係するものすべて
シンプルさ	複雑さや気苦労を軽減するか取り除くかするものすべて
利便性	いつどこで製品やサービスを入手したいか（例：1日24時間／週7日、1年365日）
リスク低減	金銭的、物理的、感情的リスクなどの低減を指す（評判悪化のリスクを含む）
楽しさや好ましいイメージ	製品やサービスの見栄え、印象、姿勢、流儀など（有形・無形両方）
環境への優しさ	製品自体が環境に優しいのだろうか。それとも、「環境対応に優れている」という企業イメージがあるから、その製品が選ばれるのだろうか

続いて、各ステージを順番に取り上げ、図表8-2にある二つの問い「各ステージで顧客の生産性向上を妨げている最大の要因は何か」「その主な理由は何か」を投げかけよう。どちらの質問も同じ問題を掘り起こそうとするものだが、両方の視点から探ると非常に深い答えが得られる。

どれほど素晴らしい知見が引き出せるかを説明するために、メキシコの家具メーカーの事例を引きたい。この業界では従来、納品とは購入者の入居する建物に製品を届けることだと考えられていた。つまりメキシコシティであれば、アパートのロビーに預けるのである。ところが、買い手の視点に立った場合に「納品」とは具体的に何を意味するかを考えたところ、すぐに、従来の定義があまりに狭く、無意識のうちに買い手に苦痛を強いていたことが分かった。買い手にとっては、アパートのロビーに家具が届けばそれでよい、という問題ではなく、ロビーから居室に運ぶ作業も必要だった。多くのチームメンバーは、顧客が仕事で疲れて帰宅した後に、家族や友人の助けを借りながら苦労して家具を部屋まで運ぶ、とんでもない事例を語り合った。ところが業界の経営幹部でさえもどうしたわけか、「家具の揃った素晴らしい部屋を手に入れるには、それくらいの面倒は当然だ」と、単純な思い込みをしていた。

この種の思い込みは珍しくない。保険会社と交渉すると話をはぐらかされる。車にガソリンを入れるのは手間だ。ボトル入り飲料水は運搬も保管も厄介である。アイロンを買うと、大きくて不恰好で収納しにくく、アイロン台も欠かせない……。ほとんどの人はこんなふうに思い込んでいないだろうか。顧客経験の各ステージで効用を低減させている要因を具体的にあぶり出すと、市場を熟知しているつもりの経営幹部でさえもたいていは、それまで考えたこともなかった数々の発見に驚くものである。

買い手の効用マップを完成させる

効用を妨げる要因が見えてきたら、問題が明らかになった欄に「×」を記入していこう。**図表8-4**は買い手の効用マップの完成例である。ここには、グループセブがマップを作成した時に見つけた、家庭用フライドポテト調理器の問題点が示されている。図表8-4にあるように、一つ一つの×について吹き出しか別の用紙を使って、理由を忘れずに記録しよう。個々の問題の背景にある事情を列挙しておくことは重要である。作業の成果や得られた知見が散逸したらもったいない。

図表8-4｜グループセブのアクティフライ（家庭用の電気フライドポテト調理器）の買い手の効用マップ

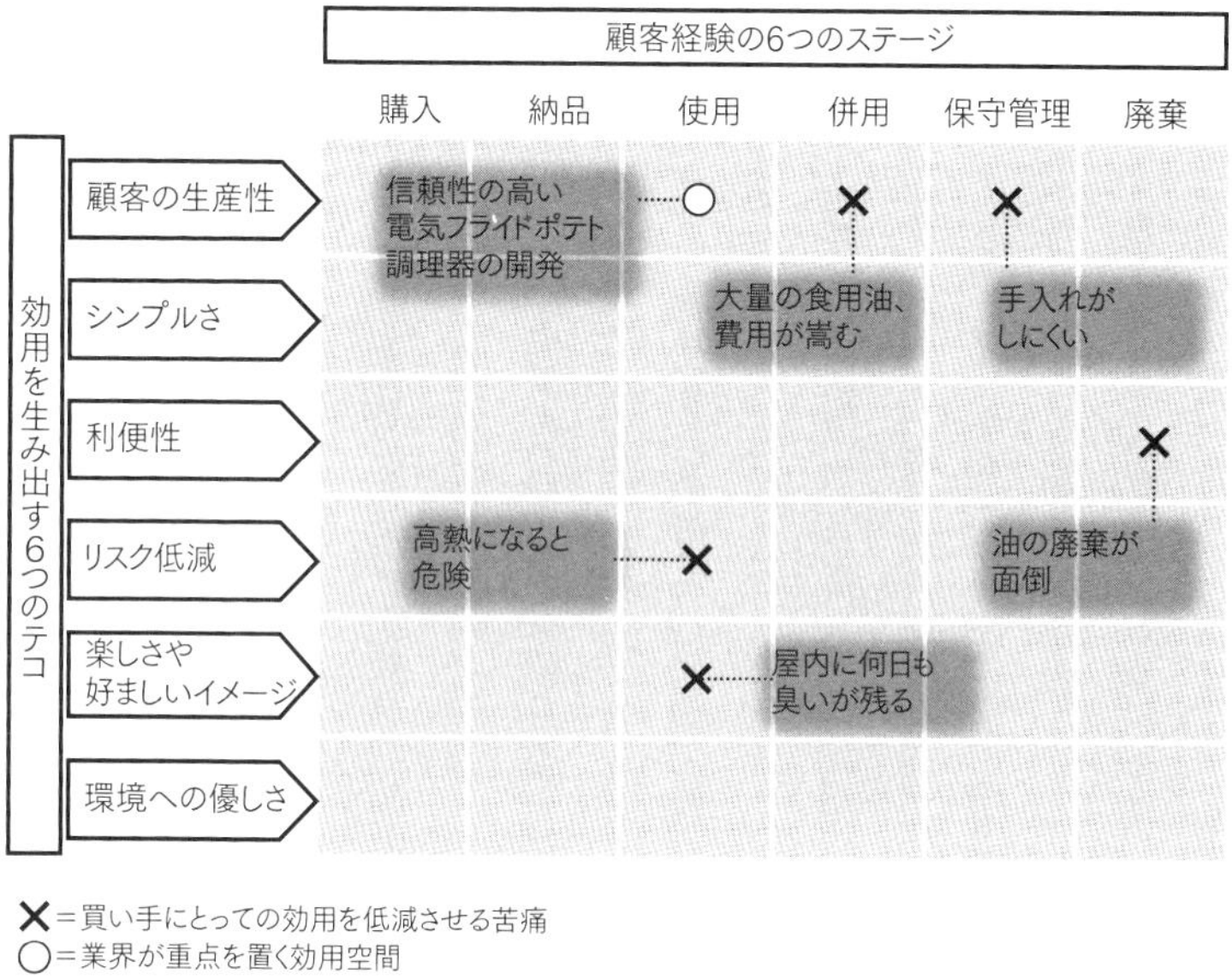

仕上げに、業界が重視する分野に「○」を記入しよう。少しでも関係ありそうだからといって、むやみに○を付けたりせず、効率的に作業を行うために、重要な効用だけに絞り込むようチームに伝えよう。ここでもまた、目的は全体像を掴むことである。

参考として現状の戦略キャンバスを思い起こそう。買い手の視点に立った場合、この業界は要するに何を提供しているのだろう。製品やサービスを使うことによって買い手が得る効用を突き詰めよう。例えば、グループセブのクリスチャン・グロブと部下達は、競争が激しいにもかかわらず、業界が重視するのは三六ある効用スペースのうち、基本的には、使用ステージでの生産性だけだと突き止めた。すなわち、きちんと機能する手頃な価格の電気フライドポテト調理器を製造することだけに、焦点を当てていたのである。それが図表8－4の○が付いた個所である。

買い手の効用マップを作成するチームには、現在の悪材料は将来の戦略においては好材料になり得ることと、あくまでも買い手の視点から問題点を掘り起こすべきであることを、念押ししよう。業界の悪材料が見つかると、既存企業で働く人々は気まずくなったり、身構えたりする。リーダーの役割は、そのような悪材料ないし問題点の背後には事業機会が隠れているかもしれないと、皆に思い起こさせることである。マップから浮き彫りになった、自社や業界のこれまでの重点対象に関しては、過去に成功を掴むうえではそれでよかったのかもしれないと伝えよう。ここで重要なのは、回顧でもなければ、ましてや責任追及でもない。心躍る未来を一緒に築くことである。問題点すなわち買い手の苦痛は、それを実現するための心強い手がかりである。

買い手の効用マップの作成に関して、最後に一点述べたい。マップの完成後、チームメンバーから中身について疑問が出る場合がある。実際、ブルー・オーシャン・シフトの後段階で顧客や非顧客と会い、インタビューを実施するなかで、マップの内容に修正や変更が加えられる可能性は十分にある。当初は気づかなかった問題が浮上して、その影響は見逃せないと判断されるかもしれない。チームが見つけた問題点の中には、最初に考えていたほど重要ではないと分かるものもあるだろう。とはいえこの段階では、疑問の声を上げた人に即座にこう問いかけよう。「あなた（達）は、マップの中身はどれくらい不正確だと感じているだろう。一〇〇%、それとも二〇~二五%だろうか」

我々の経験では、回答はほぼ例外なく非常に低いパーセンテージに落ち着く。つまりこれは、結果の正確性を強調する機会なのだ。たとえチームが探り当てた効用阻害要因のうち、二〇~二五%が不正確ないし不完全だとしても、残り七五%が無意味になるわけではない。つまり、効用を妨げる要因が存在するのは間違いないわけで、裏を返せば、戦略を定義しなおす機会があるということである。続いてチームに、ブルー・オーシャン・シフトの取り組みを続けていけば、計画的に顧客や非顧客と会い、彼らの知見を検証し、新たな視点から市場を見る方法を学ぶ機会は豊富にあると、約束するとよい。このような誠実で率直な話し合いは、皆の不安を和らげ、チーム全体の自信を強める。

グループセブの場合は、図表8-4に示した問題点を確認しただけでなく、次のステップにおいて、長く見過ごされていた別の大きな問題点を発見した。例えば、フライドポテトは高カロリーであるため、非顧客層から敬遠されていたのだ。

やや話が逸れるが、完成した効用マップについての疑問が頻繁に出る場合、その組織は分析麻痺に陥っている。行動を起こすためではなく、行動を先延ばしにしたり、従来と異なる行動を否定したりするために、データを使っているのである。この点には、ブルー・オーシャン・シフトをさらに推進するに当たって、ぜひ注意を払っておくべきである。なぜなら、一歩下がって全体像を眺める訓練をする際に、手取り足取り支援をする必要が生じる可能性が高いからである。

買い手の視点と経験を理解しているか

買い手の効用マップが完成したら、次はそこに詰まった知見を実地に活かすことになる。討論を始めるにあたって、現状の戦略キャンバスと買い手の効用マップから得られた知見を列挙するよう、チームに指示しよう。まずは、現状の戦略キャンバスから引き出した教訓と結論を要約させるとよい。必要なら助け舟を出そう。「競争は激しいか」「業界各社の戦略プロフィールは概ね一致しているか」「将来の利益ある成長の余地は限られているだろうか」「競争から抜け出す機会を見つけるのは難しいだろうか」などと質問を投げかけるのだ。これらの質問に対する主な答えをメモすると、チームメンバーにとって、現状の戦略キャンバスから得た教訓を改めて心に刻む機会になる。

これを終えたら、完成した買い手の効用マップに話を移す。「では、皆で作成した買い手の効用マップからは、何が分かるだろうか」「この業界は、意図的かどうかは別にして、購入経験全体を通して買い手に苦痛を強いているだろうか」「そのような苦痛のせいで、既存顧客は製品やサービスの利用を控え気味だろうか」「苦痛を取り除く企業が現れたら、既存顧客はその企業になびき、従来以上に製品やサービスを使うだろうか」「効用を妨げている要因は、非顧客層がこの業界の顧客になろうとする意欲をくじいたり、怖気づかせたりしているだろうか」「三六の効用スペースのうち、業界が本腰を入れているのはいくつだろう」

この最後の質問に関して、ある経営幹部は「（マップ上の二つの効用スペースを指し示しながら）わが社が力を入れているのはここだが、（すべての×を指でなぞりながら）これだけの効用スペースが残されている」と語った。この時点でチームは初めて、ブルー・オーシャン創造の真の可能性を理解し始める。

このような議論が示すように、買い手の効用マップを作成すると「レッド・オーシャンは不可避だとは限らない」という気づきが得られ、このたった一つの分析ツールを活用するだけで、新たな事業機会に関する知見が姿を現し始める。

ただし、経営陣が長らく市場の現実や買い手の経験に接していない業界では、買い手の効用マップを完成させるのは容易ではないかもしれない。イライラや不便に満ちた業界でありながら、マネジャー層が買い手の効用マップを怪訝な顔で眺めている、そんな状況を見てきた。彼らにとっては、同業他社や自社の製品やサービスを利用する際に、顧客がどのような不都合を経験しているかを理解するのは、難しいようである。

業界との距離が近すぎて、いまだに問題の存在に気づかない場合もある。あるいは、かねてから独特の立場にあったため、顧客経験や自社が生み出した効用阻害要因に目を向けるインセンティブを持たない例もある。さらに、意図せず経営陣に楽観的な考え方が植え付けられたせいで、業界への見方や業界内での経験が、非常に偏ってしまった例もある。

例えば、アメリカの自動車業界の三強の一角を占める某社は、幹部の乗用車の手入れを業務の一環として行う慣習で知られていた。必要な調整や修理をすべて行い、ガソリンを満タンにし、洗車までするのである。販売代理店も、この自動車メーカーのマネジャーが来社すると聞くと、赤いカーペットを敷いて待機していた。自動車の購入、所有、維持管理に伴う不便、故障車の修理待ちや代金支払いなどを経験したことがなく、代理店が下にも置かない態度で迎えてくれるなら、自社や業界が顧客に強いている苦痛など想像すらできないとしても、不思議ではない。

以上のいずれか一つでも当てはまる場合には、「先に進まずにここで立ち止まりましょう」と言うことにしている。同様に、返ってくる答えが信念に欠ける心許ないものや、お気楽なものだったら、あるいはチーム内で十分な意見の一致が見られないなら、やり方を変える必要がある。全員を現場に向かわせて、一般の人々と同じ立場から、自社の製品やサービスの顧客経験サイクル全体を眺めてもらうのだ。呆れるほど多くの組織が、顧客経験の全体像あるいはその途中で顧客が感じる不便や苦痛について、幅広く理解せずにいる。だからこそ、百聞は一見にしかずであり、どのようなことがあっても必ず自分の目と耳で現状を確かめるべきだと、口を酸っぱくしているのだ。実際、買い手の効用マップの作成にまったく苦労しない組織でさえも、往々にして、さらなる知見を得るために自分達で顧客経験の実情を掴もうとしている。

買い手の視点に立つ術を身につける

買い手の視点に立つ方法を学ぶ過程で、どのような市場調査を読んだ時とも比べられないほど、目から次々と鱗が落ちる場合がある。その様子が分かるように、現場へ飛び出したチームの体験を見ていこう。

晩冬の、雪のちらつく寒い朝。アメリカで最大級の薬局チェーンの上級幹部達が、買い手の効用マップを作成するために、ホテルの会議室に集まった。この会社は成長街道をひた走ってきたが、それは主に企業買収を通してであった。現在は、二五〇〇億ドル規模のアメリカのドラッグストア業界にあって、最大のライバルから追い上げに遭っていた。

午前八時。

「さて、どなたかボランティアを買って出てください」。九人の上級幹部が不安げにチームリーダーのほうを見る。「ボランティアはいませんか」。その場にいる人々は互いに顔を見合わせる。とうとう、IT担当バイス・プレジデントが「私がやりましょう」と名乗りを上げた。

「皆さんは今、体調が優れません」とチームリーダー。「命に別状はないにせよ、症状は軽くはありません。耳やのどの痛み、たちの悪い風邪、インフルエンザなどです。さて、どうしますか」

全員が「出勤します！」と返事をする。

「なるほど。喉の痛みが引かず、連鎖球菌に感染したのかもしれません。仕事の生産性はどうですか」

「ひどいものです」とこれまた全員が揃って答える。

「周りで仕事をする人達からは、どう思われているでしょう」

「歓迎はされていないでしょう。体調が悪くて、周囲に感染させる恐れもあるのですから」

「素晴らしい。仕事がはかどらず、周囲に病気をうつすかもしれない。しかも、ありきたりな病気であるにもかかわらず、誰一人として自社の薬局を利用しようとしないとは。一般の人々に利用してもらえるのは、何と有難いことか」

「では、最初からやり直しましょう」とチームリーダー。「（IT担当バイス・プレジデントに向けて）あなたは帰宅してベッドで休んでください。喉が痛いのに我慢しないように。私達もご自宅にお邪魔します。さあ、出かけましょう！」

中西部の都市から三〇キロ超離れたIT担当バイス・プレジデントの自宅に着き、チーム全員が彼のベッドの周囲に集まった。顧客経験を記録するためにビデオカメラを回している。

午前九時三〇分。

「さて、出勤する代わりに医師に電話をしましょう。連鎖球菌による咽頭炎かもしれませんから、誰にもうつしたくないですよね？」

バイス・プレジデントが病院に電話をかける。時刻は九時半だが、診察は早くても一一時半になるという。カメラを回したまま、皆で待機する。バイス・プレジデントはベッドを離れてはいけないと告げられている。コミュニケーション手段は電話かメールだけである（メールのほうがよいだろう。咽頭炎という設定であるから、話すのも容易ではないはずだ）。

一〇時半。道路が空いていたとしても、医院までは三〇分以上かかるため、チームは医院に向けて出発する。雪とのろのろ運転のせいで、到着までに四五分かかった。一〇人全員が混み合った待合室で立つか座るかしている。町の医院というより緊急治療室のようだ。咳が止まらず苦しそうな子供達。鼻をグズグズさせる大人達。嘔吐する幼児もいる。予約時間が押せ押せになっていたため、三〇分待った後にようやく診察室に入ることができた。

一一時四五分。

看護師が「患者」の体重と身長を計測する。患者役のIT担当バイス・プレジデントが椅子に座り、肌着姿になるよう指示を受ける。彼がトイレへ行ってブリーフ姿で戻ってくると、他の全員が笑いを押し殺し、申し訳ない気持ちになった。

一二時一五分。(下着姿で診察台に腰をかけるバイス・プレジデントにとっては特に)気の遠くなるような長い時間が経過した後、ようやく医師が姿を現す。患者の血圧を測定し、反射テストを行い、食生活について質問し、体重過多の理由を探り、飲酒量を尋ね、子供をもうけるつもりはあるかと問いただす。何と差し出がましいことか。

咽頭ぬぐい液を採取した後、数分待ち、看護師から結果を聞いて、診察は終了した。この時点でチームが顧客経験を開始して数時間が経過していた。バイス・プレジデントは実際には健康が証明されたわけだが(何せ、連鎖球菌咽頭炎は作り話だったのだから)、チームはその場の機転で抗生物質と鎮痛剤の処方箋を手に入れた。こうして彼らは車に戻り、薬局へと向かった。たいていの人と同じく、バイス・プレジデントも自宅の最寄り薬局を選んだ。

復路も四五分かかった。アメリカの郊外型薬局の例に洩れず、駐車スペースは空きが多い。ところが店舗のドアが開くと、内部はまるで雑貨店のようだ。通路にはチューインガム、おもちゃ、雑誌、ソフトドリンク、おむつなどの商品が並び、四〇メートル以上も進んでようやく薬剤師の姿が見えた。受付コーナーに行って処方箋を渡すと、待たなくてはならないことが分かった。待ち時間の平均は一五分だという。気分のすぐれない患者の多くは、膝の上に子供を抱えており、彼らにとって待ち時間はかなり長く感じられるはずだ。

以上が、同僚への感染を避ける適切な行動を取った人の顧客経験である。

時刻は午後三時三〇分になっていた。

チームは再びホテルの会議室に集まった。顧客経験のサイクルを図表にするのは、さほど難しくなくなった。この日の経験をもとに効用を妨げる要因を見極めようとして、彼らは愕然とした。メンバーの一人が思わず「こんな経験、誰もしたいと思わないだろう。症状を放っておいたほうがずっと楽だ。苦痛の連続じゃないか」と口にした。脇からこんな声も上がる。「私達が経験したような面倒を防ぐために、不必要な苦労を強いられる人々の身になって考えましょう。今朝、仕事の効率が下がり、まわりにも嫌がられるにもかかわらず、体調の悪い状態のまま出勤すると、冗談を飛ばしていたほどですよね。命に別状はないがそれなりに辛い、よくある病気になっても、自分達の業界の製品を購入しようとしないのですよ!」。

一同沈黙。その後、苦痛を取り除き、競争から抜け出し、新たな需要を引き出す可能性が見えてくると、活気がみなぎり始めた。

一人が「薬局に医師を常駐させてはどうでしょう」と提案すると、「費用がかかり過ぎますよ」という声が上がる。「上級看護師ではどうでしょうか。人件費は医師の三分の一で済みますし、私達が想定する、軽度の病気や慢性疾患ならたいていは、上級看護師にも処方箋を書く資格があります」「薬局に行って『先生』に診てもらい、数分後には用事が片付く！　何時間もの退屈と痛みを我慢せずに済みますね」「売上げが伸びる」「顧客も気を良くします」

皆静かになり、にこやかな笑顔を浮かべている。背筋をピンと伸ばしている。レッド・オーシャンが遠のき、ブルー・オーシャンの可能性が眼前に開けたため、室内には熱気が充満している。

現場調査のルール：購入者と同じ経験をする

前述の事例が示す通り、この段階で知見が不足しているなら、現場に飛び込んでみずから見聞や経験を積むしかない。マーケティング部門に協力を要請して、顧客と同じ経験ができるよう現場を案内してもらったり、足りない部分を補うために調査レポートの提供を受けたりするのは、無意味だろう。近道は存在しない。見聞や経験をみずからせずに代役を立てるのは、たとえ依頼相手が部下であっても、極めて無謀である。そんなことをしても、自分達はほとんど何も学ばず、学んだつもりの中身も実感が伴わないだろう。データはまず記憶に残らず、心にも刻まれない。

現場に赴く際には可能な限り、みずから顧客の立場になるか、既存顧客の家庭や職場での様子を観察するかして、顧客経験のサイクル全体を通してどのような苦痛や困難が生じるかを注意深く記録するよう、強く勧める。これをフォーカスグループの実施と混同してはならない。フォーカスグループは実体験とは異なる。意見を収集したり、製品やサービスを小幅に改良したりする目的には適するが、必要とされるもの、すなわち貴重な知見や確信をもたらすわけではない。それらは現場でしか得られないのである。

販売現場で顧客を観察したチームだけが、長年にわたって業界が忌避される原因となっていた問題点や顧客の苦痛を突き止めてきた。自社製品がどのように説明、保管、設置、使用、廃棄されるかを目の当たりにしたチームも、同じような気づきを得た。購入者の苦労や苦痛を記録する際には、知見の裏付けとなる写真や動画を撮るよう、チームに要請するとよいだろう。

特筆すべき点がある。ほとんどのチームが、最初は現場調査に赴くことに多かれ少なかれ後ろ向きで、「（そんなことをして）何が分かるのか」と質問する人さえいる。しかし、現場調査を敢行したチームは例外なく、顧客経験やそれに伴う苦痛や困難（効用を阻害する要因）の実情を身をもって理解できたと、喜び勇んで帰ってきた。この種の知見には途方もない価値がある。

最後に、経営幹部層はたとえプロジェクトに許可を出した場合でも、ブルー・オーシャン・シフトを遂行するうえで最大の障害のひとつになりかねない。幹部の多くは、自分達の業界の顧客が日々直面する面倒や苦痛に対して、疑問を抱かなくなってしまう。自社がレッド・オーシャンで身動きが取れずにいることに気づき、ブルー・オーシャンへと漕ぎ出したいと願ってはいるかもしれない。しかし、彼らにその戦略的意味を理解し、チームの働きを信頼してもらうには、「サプライズは厳禁」という原則を守る必要がある。つまり、各ステップでチームが得た知見を、チームメンバーからじかに幹部層に細大漏らさず報告するのだ。たとえ「そんな必要はない」と言われたとしても、報告は必要なのである。いや、単に必要であるどころか、絶対に不可欠である。なぜなら報告を行えば、幹部が懸念を抱いていた場合、それを早めに察知して手を打つことができるからだ。

もし、ブルー・オーシャン・チームが引き出した知見を幹部層が軽視しているようなら、一般の顧客が経験している苦痛を懐疑派にその目で見てもらう機会を、忘れずに設けよう。これを実行すれば、我々が知る限り、必ず懐疑派の心を強く動かせる。この経験を経て、幹部は発想を変えるだけでなく、取り組みへの信頼を新たにした。高い地位にある彼らの関与は、組織全体からプロジェクトへの支援を集めるうえで、驚くほど大きな効果を発揮する。この事例もまた、ブルー・オーシャン・シフトの各ステップが人々の動員を促すようにできていることを、如実に示すものである。

買い手の効用マップを吟味し、全体的な自信や信頼を培い、幹部層に結果を報告したなら、次の課題に進む準備が整った。次は、まったく新しい需要を創造してパイを拡大するために掘り起こすべき、非顧客層の三つのグループについて、理解することになる。

第9章 非顧客層の海を見つけ出す

過去二五年間、ビジネスの世界では「顧客第一」がしきりに唱えられてきた。ブルー・オーシャン戦略の実践者にとっては、「非顧客第一」がスローガンである。思い起こしてほしい。ブルー・オーシャン・シフトの狙いは、既存顧客の奪い合いではなく、新たな需要の掘り起こしによる業界の成長である。そこで、非顧客層向けに新しい効用を引き出すことになる。ところが、非顧客層の実像はどのようなものか、なぜ顧客にならずにいるのかを、十分に把握している企業は稀である。

こうして、非顧客層の実像はどのようなものか、なぜ自分達の業界の製品やサービスを購入しないのかを正確に理解することが、次の課題となる。買い手の効用マップを通して、チームは業界が既存の顧客に強いている苦痛や効用阻害要因を垣間見ることができた。それらは非顧客層を遠ざける原因になっている可能性もある。

今度は視野を広げて、需要全体に目を向ける。そうすると、経営幹部が最も頻繁に抱く二つの問い、すなわち「非顧客層という概念は、うちの業界に関係するのか」「ブルー・オーシャンに魅力ある製品やサービスを投入したら、どれくらいの新規需要を掘り起こせるのか」へのヒントや答えが見えてくるはずである。このステップを完了したら、需要について従来のような考え方は二度としなくなるに違いない。

スクエア対ビザ、マスターカード、アメリカン・エキスプレスの構図を考えたい。スクエアと対峙する三社は、いずれも世界のブランド上位一〇〇に名前を連ねている。ところが、世界展開、高いブランド認知度、豊富な資金力にもかかわらず、互いに真っ向から勝負し、基本的には同じ顧客層（既存加盟店とクレジットカード利用者）をめぐってシェア争いをしている。この傾向はアメリカで特に強い。三社すべてのカード発行枚数を国別に見ると、アメリカが最大で、成人全体の約七五％がすでに二枚以上のカードを保有している。

業界の一般的な見方は、「アメリカのクレジットカード市場は飽和しており、利益ある成長の余地は乏しい。特に二〇〇八年に世界的な金融危機が起きてからは、金利と手数料に関する規制強化がこの状況に拍車をかけている」というものだった。だが、本当にそうだろうか。スクエアは別の見立てをしていた。二〇〇九年に、ツイッターの創業者でもあるジャック・ドーシーと、ジム・マッケルベイが設立したスクエアは、クレジット業界とは逆の見方をしていた。非顧客層の海に目を留めていたのである。

確かに、アメリカ人の大半はクレジットカードを持っているし、中規模以上の店舗はほぼすべてカード払いに対応している。しかし、宅配ピザの配達者、庭師、出張工事を手がける電気工事士、ピアノの先生、海辺の移動式アイスクリーム店に対して、カードでの支払いはできるだろうか。ベビーシッターや家政婦に謝礼を払ったり、五〇ドルの借金を友人に返したりする時に、クレジットカードやデビットカードは通用するだろうか。それは無理というものだ。個人間の支払いを望むすべての人が、クレジットカードとデビットカードの業界にとっては非顧客層だった。直販農家、移動式屋台、期間限定店舗のような、小規模事業者や新規ビジネスの多くも同様である。

アメリカでは二七〇〇万のスモールビジネスのうち、約五五％はクレジットカードを受け付けない。ところが、顧客の五五％超はクレジット払いを希望しているという調査結果がある。そのうえ、別の調査によると、現金以外の支払い方法が用意されている場合のほうが、一回当たりの購入額が多い傾向があるため、スモールビジネスにとっては事業拡大の追い風になる。つまり、起業家、スモールビジネスの経営者、創業間もない会社や店舗の多くは、クレジットカードやデビットカードによる支払いに対応していなかったが、もし対応すればかなりの恩恵を受けると予想されたのだ。しかも、個人間の取引は相当な件数に上り、通常は現金か小切手が使われていたが、クレジットカードやデビットカードが使用可能になれば、人々は感激するだろうと思われた。

これこそが、二〇〇九年にスクエアが目を留めた非顧客層の大海である。以後スクエアは、モバイル決済サービスを武器に、急速にこの大海を我が物にしてきた。このモバイル決済サービスは、ｉＰｈｏｎｅ、ｉＰａｄ、アンドロイド携帯に無償のスクエア専用カードリーダー（差し込むだけで使えるプラスティック製の小さなデバイス）を取り付けるだけで、個人、スモールビジネス、さらには大企業に対してクレジットカードやデビットカードによる支払いができるというものだ。今日では、多くの追随者がスクエアと同様に、この非顧客層の大海を開拓している。この大海は拡大を続け、業界全体も絶えず進化している。

スクエア、コミック・リリーフ、セールスフォースをはじめ、多くの企業が悟ったように、非顧客層という集団は単に存在するだけでなく、末広がりの成長機会を提供している。それにもかかわらず、たいていの組織は業界の既存顧客に気を取られるあまり、狭い枠組みの外側を見ることができずにいる。公平のために述べれば、すでに自分達の業界の製品やサービスを購入してくれた、既存顧客と話をするほうが、常に容易である。そのうえ、既存顧客の意見が大切であるのは言うまでもない。しかし、成長するためには、業界に新しい顧客を呼び込まなくてはならない。

非顧客層の三つのグループ

組織の視野拡大を手伝うために、我々は非顧客層の三つのグループを定義、特定するためのフレームワークを開発した（**図表9-1**を参照）。三つのグループに着目するとしだいに視野が広がるため、進出して新規需要を開拓できそうな、非顧客層の大海が見えてくる。非顧客層の概念は魅力的ではあるが雑多で範囲が広すぎるため、図表9-1のような整理・分類のフレームワークがないと、潜在需要を体系的に分析、理解して、取り込むのは難しい。このような状況を踏まえて、ブルー・オーシャン・シフトを実現するうえでのカギとなる二つの公式を提示する。これらは、組織の成長力との関連をしだいに強めていくだろう。

図表9-1｜非顧客層の3つのグループ

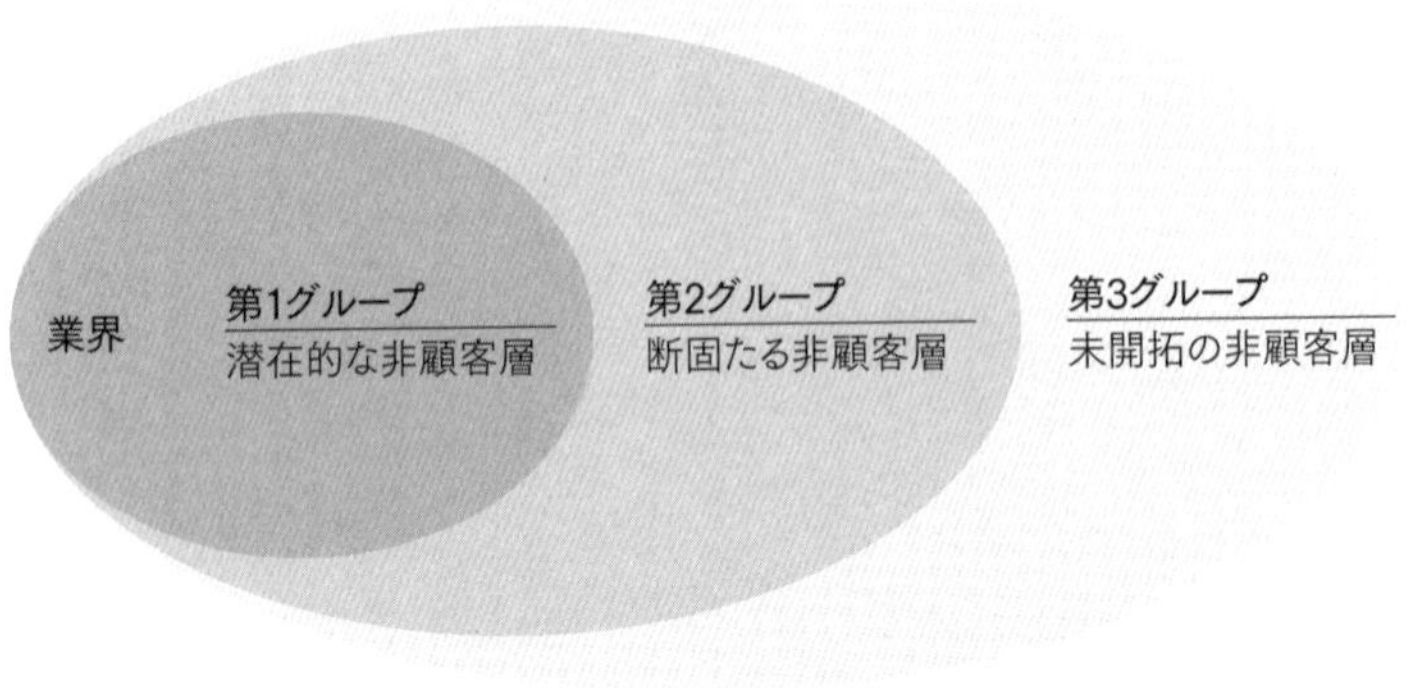

第1グループの「潜在的な」非顧客層は市場の縁にいて、すぐに離反しかねない顧客である。
第2グループの「断固たる」非顧客層は、この業界の製品やサービスを検討した結果、意識的に購入を見送る人々である。
第3グループの「未開拓の」非顧客層は、現状では一見したところ無関係な市場にいる。

そもそも、常識とは裏腹に、

潜在的な需要全体　≠　関数（業界の既存顧客）

であり、むしろ、

潜在的な需要全体　＝　関数（業界の既存顧客　＋　非顧客層の第一グループ　＋　同第二グループ　＋　同第三グループ）

なのである。

以下、三つのグループの定義と違いを見ていく。さらには、非顧客層が全体として、たいていの組織が考えるよりも業界に近い存在である理由を、説明する。

非顧客層の第一グループは、すぐにでも離反しかねない顧客全体を指す。仕方なくあなたの業界の製品やサービスを購入しているだけで、望んでそうしているのではない。何とか当座を凌ぐために、既存の製品やサービスを最小限だけ買い、その一方ではもっとよいものを探すか、ただ待っている状態である。優れた代替品が見つかったら、ここぞとばかりに乗り換えるだろう。その意味では、市場の縁にいるのである。

アメリカのクレジットカード業界の例をふたたび引きたい。中小の商店や企業は、クレジットカードやデビットカードでの支払いを受け付けてはいるが、多くの場合、仕方なくそうしているにすぎない。POS（販売時点情報管理）技術の導入経費、決済手数料、そして特に、交渉力のない店舗や企業に課される隠れた費用などを甘受してきたのは、「カード払いができるだろう」という顧客の期待を心得ていたからだ。しかし、現状よりも使いやすく、手間やコストが少ない代替策があれば、渡りに船とばかりに乗り換えるはずだ。その意味では非顧客層なのである。

少し考えてみよう。あなたの場合、欲しいから、誇らしいから、あるいは楽しいからではなく、仕方ないからという理由で顧客になっている業界は、いくつくらいあるだろう。魅力的な代替品が現れたら、乗り換え意欲はどの程度になるだろう。たいていの人は、自分がどれほど多くの業界や企業にとって、非顧客層の第一グループに属する存在であるか、すぐに気づくはずだ。このような顧客は、競合に惹き付けられやすいだけではない。もし代替品が苦痛や不便を和らげてくれるなら、使用率や使用頻度が何倍にもなる可能性が高い。あなたは、所属業界の非顧客層の第一グループを構成するのがどのような人や企業か、知っているだろうか。

非顧客層の第二グループは、あなたの業界の製品やサービスについて、あえて検討したうえで購入や利用を控えるという結論を出した人や企業を指す。つまり、拒絶しているのだ。理由は、別の業界がよりよくニーズに応えているか、あなたの業界の価格水準が高すぎて手が出ないか、どちらかだろう。後者の場合、そのニーズは他業界が満たすか、あるいは放置されたままである。

カード業界にとっては、カード払いへの対応を検討した末に見送った新興企業、マイクロビジネス、自営業者が、非顧客層の第二グループに該当する。この層はカード払いに対応すれば恐らく顧客から喜ばれると分かっているが、年商の少なさ、駆け出しゆえの脆弱さ、煩雑そうなＰＯＳシステムの設置と費用負担などを理由に、カード業界に背を向けた。これらさまざまな組織にとっては、現金と小切手が標準的な決済手段なのである。

あなたやあなたの組織が非顧客層の第二グループであった例は、どれくらいあるだろうか。例えば最近、自宅の居間に壁紙を貼る長所と短所をじっくり考えた末に、ペンキで塗るという選択肢を選んだなら、壁紙業界にとっては非顧客層の第二グループに当たる。あるいは、経営陣が新しい本社オフィスの床材を、木ではなく石にすると決めたなら、あなたの会社は木質床材業界にとって非顧客層の第二グループに当たる。

つまり、この条件を満たすのはいとも容易であり、大多数の人や企業が仮定ないし想像したり、推定したりするよりも、遥かに頻繁に起きている。それでも、この第二グループが、一度は背を向けた業界の顧客にどれだけなりやすいかを考えてほしい。彼らがじっくり考えて長所と短所を比べたという、何でもなさそうな事実が示すのは、その業界は今回は選ばれなくても、たいていの企業が思っているよりも遥かに振り向いてもらいやすいということである。自分の業界にとって誰が非顧客層の第二グループに該当するか、心得ているだろうか。あなたの業界の製品やサービスを検討した末に購入を見送ったのは、いったいなぜだろうか。

非顧客層の第三グループは、既存顧客から最も遠いところにいる。これら未開拓の非顧客層は一般に、これまで決して潜在顧客と見なされず、業界内のどの企業からも売り込み対象にされずにいる。なぜなら、この層のニーズとそれに関連する事業機会には別の業界が対応していると、常々考えられてきたからだ。

ここでもカード業界の例を引きたい。スクエアが登場するまでこの業界は一貫して、決済で重要なのは企業や店舗だと見なしていた。個人間の決済はどのようなものであろうと、まったく相手にせず放置していた。なぜなら、現金や小切手による決済は、他の業界が扱うものと決め付けていたからだ。何しろ、カード決済用のPOSシステムを自宅に導入する人など、いるわけがないだろう。

とはいえ、たいていの人は誰かに支払いをするために財布を開けて、現金を切らしていることに気づき、「クレジットカードが使えたらよいのに」と思った経験があるに違いない。しかし、ダメな場合はどうすればよいのか。仕方なく最寄りのATMまで急ぐのだ。このような人は皆、非顧客層の第三グループに相当する。ここに目をつけたスクエアが、簡単に使えて楽に持ち運べ、利用時のみ手数料を払えばよい、シンプルなスクエア・リーダーを武器に、この層の開拓に乗り出した。

スクエアと同じように、業界の非顧客層の第三グループに目星が付いているだろうか。あなたや、あなたの所属組織は、この層について十分に考えたことはあるだろうか。ぜひ熟考すべきである。なぜなら、ここにこそ開拓可能な非顧客が最も多く集まっているかもしれないのだ。

ただし、手短に注意点を述べたい。非顧客層の第三グループを「その他全員」と勘違いしてはならない。決してそうではないのだ。彼らはむしろ、あなたの業界が提供する基本的な製品やサービスをできれば使いたいか、そこから恩恵を受ける可能性があるが、現実的ではない、魅力がない、想像できない、などの理由により、本気で購入を考えたことのない人々である。

非顧客層の第三グループを特定する

非顧客層の三つのグループという分析枠組みを紹介すると、チームの何人かから真っ先に、ごく自然に「非顧客層の概念は、私達の業界にも当てはまりますか」という質問が出る。この概念は一般に、揺籃期の業界で事業を行う企業、あるいはそこへの参入を企図する企業の幹部にとっては理解しやすい。そのような状況下ではたいていのチームが、最初こそ各グループの主な非顧客類型を特定するのに苦慮したとしても、概念そのものの妥当性はすぐに理解する。例えば、アップルが初代iPodの設計を進めていた当時、MP3プレイヤーの非顧客層は膨大な人数に上り、既存顧客の人数を遥かに凌いでいた。

ただし非顧客層は、新しい業界だけでなくどの業界にも存在する。オーケストラや美術館はどうか、しばし考えて欲しい。かなりの規模の非顧客層が、間違いなく存在する。クレジットカード業界ではスクエアが、いかに多くの非顧客層がいるかを浮き彫りにした。CRMソフトウェアに関しては、セールスフォースを思い起こすとよい。アメリカの航空業界はというと、サウスウエスト航空が登場する以前の状況を考えれば分かるはずだ。コーヒー市場は、スターバックスが拡大したと断言できるだろう。他にも数え切れないほどの具体例がある。

このような質問をしたのは、非顧客層の三つのグループについて、理論的な概念を論じる段階から実務に活かす段階へと移るためであり、これは目指すべき移行である。自社の属する業界にとって、非顧客層の三つのグループとはそれぞれどのような人（あるいは組織）かを探り当てると、その目的を果たせるだろう。

基本概念から始める

まず、前項の説明と図表を参考にしながら、非顧客層の三つのグループを定義してみよう。チームの理解を深め、三つの層の概念が多様な業界にどう当てはまるかを示すために、専門以外の分野の事例をいくつも研究させるとよい。

図表9－2に、いくつかのレッド・オーシャン業界、すなわち前述のカード業界、これも既出のイギリスの慈善募金業界、翻訳業界、オーケストラ業界、各々の三つのグループを、紹介してある。チームに以下のように問いかけよう。「これらのレッド・オーシャン業界すべてに多大な非顧客層がいるのなら、我々の業界も同様だろうか」「少し距離を取って広い視点で見たら、自分達にとっての非顧客層が目に入ってくるだろうか」。チームの面々に、これら各業界の非顧客層に関する知見は自分達の業界にとっても決し

図表9-2｜多様な業界の非顧客層

	非顧客層の第1グループ	非顧客層の第2グループ	非顧客層の第3グループ
クレジットカード／デビットカード業界	カード払いに渋々対応する中小の小売店	カード払いに対応しない新興企業、小規模企業、自営業者	個人間の支払いニーズを抱えた人々
イギリスの慈善募金業界	ひっきりなしの募金要請に苛立つ高齢の富裕層	「実際にどれだけ慈善に回るか不明だ」として寄付を避ける若手プロフェッショナル	寄付など考えたこともない子供や低所得者
翻訳業界	ウェブサイト、パンフレット、製品資料などビジネス分野の翻訳に要する時間や費用、仕上がりに不満を持つ大手企業	ネットを介してほぼあらゆる国の人々が顧客になる可能性があるにもかかわらず、大多数の言語に関して、翻訳サービスを利用しようとしない中規模組織	コンテンツを翻訳すれば世界中の人々が読者や顧客になるかもしれないのに、翻訳サービスの利用など考えたこともないブロガーや小規模組織
オーケストラ業界	季節ごと、あるいは数年に1回程度、愛好しているからではなく、半ば義理でコンサートを鑑賞する人々	退屈、流行から外れている、仰々しいといった理由により、お金はあるがコンサートには行かない人々	クラシック音楽の知識がなく、「オーケストラは普通の人ではなく、主に高学歴エリートのためのもの」という印象を持つ、コンサートを聴きに行くなど思いも寄らない人々

て他人事ではないと納得させるために、質問は口に出してはっきり投げかけるべきである。事例について議論し、質問に答えることにより、チームは三つの非顧客層の意味と妥当性を、深く理解しはじめるだろう。これは通常、チームメンバーにとって背筋が伸びる経験である。「うちの業界には関係ないさ」という否定的な感情が、「この業界にも非顧客層はいるかもしれない」という驚きに変わるのだ。

自分達の業界と製品・サービスに視点を移す

自分達の業界にも多数の非顧客層がいる。こう気づいても、実際にどのような組織や人が非顧客なのかが、すぐに明白になるとは限らない。このため、非顧客層のプロフィールを掴むようチームに要請するよりも、まずは、業界の製品やサービスを購入、使用しているのは具体的に誰なのかを議論してみよう。チームメンバー全員（および組織の全員）が、すでに心当たりがあるはずだ。また、一般的にはかなり詳しい情報が得られるので、需要が全体としてどれだけあるかを考え始める際に、十分に参考になるだろう。

マーケターはよく、既存市場内の細かいデモグラフィック特性の違いを深く分析するが、ここで行おうとすることはそれとは違う。むしろ、年齢、性別、収入、家族構成、さらには法人向け事業の場合は組織規模などが、既存顧客のプロフィールを予測するうえで合理的な判断材料になるかどうかを、見極めるのだ。例えば、任天堂のＷｉｉが登場する以前のゲーム市場では、一四歳から二六歳までの青少年が主な顧客層だった。コミック・リリーフが参入する以前のイギリスの慈善募金業界では、高学歴・高齢の富裕層が主な寄付者だった。セールスフォースが殴り込みをかける前のＣＲＭソフトウェア業界では、フォーチュン五〇〇ないし一〇〇〇に名前を連ねる企業が、主要な顧客層だった。

この議論全体を通して重要なのは、焦点を全体像から逸らさず、瑣末な点に気を取られるのを防ぐことである。「ゲームの利用者層である青少年のうち、黒人、白人、ヒスパニックの比率はどれくらいか」といった点は、掘り下げなくてよいのである。このような点に関する議論や分析は、製品やサービスの改善につながるかもしれないが、既存顧客層の決定的な特徴からチームの目を逸らしてしまう。我々の経験からは、顧客を細かく分析した企業の多くが、全体像を掴み損ね、最大の顧客層の共通項を見落とすことが分かっている。

チームメンバーが既存顧客の複数のグループを特定したなら、彼らに全顧客とは言わないまでも、ほとんどの顧客が該当する幅広いカテゴリーを突き止めるよう、求めるとよい。要するに、既存顧客のセグメント間の違いをよりよく理解するという、普通はマーケティング部門が得意とする仕事を、自分達が改めて行うのは避けるのだ。むしろ目的は、既存顧客全体のおおまかな属性と共通点を十分に理解して、木ではなく森を見るようにすることである。

業界の非顧客層の三つのグループを特定する

さて、既存の顧客層から非顧客層へと話を移そう。三つの非顧客層の図解（図表9-1）を参考にしながら、各チームメンバーに、それぞれのグループにはどのような人や組織が属していそうかを考えて、答えを書き留めてもらおう。この作業を効率よく行えるように、無償の資料やテンプレートをwww.

blueoceanshift.com/ExerciseTemplates に用意してある。ダウンロードして活用してほしい。次のような質問を投げかけるとよいだろう。

①業界の縁にいて、仕方なく製品を使っているか、使用を最小限にとどめているのは、どのような人々だろう。

②この業界の製品やサービスを検討した結果、あえて背を向け、別の業界の製品やサービスによってニーズを満たすか、完全に諦めてしまったのは、どのような人々だろう。

③この業界が提供する効用から大きな恩恵を受けるが、現状の提供形態がふさわしくない、あるいは価格が高すぎるといった理由により、購入を考えたことすらないのは、どのような人々だろう。

多くの人にとって、非顧客層について体系的に考えるよう求められたのは、これが初めてだろう。これまで見てきた限りでは、非顧客層について考えた経験を持つ組織は、実際にはたいてい、業界全体の非顧客層ではなく、競合他社の顧客を念頭に置いている。「ライバル企業にはどのような顧客がいるのだろう。それらの顧客をもっと自社に引き寄せるには、どうすればよいか」と自問しているのだ。

しかし、これはブルー・オーシャン理論でいう非顧客層とは異なる。この段階で重要なのは、チームメンバーに非顧客層について真剣に考えさせ、何より業界の水平線の先に広がる広大な事業機会について、自分達はいかに少ししか知らないか、あるいは考えたことがないか、みずから気づいてもらうことである。

大がかりで正式な市場調査を外部委託して安心している組織が少なくない。従ってこの段階でしばしば「非顧客層の三つのグループを正確に把握するための参考として、正式な市場調査を行う必要はありませんか」という質問を受けるのも、不思議ではない。質問に答える代わりに、「ブルー・オーシャン・シフトの基盤をなすのは、チームが現場に出かけていってみずから発見した内容である」と思い出させよう。その狙いは、実体験に基づく学びと、現場で目の当たりにした状況への確信を、最大化することである。自分達の発見に基づく戦略は、熱心に実行される可能性が高い。なぜなら、チームが発する自信や信頼が組織全体に広がっていくからだ。

チームメンバーはたいてい、自力で苦労しながらこの課題をこなすことで、非顧客層の実像を十分に把握でき、「本当の意味で発想が広がった」と気づいて感激する。同様に重要な点として、これまでいかに既存顧客しか眼中に入っていなかったかにも、目が覚める。前もって調査を委託して、楽に答えを手に入れると、自分達の不見識にまず気づかず、ともすれば、実際には大切な事柄が分かっていないのに、「分かった、大したことではない」と片付けてしまう。自力で苦労して学び取ったものでないなら、たいていは、知見の価値を理解できず、みずからの寡聞にも気づかない。自分達が何を知っているか、何を知らないかを痛感させることが、知見や教訓を胸に刻み、大切にするよう促すうえでのカギである。

各チームメンバーが非顧客層のリストを作成したら、誰をどのような理由でどのグループに入れたのか、皆の前で考え方を公表してもらおう。ここでの目的は、非顧客層の各グループを構成するのは主にどのような人または組織なのか、チーム全体の見解を引き出すことである。注意点として、チームメンバーは依然として少し不安かもしれない。なぜなら、未知の世界に足を踏み入れたばかりか、同僚達の前で自分の考えを述べるよう求められているからだ。しかし、見識を広げるよう背中を押されているのだから、多少の不安はむしろ好ましい。各人が説明する三つのグループについての考えを記録して、全員の前に掲示するとよい。こうすれば皆がチーム全員の考えを目にすることができる。すると、同じ市場の現実について人によってどう見方が異なるのか、あるいは似通っているのかがよく分かるため、目覚しい効果がある。

誰をどの非顧客層グループに含めたか、その理由は何か。これを公表して議論すると、各グループの実像についての理解が深まりはじめる。併せて、従来の定義に基づく業界の垣根の外側に、未開拓の需要があり、そこに事業機会が潜んでいるという確信も深まっていく。一般に、互いの論拠が妥当かどうかを話し合ううちに、多数の顧客群が除外され、別の顧客群がグループ化される。こうして、三グループそれぞれを構成するのが主にどのような人ないし組織であるか、メンバー同士がほぼ合意する。ここまでくると、「業界の需要全体がどうなっているのか、十分な理解に到達しそうだ」という手ごたえが感じられる。

新規需要のおおまかな規模を見極める

今や手軽なグーグル検索により、ネット上で膨大な業界情報が入手できるため、チームは次に、製品やサービスを改良した場合にどれくらいの新規需要を掘り起こせそうか、その規模を把握する作業に取り掛かれるはずだ。チームをいくつかのサブチームに分けて、非顧客層の各グループのおおまかな規模に関係する、基本的な統計データを探してもらおう。各グループの相対的な規模はどれくらいか。一人当たり、あるいは一社当たりの支出に基づくと、各グループの潜在需要はどの程度と推計されるか。各サブチームに、この作業を三つの非顧客層グループおのおのについて実施してもらおう。

目的は、各グループに関する具体的な数字を突き詰めることではない。需要を開拓した場合、各グループが自社にとってどれくらい重要であるかを、おおまかに掴むことである。例えば、現状では規模が小さく、成長率が年一桁であるような非顧客層グループは、予測可能な将来において小さいままである可能性が高い。他方、例えば年率三〇％で着実に成長しているなら、たとえ現在は比較的小さいグループであっても、遠からず重要な非顧客層になる可能性を持っていると推測するのが合理的だろう。

この課題が完了した時点ではたいてい、非顧客層の各グループの特徴とそれぞれの潜在需要の相対的な規模について、かなりの程度まで合意ができており、当のチームメンバーも驚くほどである。その中身は、次の段階では修正されるかもしれない。例えば、各グループの潜在需要の相対的な規模が変化したり、新たに別の非顧客層グループが特定されたりするかもしれない。それでもなお、これまでに引き出した知見をもとにチームは、「新たな需要を創出する余地は確かにある」という手ごたえを感じると同時に、業界の垣根の外にある未開拓の需要についての理解がどれだけ乏しかったかを、痛感するのである。このような課題をこなす意義は、単に知見や確信が得られるだけでなく、チームメンバーがそれらの知見を速やかに得て、しっかり胸に刻む点にある。これはふつう、半日あるいは一日、通常業務を離れてどこかにカンヅメになれば達成できる。

非顧客層の三つのグループを探り当てる課題が、自社製品の潜在需要に関するチームの認識をどう変えるかを知るために、次は大学の教員が非顧客層を発見した事例を紹介したい。

大学にとっての非顧客層を発見する

アメリカのある四年制私立大学（仮に「CU」と呼ぶ）は、増加する一方の難題に悩まされていた。学生は主として、全米の下位二五％に属する低所得家庭の子供で、一族で初の大学進学を目指した人々であるため、CUには非常に重要な使命があった。ところが、退学率と運営費が上昇していた。学長はこの状況を改善するだけでなく、若者のための都市型大学の模範として規模を拡大したいと考えていた。

教員と事務方で構成するCUのブルー・オーシャン・チームは、ちょうど買い手の効用マップを作成し終えたところだった。その結果についてチームリーダーが「この業界には数々の問題点があります。原因は、前提が時代遅れであったり、見当違いであったりすることです」と告げると、あるメンバーが「その通り！」と声を上げた。「私達は上質な教育を提供していると自負しています。心血を注いでいますし、長時間働いています。ですから、それなりの学費を取っています。ところが、どれ一つとして大きな意味を持ちません。質とは、学生が何を得るか、学費が手頃であるかどうかを指すのです。しかも競争が激化しています」

チームリーダーが話を続ける。「問題は、在校生にアンケートを行えば、ブルー・オーシャンを創造して競争から抜け出すのに必要な答えが得られるのか、という点です」。メンバーは、在校生達は恐らく他大学の学生と同じ要望を示すだろうという考えですぐに一致した。つまり、学生寮の充実、キャンパスの活性化、教員の質的向上、教科や講座の選択肢の拡大、学食の改善などである。リーダーはこう結論づけた。「要するに、在校生に要望を尋ねて解決の糸口を見つけようとしても、今よりコストをかけた末に多少改善するのが関の山、ということですね。しかも、成長は見込めません。成長を目指すなら、市場の外側、つまり非顧客層に目を向ける必要があります。顧客が誰であるかは分かっていますが、では非顧客はどのような人々でしょうか。まずは、『我々の究極の目的は何か』に焦点を当てましょう。そうすれば何らかの答えが見つかるでしょう」

活発な議論の後にチームは、CUの究極の目的について全員一致で結論を出した。若者の将来の収入見通し、自信、社会で成功するための能力を、大幅に高めることである。「これが究極の目的であるなら、そして私達全員がそう心から信じているなら、この目的を前提にして、三つの非顧客層グループの主な構成者について、具体像を探りましょう」とリーダーは言った。

「第一グループは、CUに入学したものの授業や他の学生から刺激を受けず、張り合いを感じずにいる、聡明な学生達でしょう」とある教授が発言した。「彼らの間では、知的刺激を求めて他大学への転入を考える風潮が広がっています」

別の教授はこう言い添えた。「親からの援助の他に学生ローン、さらには政府の奨学金を利用する学生は、もっと大勢いますよ。ですが、金銭的な支援が途絶えると、すぐさま退学してしまいます。三年生あたりが多いです。我々も、他大学も、このような状況の打開を支援するための、働きながら通える充実したコースを設けていません。また、学費を手頃な水準に抑えるためのコストの大幅削減に、真剣には取り組んできませんでした。基本的には、標準的な四年制私立大学と同等のものを、少ない経営資源で提供しようとしているわけです。ですから、コストは高いのに質の面では妥協しています。そのうえ、人生を劇的に変えるために在校生がCUから必要とするものが、標準的な大学が提供するものと一致するのかさえ、はっきりしません」。室内に水を打ったような静けさが広がる。

非顧客層の第一グループについての議論が一段落し、全員が「自分の考えを聞いてもらった」と納得した後、リーダーは第二グループに話題を移した。「私立の四年制大学に背を向けているのは、どのような人々でしょうか」

チームの一人が「この層は物凄く人数が多いです」と指摘する。「私立大学よりも州立大学を選ぶ学生全員が、ここに該当するでしょう」。皆が頷く。非顧客層の需要は拡大していた。

しかし、議論はこれだけでは終わらなかった。教員の一人が「短期大学への進学を選ぶ人々はどうでしょう」と問いかける。「彼らもまた、人数が多く、非顧客層の第二グループを構成します。四年制への進学を希望していても、最終的には短大を選ぶのかもしれません。理由は、希望する進路や個人的な事情に沿うとか、その環境のほうが自分の適性を伸ばせると考えた。もしくは、単に四年分の学費を負担できない、といったところでしょうか。理由は何にせよ、彼らは非顧客層の第二グループを占める大勢の集団ですよ」。その場にいた全員が、分析や討議をいっさい経ずに、「非顧客層の第二グループには、既存市場よりも大きな需要がある」という見方で一致した。

チームリーダーは続いて、非顧客層の第三グループに話を移した。このグループを構成するのは、高等教育の究極の目的から恩恵を受けるにもかかわらず、進学など考えたこともない人々である。「具体的にはどういった人達がここに当てはまると思いますか」というリーダーの問いかけに、しばらくして身も蓋もない返事があった。「彼らは、CUの在校生と同じような境遇にありながら、まったく別の進路を選んだ人達でしょう」。CUの学部生の多くは、高校までの教育があまり充実していない、貧しい地区の出身である。経済的に困窮した地域の学生は一般に、大学進学を検討しようという意欲をくじかれ、豊かな地区ではごく当たり前の支援を、必要であるにもかかわらず滅多に得られない。にもかかわらず、このような若者にとって、貧困を脱するうえで最も有効なのは大学への進学なのだ。

これらの非顧客はどこにいるのだろう。チームメンバーからは、「軍隊」「肉体労働の現場」「布教の場」「小売店の店員をしているのでは」「起業したとか？」などなど、ありとあらゆる意見が出た。チームは、この第三グループが最も人数が多いはずだという意見で一致した。「この地域の他大学について考えてみましょう」とチームリーダー。「他大学は、非顧客層の三つのグループを理解しようとしているでしょうか」。メンバー達は「まったく考えていないでしょう！」と声を上げた。「ですから、どの大学も似たり寄ったりなのです」。通常の顧客層の外側、すなわち非顧客層の世界を見てみたいという熱気が室内に満ち、チームメンバーは早く次の課題に進みたくてうずうずしていた。

非顧客層の三つのグループの戦略的意味合いを理解する

この課題の全体的な意味合いを議論する前に、チームメンバーに各自の考えをまとめ、ひらめいた内容を書き留めてもらおう。続いて、ブルー・オーシャン・シフト全体に共通することだが、すべての論点を議論の俎上に載せて、全員を主体的に議論に参加させるために、書き留めた内容を発表するよう求めよう。こうすると、どれだけ饒舌な人がいても、無口だが洞察力のある人の意見が掻き消される恐れはない。そのうえ、各人に主なひらめきを記録して発表してもらうと、それまでに挙がった意見の適否を考えはじめるまでもなく、深い学びが得られる。

以下のようなよく練られた質問を順番に投げかけると、議論から最大限の成果を引き出せることが、これまでの経験からわかっている。

- 私達は何を学んだか。私達の業界や、狙いを定めた業界の各非顧客層グループには、どのような人または組織が属しているか。
- 既存の顧客層と比べて、非顧客層の各グループはどれくらいの規模だろうか。
- 三つのグループがそれぞれ小さいなら、ブルー・オーシャンを創造する余地は少ないのだろうか。それとも、潜在需要の規模という点で、三グループのいずれかあるいは全部が注目に値するのだろうか。

●製品やサービスを改良することによって開拓できそうな非顧客層グループのうち、最大の規模を持つのはどれだろう。
●買い手の効用マップから明らかになった効用阻害要因と、三つのグループのいずれかとの間に、関係性はあるだろうか。
●その阻害要因のせいで非顧客層グループは、目的を果たすために他の業界の製品やサービスに頼るようになったのだろうか。
●その場合、件の非顧客層グループを顧客層に変えるのに必要な条件を筋道立てて探れば、実際にそのグループを顧客として開拓できそうか。

チームメンバーは発見を振り返りながら、自分達の業界に非顧客層が背を向け続けている理由を、熱心に掘り下げようと思うかもしれない。「製品やサービスに追加したら新しい需要開拓につながりそうな要素は何か」といった疑問を抱くのである。これは、彼らが知的な関心を抱き、知見をさらに深めようと意欲を燃やしている証拠である。次の段階ではまさにそれを実践するのだと、メンバー達に伝えておくべきだろう。

ただし、熱気がみなぎってきたら、何を改めるとよいかについて仮説を立てるのは許可しながらも、「当面のところそれはあくまでも仮説に過ぎない」と念を押そう。こうすると、彼らは自分達の意向を汲んでもらったと感じる一方で、ブルー・オーシャンを開拓するための製品やサービスを開発するには、会議室でブレインストーミングをするだけでなく、地道な現地調査や体系的な手法が欠かせないと、察するはずである。このような念押しはたいてい尊重される。

業界を取り巻く環境や潜在需要について議論を重ねるにつれて、既存顧客の市場と、非顧客層の三つのグループの相対的な規模はどれくらいか、チームが具体的に理解し始めるだろう。それに伴い、既存顧客層の潜在需要よりも遥かに大きな需要全体に、関心が向くはずだ。

きっちり仕上げる

この課題の仕上げに、全員の考えを一致させ、主な教訓を各人の胸に刻みつける機会を新たに生み出すために、これまでのチームの足跡を簡単にまとめるのが望ましい。具体的には、現状の戦略キャンバスを活用したことにより、業界の現状、競争要因、競合他社と自社との戦略プロフィールの類似度合い（これはレッド・オーシャン化の原因と思われる）が明確になった点を、思い起こさせよう。

続いて買い手の効用マップの活用により、業界が現在どの効用スペースで競争しているかが明らかになり、併せて、既存顧客の利用抑制や非顧客層の離反を招いていそうな問題点が判明した。こうしてチームは、たとえ深掘りはしないと決めたとしても、簡単に解決できる問題を見つけ出したことですでに恩恵を受けている。

最後に、非顧客層の三つのグループという概念を活用することにより、製品やサービスを改善した後に、どれくらいの規模の潜在需要を開拓できそうか、それ相応の目安を得た。チームにも業界にも見えていなかった非顧客層が、見えるようになった。

この時点では一般に、チームの自信と能力はいっそう増している。メンバーは「レッド・オーシャンを抜け出す方法はあるし、ブルー・オーシャンを創造するために開拓すべき事業機会は、紛れもなく存在するだろう」と考え始めている。チーム内の力学も顕著に変わり始めているだろう。メンバー達は、リーダーやお偉方から背中を押されるまでもなく、みずから次の課題に取り組もうとしている。望ましい心理状態である。

こうして、視野を広げて可能性を思い描く段階を経て、次は、現実的、実践的なブルー・オーシャン戦略を生み出す段階へと入っていく。市場をじかに観察して、新しい需要ひいては市場空間を開拓する目的で、市場の境界を引き直すための六つの体系的なパスを探るのだ。さあ、始めよう。

STEP

4

目的地への道筋を見つける

第10章 市場の境界を体系的に引き直す

新しい価値コスト・フロンティアを思い描いて開拓するために、市場の境界を引き直し、事業機会の所在をめぐる話し合いの方向性を変えるには、どうすればよいだろう。どの組織も早晩、この問いに直面せざるを得ず、このうえなく革新的な組織でさえも例外ではない。ブルー・オーシャン・シフトに乗り出したチームは、この問いと向き合う素地ができたといえる。

チームメンバーはこれまでの取り組みを通して、ブルー・オーシャン・シフトのプロセスやツールの恩恵により、以前は見えなかったものが見えるようになり、チーム全体の自信が培われ、気づきや率直さが一段上のレベルに達したと、直感的に理解している。各人はブルー・オーシャン・シフトのプロセスに参加することで、自身の市場理解、ひいてはプロセスへの関与がどれだけ深まりつつあるかを、実感している。業界はレッド・オーシャンに陥り、そこから抜け出す必要に迫られているが、それについても恐らく明確に理解しているだろう。

競合他社と自社を比べて相手を倒そうと躍起になったせいで、未開拓の膨大な事業機会を見過ごしているばかりか、顧客に苦痛や不便を強いているせいで、業界の規模を抑制している様子に気づいている。従来と異なる発想により、既存顧客と非顧客への提供価値を飛躍的に高めれば、どれだけの需要を開拓できそうか、おおよその見通しを得ている。こうして、視野を広げて可能性を思い描く段階から、実際的なブルー・オーシャン戦略を立案する段階へ移る用意が、できているはずである。

この目的のために開発したのが、六つのパスというフレームワークである。狙いは、他の人々の目には熾烈な競争が展開されるレッド・オーシャンしか映っていない場合でも、事業機会を見つけられるように、作業をわかりやすくして、うまく組み立てることにある。この段階では、チームメンバーは市場に思い切って飛び込んで汗をかき、現場に立脚した地道な調査を行う。従来とは別の土俵で戦うための、行動につながる戦略を導き出す調査である。

ただ現場に飛び出せばよいというものではない。多様な答えを見つけたいなら、多様な質問を投げかけ、多様な人々の意見を聞く必要がある。相手から知見や洞察を引き出せるかどうかは、投げかける質問しだいで決まる。月並みな質問をすれば、月並みな返事しか得られず、レッド・オーシャンからの脱出は叶わない。前例のない革新的な発想を引き出すために、質問を工夫すれば、新規市場の創造に関する洞察が得られるだろう。これから述べるように、六つのパスはおのおの、質問の中身と相手を変えて、市場空間を新たな視点から眺めることを可能にする。

仮にあなたが、一方通行路をこれまで車で一〇〇〇回通ったため、「隅々まで頭に入っている」と自負しているとしよう。ある日、その通りを逆方向から歩いてみると、不意を衝かれる。初めて見るような住宅や、それまで気づかなかった民家の庭の高木、いつもの方向からは死角になっていた遠くの湖の絶景などと遭遇するのだ。これこそが六つのパスの効用である。これまでとは違った通り方を教えて、以前からそこにあったのに視界に入らずにいたものを、見えるようにするのだ。ずっと目と鼻の先にありながら見えていなかったものが見えると、ハッとするだろう。それと同じように、六つのパスの助けを借りて、同じ現実を別の角度から見る術を身につけ、ブルー・オーシャンにつながる事業機会を発見すると、悟りを開いたように感じる。

この分析ツールを開発したのは、市場の境界を引き直して商業的に旨味のあるブルー・オーシャンを創造した戦略的施策を分析した際に、いくつもの業界で繰り返し使われる手法の存在に気づいたからだ。それが六つのパスである。言うまでもなく、新規市場を創造する手法はこれだけではない。しかし、多様な業界の企業や組織と一緒に仕事をして助言を行う立場上、六つのパスがいかに有用であるかを目の当たりにしてきた。

六つのパス：新たな価値コスト・フロンティアをいかに開拓するのか

戦略立案の方法はどの組織も似たり寄ったりである。最初に行うのは業界分析である。新規参入はあっただろうか。需要は横這い、増加、減少のいずれだろうか。原材料価格は上昇しているか……。次に、自社と同じ戦略グループに属する企業、つまり、戦略や市場へのアプローチが似た企業に焦点を当てる。例えば、高級ホテルは他の高級ホテルの動向を、廉価ホテルは他の廉価ホテルの動向を、それぞれ見極めようとする傾向がある。ところが、高級ホテルと廉価ホテルは異なる戦略グループに属するため、互いに注意を払わない。こうして戦略のレンズはまたも狭まってしまい、自社やライバル企業の既存顧客ばかりに目が行き、それら顧客に特有のニーズをどう満たすかが焦点になる。このため必然的に、廉価ホテルは富裕層に注目せず、高級ホテルは中・低所得層を軽視する。

とはいえ、双方とも可能な限りよいホテルを目指すだろう。すなわち、業界におけるかねてからの定義に従って、どのようなサービスを提供するかを決めるのだ。このため、戦略グループの従来の方向性に沿った特徴を重視することになる。廉価ホテルは機能的で安価な部屋を用意し、高級ホテルはイメージと評判を高めるために洗練度を優先させるはずである。なお、業界を揺るがし適応を迫ってくる外部要因、例えば環境・安全問題の影響も考慮するだろう。

要するに、経営幹部はともすると、業界、戦略グループ、買い手グループ、製品やサービスの範囲、機能志向と感性志向、時間軸という、従来の六つの境界を前提として戦略の土俵を決め、事業機会を狭めてしまう。非営利組織のリーダー、政府の意思決定者、起業家、さらには出店の店主やプロフェッショナル・ファームでさえも、たいていは同じである。

しかし、どうあるべきか、何をすべきかは、境界によって決まるわけではない。境界は、現状を規定するだけであり、天与のものではない。人間が考え出したものだから、変えて構わない。しかし、時間の経

図表10-1｜新たな価値コスト・フロンティアを開拓するための6つのパス

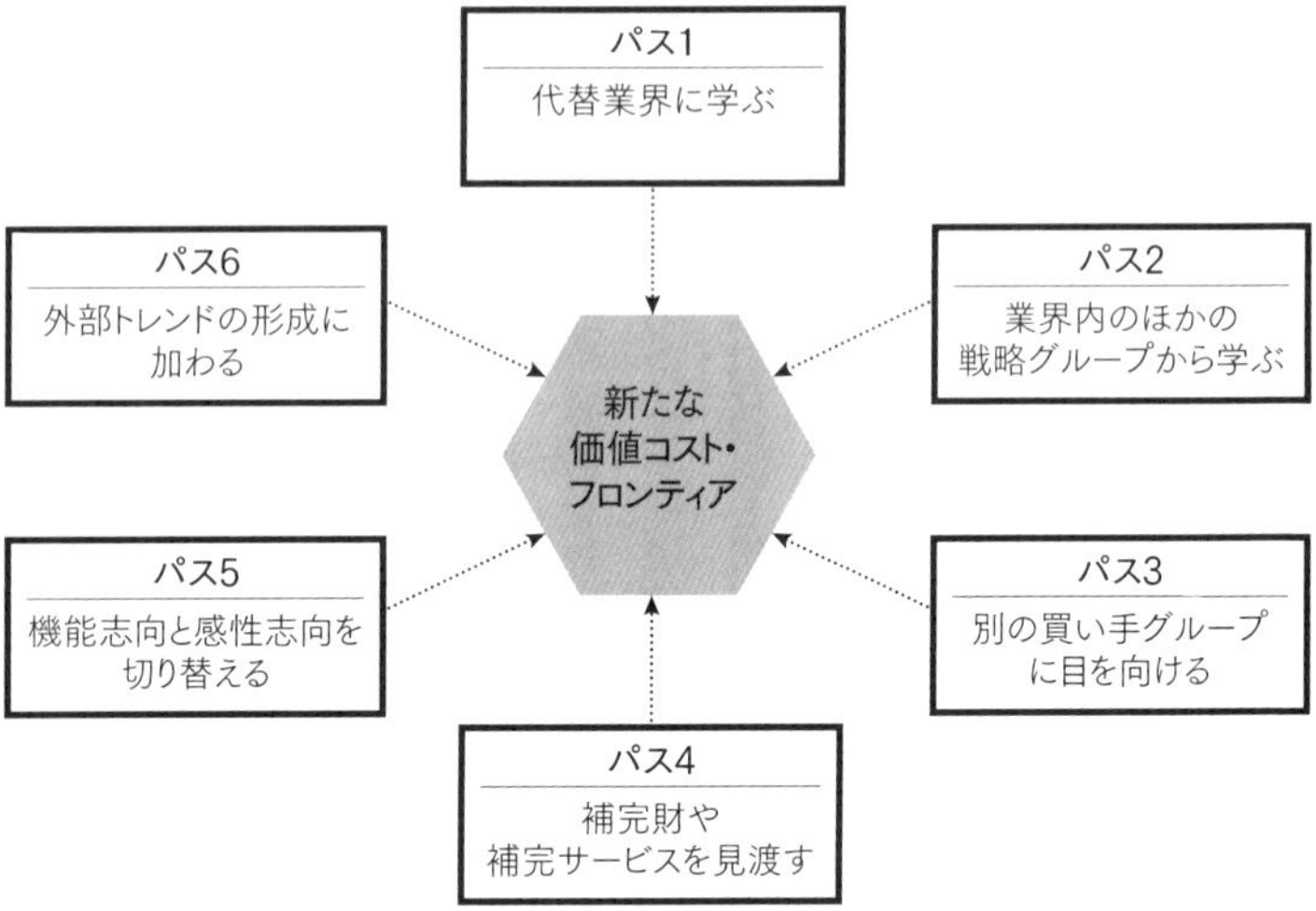

過とともにこの事実は忘れられ、人々は境界を永遠に変わらないものであるかのように見なし始める。個々の組織が引いた境界が概念的な檻のような存在になり、人々はそこに閉じ込められる。

けれども、境界は個別組織や個人が引いたものだから、発想を変える気さえあれば、引き直すことができる。**図表10-1**にあるように、六つのパスというフレームワークは、市場を見るためのレンズを変えて、新しい価値コスト・フロンティアを開拓するための、六つの体系的な手法からなる。

各パスは、境界の内側で立ち往生する代わりに、境界という自縛から抜け出す発想をして、ブルー・オーシャンの開拓に適した事業機会を見つける方法を説く。それと同時に、各パスを追求する際に何を見聞すべきかについて、経験に基づくアドバイスをする。
以下、六つのパスを個々に見ていく。

パス1：代替業界に学ぶ

◀レッド・オーシャンのレンズ
同業他社に着目する
↓
◀ブルー・オーシャンのレンズ
代替業界に学ぶ

企業は、同業他社や代替財の業界と競争している。買い手は購入判断を下す際に、意識的にかどうかは別として、代替関係にある複数の業界を比べてどちらかを選ぶ場合が多い。皺ひとつないパリっとしたシャツを着て、自分の印象をよくしたいだろうか。自宅でアイロンをかけるか、クリーニングに出すか、それとも皺にならない素材でできたシャツだけを買うか。ニューヨークからワシントンD.C.へ行くのに、飛行機、列車、自家用車、バス、いずれの移動手段を選ぶだろうか。消費者にとってこれは直感的な思考プロセスである。しかし、たいていの組織は硬直的な戦略レンズを用いているため、同業他社を打ち負かすことに躍起になり、レッド・オーシャンから抜け出せない。新たな価値コスト・フロンティアを開拓するには、代替業界を見渡して、買い手がどのような理由で製品やサービスを取捨選択するのか、理解しなくてはならない。

このパスの狙いは、製品やサービスがどのような問題を解決しているか、あるいはどういったニーズを満たしているかを見極めて、同じ目的のために非顧客層が頼る解決策や業界を数え上げることである。重要なのは業界内の代替案ではなく代替業界である。この点はぜひ肝に銘じてほしい。顧客が航空会社を取捨選択する理由を探るのではなく、むしろ、同じ役割を果たしたり、同じ問題の解決に寄与したりするが、形態の異なる代替業界に着目するのである。顧客による代替製品・サービスの取捨選択を左右する、価値の増減をもたらす決定的な要因は何だろうか。

現在の業界や、これから参入しようとする業界には、いくつもの代替業界が存在するかもしれないが、その中で最も潜在需要が大きい業界に焦点を絞るべきである。顧客を最大限に増やせるかどうかは非顧客層にかかっているため、彼らにインタビューをするとよい。

適切な代替製品や代替サービスを特定したら、どのような理由でそれらを取捨選択しているのか、顧客に尋ねる必要がある。業界はこれまで、既存の競争要因に期待するよう顧客を啓発し、ごくわずかな利益のために、それらの要因に些細な改良を加えようと熱心に取り組んできたが、この問いをきっかけに、意識的に増減すべき要因へと議論の焦点が移る。このように探求していくと、顧客は、業界の存在や規模がどの分野によってではなく、どの根本要因や基本的な効用によって支えられているかを、明らかにしてくれる。

たいていのチームはすぐに、代替業界の競争要因は多様であるにもかかわらず、人々がその業界に愛着を抱く理由は、多くの場合一つか二つであることを突き止める。例えば、ホームセンターで道具を揃えて

ＤＩＹ（日曜大工）をするか、電気工事士を手配するかは、どのような理由で決まるのだろうか。電気工事士に頼む場合は、自分に技術がないか、時間がなくてできないという理由が多い。ホームセンターに行く理由はただ一つ、安上がりだからである。

ここでの狙いは、自分達の業界ではなく別の業界の製品やサービスが選ばれる理由を掘り下げ、購入の決め手となる要素をうまく組み合わせる方法を探し、他の要素は減らすか取り除くかして、新しい市場空間を開拓することである。その市場は、潜在顧客が価値を置くものにきっちり焦点を合わせているため、商業的に成功するだろう。

念押しになるが、なぜ複数の業界を比較するのかという問いは、代替業界は何が違うのかという問いとは異なる。後者の問いは、文字通り「気が利いた」あるいは異彩を放つ数々の要素をあぶり出すかもしれないが、それらはほぼ無価値かもしれない。「気の利いたアイデア」に惑わされないためには、顧客が代替業界のうちいずれかを選択する際の理由に焦点を当て続けるとよい。その答えからは、差別化と低コスト、両方の条件を満たす、ブルー・オーシャン流の製品やサービスを開発するために創造するか取り除くかすべき、決定的な要素が見えてくるだろう。**図表10－2**に、パス１で踏むべきステップを示す。

図表10-2 | パス1の行動ステップ

STEP1 自分達の業界またはターゲットとする業界の製品やサービスが解決・対応すべき主な問題やニーズを、顧客の視点から特定する。

↓

STEP2 次に「これと同じ問題を解決するか類似のニーズに対応するのは、どの代替業界か」と質問する。ロールプレイングを行い、「もし自分が買い手だったら、この業界の顧客になると決める前に、どの代替業界と比較検討するだろう」と自問するとよい。こうすると、提供する側から購入する側へと視点を切り替えることができる。

↓

STEP3 どの代替業界が最も顧客数が多いかを見極めて、その業界に焦点を絞る。該当する代替業界の顧客にインタビューを行う。彼らが非顧客である。

↓

STEP4 顧客がなぜ、自分達の業界ないしターゲット業界と代替業界を比較したのかを、探り出す。選ばなかった業界の主な欠点と、選んだ代替業界の主な利点も聞き出す。

↓

STEP5 インタビューから得られた重要な知見を記録する。各パスの記録用テンプレートはwww.blueoceanshift.com/ExerciseTemplatesから無償でダウンロードできる。

パス2：業界内のほかの戦略グループから学ぶ

◀レッド・オーシャンのレンズ
戦略グループ内における競争上のポジションに焦点を当てる

⬇

◀ブルー・オーシャンのレンズ
自分達の業界ないしターゲットとする業界の戦略グループを見渡す

大多数の企業は、戦略グループないし市場セグメント内で自社の立場を強めようとして、ライバル企業との競争に邁進する。ホテル業界の例では、五つ星ホテルは他の五つ星ホテルを、三つ星ホテルは他の三つ星ホテルを、それぞれ凌ぐことに注力しがちである。しかし、これではレッド・オーシャンで犬掻きを続けるだけである。ブルー・オーシャン・シフトのカギは、顧客が戦略グループ同士を比べてどれか一つを選ぶ際の決め手が何かを、掴むことだ。これが分かれば、戦略グループの競争要因や、購入判断を左右する要因での差別化が可能になる。繰り返しになるが、重要なのは顧客が特定の企業を選ぶ理由ではなく、特定の戦略グループを選ぶ理由である。この点に着目すると、戦略グループ同士を比べてどれか一つに絞る際に、顧客がどのような取捨選択をしているかが見えてくる。顧客だけでなく、非顧客にとっても決定打となる要素を突き止めたなら、その要素を訴求して、他はすべて減らすか取り除くかすればよい。

健康管理業界は、大企業と保険会社に従業員の健康を管理するためのサービスを提供する、ＢtoＢ業界である。ヘルスメディアは、レッド・オーシャンと化したこの業界で破綻の瀬戸際に追いやられていた。経営の安定を図るため、やむなく八五人いた従業員を一八人にまで減らした後の二〇〇六年、新任ＣＥＯ

のテッド・ダッコは、ブルー・オーシャン手法を用いて、四年以内に売上高を五〇〇万ドルから一億ドルへ増やすという目標を掲げた。この業界には当時、二つの戦略グループが存在した。一つは主に健康を害した人を対象にした、疾病への対処法などの電話カウンセリングを行うグループで、もう一つは医療情報サイトのウェブMDのような、一般的なデジタルコンテンツを提供するグループである。

ヘルスメディアは、顧客が戦略グループをどう取捨選択するのかを探った。そして、数々の競争要因がある中で、電話カウンセリングを選ぶ理由として圧倒的に多いのは「役に立つから」であり、デジタルコンテンツを選ぶ理由は「安いから」であると突き止めた。要するに、電話カウンセリングを実施する企業は、典型的な差別化戦略を取り、主に病気を抱えた人に役立つサービスを高額の対価を得て提供しているのだ。対照的に、デジタルコンテンツを展開するグループは、お役立ち度のそれほど高くない、ありふれた健康情報を安価に提供するという、古典的な低コスト戦略を取っている。このような二者択一の結果、いずれの戦略グループのサービスもあまり利用されず、非顧客層の大海が生まれていた。

電話カウンセリングは健康状態の思わしくない人に対象を絞っていたため、利用者は非常に限られていた。大多数の人が必要とするのは、主に、高血圧、コレステロール過多、ストレス、鬱、不眠、過食など、慢性的な健康問題に関するカウンセリングである。そのうえ、この種のサービスは料金が高いため、雇用主としても大々的に取り入れるわけにはいかなかった。ありきたりなデジタルコンテンツはというと、有用性が低いため、こちらもあまり利用されていなかった。

ヘルスメディアは、どちらかの戦略グループで競争する代わりに、従来の二者択一の打破に乗り出した。

そして、デジタル健康コーチングという市場空間を新規に創造し、業界内に新たな価値コスト・フロンティアを切り開いた。非常に安価なデジタルコンテンツと、有用性が格段に高いオンラインの双方向サービスを組み合わせたのである。後者は、Q&Aを通して利用者の健康問題を把握し、各人に最も適した健康プランを提示する。しかも、デジタル健康コーチングは一般的な健康問題を扱ったため、ほとんどの人が対象になるという利点があった。この結果、顧客企業にとっての価値は飛躍的に向上し、有用性の高いデジタル健康コーチングを、多くの従業員に低コストで提供できるようになった。このブルー・オーシャンは極めて魅力的だったため、二年も経たずしてジョンソン・エンド・ジョンソンが触手を伸ばし、ヘルスメディアを一億八五〇〇万ドルで買収した。「四年以内に売上高一億ドルを目指す」という、元々非常に意欲的だった目標をも凌ぐ高額だった。

このパス２の分析を行う際には、規模の大きい順に二つの戦略グループを選んで比べるとよい。一般には、市場シェアが最も大きなグループと、利益ある成長を最も遂げているグループを選ぶとよい（両者が異なるなら）。規模は小さいが急成長を遂げるグループがある場合は、そこにも着目すべきである。

パス２の分析に取り掛かると、近年になって台頭した戦略グループがいかに多いか、あるいは、かつては市場を占有していた最古のグループを主力企業がいかに重視しているかなど、驚くべき発見をする例が非常に多い。テレビ（リアリティ番組、ネットフリックスやアマゾンなどの新興勢）、出版（自費出版、従来型の出版、電子書籍）、音楽業界（既存レーベル、ユーチューブ界のスター、子供のレコーディング）、自動車業界（テスラ、電気自動車、自動運転車）など、業界を問わず、消費者の選択肢は爆発的に増えて

図表10-3｜パス2の行動ステップ

STEP1	自業界またはターゲット業界の戦略グループを探り当てる。
STEP2	規模で見た上位2つの戦略グループに焦点を絞る。
STEP3	各グループの購入者にインタビューを行う。2つの戦略グループのうち一方を選んだ理由を探ろう。各グループを選ぶ決め手となった特徴を突き止めることに重点を置こう。同じ人々に、選ばなかったほうのグループに関して、主な短所や気に入らなかった点を尋ねる。
STEP4	以上から得た主な知見を記録する。購入者が挙げた判断要因を具体的に記す。

いる。したがって、業界の戦略グループを列挙しただけでも皆が本質に気がつく。これだけでも価値があったといえる。

このパス2は、比較的容易に理解、応用できる。ただし、セグメンテーションを好む企業は、往々にして木と森を区別するのに苦労する。競合関係にある製品やサービスの些細な違いをもとに、おびただしい数のグループを並べ上げる傾向があるのだ。セグメンテーションの罠に頻繁に陥るわけである。このような状況になったら、一歩下がって戦略の共通点を探すよう、チームに諭す必要がある。そうすれば、膨大な数の戦略グループをいくつかにまとめることができるだろう。

例えば健康管理業界では、電話でのカウンセリングを行う企業は、健康や問題行動など、重点を置く分野が異なっており、疾病管理を

図表10-4｜パス3の行動ステップ

STEP1 自業界あるいはターゲット業界の買い手、すなわち利用者、購入者、影響者がそれぞれ誰であるか特定する。

↓

STEP2 自業界あるいはターゲット業界が現在どの買い手グループを重視しているかを見極める。続いて、業界がほぼ見過ごしてきた買い手グループに、焦点を移す。

↓

STEP3 「見過ごされてきた」買い手グループに属する人々にインタビューを行う。価値のさまざまな定義を探る。業界が彼らに押し付けている最大の効用阻害要因とコストが何かを、掘り下げる。

↓

STEP4 「見過ごされてきた」買い手グループおのおのから得た知見を記録し、似たような回答をひとまとめにする。

イリップス・エレクトロニクスはブルー・オーシャンの創造に乗り出した時、業界のレッド・オーシャンが照準を合わせる企業の購買担当者から、大きな影響力を持つCFO（最高財務責任者）へとターゲットを改めた。フィリップスはCFOとの懇談を通して、購買担当者が重視していた蛍光灯照明の購入費用は、コスト全体のごく一部を占めるに過ぎないと知った。蛍光灯は水銀含有量が多いため、むしろ廃棄コストのほうが大きかったのだ。購買担当者は廃棄コストをまったく意識しなかったが、CFOはこれに着目していた。

　ここから得た知見をもとにフィリップスは、廃棄コストがゼロの環境に優しい電球の開発を思い立った。専用の廃棄場へ運搬する必要がなく、ふつうのゴミ箱に投げ入れればよいのである。続いてフィリップスは、価格と利益率が高いが総コストは低い、新型電球の購入を各社のCFOに勧めた。CFO達は社内に威光を示し、フィリップスの環境に優しい電球を購入するよう働きかけた。

「見過ごされた」買い手グループに属する人々に意見を訊く時は、普段と同じ環境を選ぶとよい。小売店員へのインタビューは、店の雰囲気、レイアウトがらみの課題、店員関連の課題、顧客の店内での振舞いや店員とのやりとり、レジでの所要時間などが分かるように、店内で行おう。こうすると、店員自身がはっきり説明できない事柄や、気づいてさえいない事柄をじかに目にすることができる。往々にして、部外者が新鮮な視点で観察すると、課題、機会、解決案を当事者よりも遥かによく見抜く。**図表10－4**にパス3の行動ステップを簡単にまとめてある。

パス4：補完財や補完サービスを見渡す

◀レッド・オーシャンのレンズ

業界が定義する製品やサービスの価値をもとに、その最大化に焦点を当てる

⬇

◀ブルー・オーシャンのレンズ

顧客が求めるトータル・ソリューションを見渡して、製品やサービスの価値を増減させる補完財や補完サービスについて理解する

製品やサービスが単独で使用される例は少ない。たいていの場合、その価値は他の製品やサービスの影響を受ける。ところが大多数の業界では、競合各社が業界の従来の境界内にひしめき合い、もっぱら、既存の製品やサービスの価値を最大化しようと躍起になっている。バリュー・イノベーションのカギは、製

品やサービスを選ぶ際に買い手が求めるトータルソリューションを見極め、ソリューション全体から、購入の手控えにつながる問題点や苦痛を取り除くことである。そのためには、製品やサービスの使用前、使用中、使用後の顧客行動を考えるのが近道である。

買い手が追求するトータルソリューションをより幅広く理解すると、未開拓の価値の源泉を新たに発見できる場合が多い。イギリスの電気ケトル業界を考えたい。電気ケトルは、午後のティータイムを愛するイギリス人にとって大切なものだが、この業界は低収益率と低成長にあえぎ、正真正銘のレッド・オーシャンと化していた。業界各社は長らく価格とデザイン性で勝負していたが、フィリップス・エレクトロニクスは顧客経験全体の理解に力を入れた。その過程で、イギリスの紅茶愛飲者が直面する主な問題は、ケトルそのものとは無関係な、水道水に含まれる石灰カスだと判明した。淹れ立ての紅茶を楽しむ前にしばしば、表面に浮く石灰カスをスプーンですくい取る必要があった。石灰カスはケトルそのものとは関係がないため、ケトル・メーカーはこの問題に対処しようなどとは夢にも思わなかった。

しかし、フィリップスが顧客経験全体を俯瞰して、顧客が必要とする補完財や補完サービスすべてを考慮したところ、石灰カスこそが効用を損なう要因であると判明した。そこで、取替式フィルターの付いたケトルを開発して、カップに注ぐ際に紅茶から石灰カスが取り除かれるようにした。この結果、フィリップスのケトルは低成長業界を高成長業界へと変貌させ、価格水準を引き上げ、取替式フィルターという継続的な収入源を生み出した。

この事例が示すように、利用者のもとを訪ねて、製品やサービスの使用前後あるいは使用中の状況をじかに確かめることは、決定的に重要である。なぜなら、これを実践して初めて、状況を最初から最後まで体験して、あえて語られることのない数々の手順や面倒に気づくのだ。

電気ケトルをどう使っているかを利用者に訊くと、「コンセントを差して電源を入れ、湯を沸かし、カップに注いで飲む」という返事だった。ところがフィリップスが利用者宅を訪問して観察すると、たちどころに石灰カスの問題が浮かび上がってきた。利用者にしてみれば、石灰カスはケトルとは何の関係もないため、この問題を指摘しようなどとは考えもしなかったのだ。他には、カスをすくい出す作業に慣れ切って、意識していない人々さえいた。ここでの教訓は、顧客に製品についての意見を尋ねると、相手は製品だけに焦点を当てるため、従来の製品やサービスの枠からはみ出す問題には触れない、ということである。

利用者を訪問する際に重要なのは、自宅、オフィス、工場などで相手と向き合い、質問攻めにすることではない。製品やサービスを実際に使う様子を観察して、どういった手順を踏むか、口には出さないが当然視する前提は何かを、あぶり出すのが重要なのである。顧客はどのような経緯や状況で製品やサービスを必要とするのか、あるいは利用したいと思うのかを、注視するとよい。何か不便はあるだろうか。価格が高すぎる、あるいは不安を感じるといった理由により、需要が抑制されていないだろうか。製品の使用前、顧客はどのような状況にあるだろうか。使用中の顧客や周囲の様子はどうか。使用後はどうか。

第8章で詳しく取り上げた買い手の効用マップは、これらの観察結果について考える際に有用である。なぜなら、業界の狭い発想を抜け出すための枠組みになるからだ。数々の知見につながるような観察を行

図表10-5｜パス4の行動ステップ

STEP1	製品やサービスが実際にどう使われているかを、使用前、使用中、使用後の状況を見て把握する。
STEP2	顧客が実際に製品やサービスを使う様子を観察する。観察を通して得た知見を記録する際には、効用阻害要因の発生頻度や重要性が分かるように、知見をいくつかに分類する。
STEP3	買い手の効用マップと非顧客層に関するツールを、観察の指針として活用する。
STEP4	得られた知見すべてを記録する。

い、語られざる未開拓の価値を見抜く方法を学ぶ術は、多くの人にとって自明ではない。しかし、効用を生み出す六つのテコや顧客経験の六つのステージをもとに発想すれば、広い視点に立った有益な観察の準備が整ったといえる。その主な目的は、効用阻害要因をすべて探り出すことである。電気ケトルと石灰カス、映画鑑賞とベビーシッター、航空機と空港までの地上交通、家庭用コピー機とコピー用紙の開梱のように、業界の従来の定義から外れた要因をも対象にするのだ。

非顧客層の最大グループについても調べるべきである。例えば、大手テレビメーカーが南アフリカ市場への参入を検討するに際して、現地の人々と意見を交換したところ、テレビを購入せずにいる理由はテレビそれ自体とはまったく無関係だと判明した。電力普及率が非常に低かったのである。そこでテレビと一緒に自動車用バッテリーを販売したら、多大な新規需要の開拓につながった。この種の知見は、非顧客層にじかにインタビューをして、彼らが直面する課題を目の当たりにすることによってしか、引き出せない。**図表10-5**に、パス4の行動ステップを挙げる。

パス5：機能志向と感性志向を切り替える

◀レッド・オーシャンのレンズ		◀ブルー・オーシャンのレンズ
業界の機能志向ないし感性志向の枠内で費用対効果を高めることに焦点を当てる	➡	自業界ないしターゲット業界の機能志向／感性志向を問い直す

同一の業界または戦略グループ内では、製品の範囲についての一般的な見方ばかりか、その魅力の源泉までもが、競合各社で似たり寄ったりである。一部の業界や戦略グループは、主に価格と機能性で勝負している。顧客の心に好ましい感情を芽生えさせようとして競争する例もある。前者は機能志向、後者は感性志向である。機能志向から感性志向へ、感性志向から機能志向へと切り替えるか、両方の特性を兼ね備えると、往々にして新たな価値コスト・フロンティアを開拓できる。

このような機会を掘り起こすには、まずは業界が機能志向と感性志向のどちらであるかを、明確にする必要がある。これは簡単にできる場合もある。例えば高級ファッションは、身につける人を「美しき上流階級」のような気分にさせることを狙っており、明らかに感性志向である。もっとも、業界各社が自分達の志向に慣れ切ってしまい、もはや確かめようとしない例もある。はっきりさせるには、業界の製品やサービスを自分達の言葉で語るのではなく、顧客や非顧客に彼らの言葉で語ってもらうとよい。そうすれば、機能志向と感性志向のどちらであるか、また、顧客の口から出た形容詞が業界内では何を意味するのか、その根拠も含めて理解できるだろう。

法律業界を考えたい。顧客に尋ねると、法律業界は機能志向だという返事が圧倒的に多い。好ましい感情をもたらすことを意図してはいないのだ。しかし、この場合の「機能志向」とはどういう意味だろうか。概ね、仕事を完結させるという意味だろう。ところが、法曹や法律事務所が機能志向で仕事をやり遂げると、多くの人の心に後ろ向きないし暗い感情が湧き上がってくる。繰り返し耳にする表現の上位三つは、「威圧的」(法律文書を解読できる人がどれだけいるだろうか)、「込み入っている」、「報酬が高すぎる」(一分当たりの報酬を設定して、しかも一五分ごとに四捨五入して請求してくる業界など、他にあるだろうか)である。では、感性志向に変わったらどのような可能性が開かれるか、考えてみよう。心地よく、分かりやすく、報酬が稼働時間ではなく提供価値に見合った法律関連商品やサービスは、どのような印象を与えるだろう。我々はとても素晴らしいという印象を持つ。

スーパーマーケットはどうだろう。この業界も一般的には機能志向とされている。すぐに思い浮かぶ三つの形容は、不快、必要悪、非効率(レジの長蛇の列、肉・魚売り場の手際の悪さなどを思い浮かべるとよい)である。スーパーマーケットが感性志向へ転換したら、どうなるだろうか。楽しいお出かけ、洗練、目の覚めるような手早いサービスなどを考えるとよい。これこそがパス5の肝である。つまり、機能志向

図表10-6｜パス5の行動ステップ

STEP1 業界が機能志向と感性志向どちらであるかを把握する。

↓

STEP2 自業界やターゲット業界の特徴は何か、顧客や非顧客に意見を求める。業界を機能志向ないし感性志向と見るのは主にどのような特徴によるのか、突き止める。

↓

STEP3 回答の共通点を探し、似たような意見をまとめる。

↓

STEP4 機能志向と感性志向を切り替えたらどうなるかを探る。

↓

STEP5 得られた知見すべてを記録する。

から感性志向へ、あるいは感性志向から機能志向への切り替えを行って業界を捉え直し、それを突破口にして、製品やサービスについての見方を改めるのだ。

顧客や非顧客が業界に抱く全般的な印象を探るには、「機能志向」「感性志向」のどちらがふさわしいかを、二者択一で回答してもらうとよい。さらに掘り下げて、その答えが具体的に何を意味するのかを把握するために、心に浮かぶ形容詞や特徴を三つ〜五つほど挙げてもらおう。回答からは、業界の印象を裏づける、あるいは強める要因の数々が見えてくるだろう。これに肉づけを行うと、業界の競争状況に関する顧客や非顧客の見方や体験は、自分達のそれとは大きく異なると判明するかもしれない。

続いて今度は、インタビュー相手やチームメンバーに、従来と逆の志向を持つようになったら業界はどうなるか、質問してみよう。すると、従来とは異なる魅力を打ち出す方法が見えてくるはずだ。たいていのチームはこのパス5を大いに楽しみながら活用する。**図表10－6**にパス5の行動ステップの概略を示す。

パス6：外部トレンドの形成に加わる

◀レッド・オーシャンのレンズ

外部のトレンドへの適応に焦点を当てる

⬇

◀ブルー・オーシャンのレンズ

自業界やターゲット業界に間違いなく影響を及ぼす外部トレンドの形成に加わる

どの業界も時の経過のなかで外部のトレンドから影響を受ける。最近では、外部環境に左右されない企業、非営利組織、政府機関は皆無に近い。ソーシャルメディアの興隆、肥満の増加、世界的な環境保護運動、多くの先進国における高齢化問題を考えるとよい。

外部環境の変化をみずから予測しようとする企業は少なくない。そのような企業は、観察中の変化に遅れまいとして、その時々の状況に適応する。ただし、変化を予測しても、新たな価値コスト・フロンティアの開拓につながる知見は、まず得られない。その種の知見を得るには、環境変化に応じて顧客が重視するものがどう変わるか、それによって長期的に企業のビジネスモデルにどのような影響が及ぶかを探るとよい。

例えばネットフリックスは、インターネットの飛躍的な速度向上を知り、映画作品を一本丸ごとリアルタイムで高速ストリーミング配信するサービスが、ほどなく普及を始めるだろうと予見した。観たい時にすぐに観ることのできる満足感と、極めて融通性の高い視聴体験を提供できる可能性があったのだ。その場の思い付きで別の作品に切り換えてもよいし、簡単で便利でもあった。事前にＤＶＤを注文し、到着を待ち、鑑賞後は返送するといった必要もない。言葉を換えるなら、ネットフリックスの元来のビジネスモデルは不要になるのだ。この気づきをもとに、ネットフリックスはオンデマンド配信に参入し、買い手にとっての価値を飛躍的に高めると同時に、ブルー・オーシャンを切り開いた。ネットフリックスのような企業は、将来を見通して、市場が現在提供する価値から今後提供できそうな価値へと視点を移すことにより、自社の将来を能動的に形成し、新たな価値コスト・フロンティアの開拓者を自任できるのだ。

この最後のパスの目的は、外部環境の変化に適応するだけでなく、トレンドをみずから生み出す側に回れるよう、組織を後押しすることである。ただし、圧倒的に重要なのは、重点を置くべきトレンドの見極めである。適切な問いを探り当てることも、やはり不可欠である。したがって、自分達の業界に決定的な影響を及ぼすのはどのトレンドであるかを、まずは明確にする必要がある。他の業界や世の中全般を大きく揺るがすトレンドが、自分達の業界にとっても決定的な意味を持つとは限らない。

例えばある企業は、独特なウォンツとニーズを持つミレニアル世代の影響力増大が、重要なトレンドであると判断した。確かにこのトレンドは、多くの業界にとって無視できないものである。しかし、リタイア世代向けの不動産を扱うこの企業にとっては、当面はほとんど関係ないといえる。世の中全般ではなく、あくまでも自業界にとって各トレンドが持つ意味を理解し掘り下げることが肝要である。

ただし、業界に大きな影響を及ぼすトレンドがすべて、機会の最大化とリスクの最小化を図りながらブルー・オーシャンを創造する上で役立つかというと、そうではない。したがって、さらに「このトレンドは巻き戻せるだろうか」「はっきりした軌跡を描いているだろうか」と深堀りする必要がある。例えば、原油価格は多くの業界に決定的な影響を及ぼすため、何カ月も下落を続けているなら、これに重点を置こうと考えるかもしれない。しかし、半年か一年後には上昇に転じると予想される合理的な理由があり、専門家も同じ見解であるなら、原油価格の下落というトレンドを前提にするのは賢明ではないだろう。

この事例のように、トレンドの先行きが極めて不透明であるか、トレンドが簡単に巻き戻されるような場合には、そのトレンドを前提にブルー・オーシャンの創造を目指すのは、非常にリスクが大きいだろう。

以上三つの条件を満たすトレンドに関しては、理屈通りの結果になった場合は提供価値にどのような影響が及ぶかを、自問しよう。業界や自社にとっての意味合いは何だろうか。例えば、グループセブが家庭用の電気フライドポテト調理器にパス6を当てはめたところ、肥満の増加とヘルシー志向の高まりという重要なトレンドが浮び上がった。これを受けて同社のブルー・オーシャン・チームは、既存顧客を対象に調査をしてもこのような問題意識がまったく示されなかったのは、「フライドポテトが高カロリー、高脂肪なのは当然だ」という思い込みがあったからだと悟った。そしてこの気づきをもとに、二つのトレンドが非顧客層に当てはまるかどうかを探った。これを機にチームは、油で揚げないフライドポテト調理器を製造すれば、新規需要の大海を開拓できると確信した。

決定的なトレンドが業界に及ぼす影響を探るには、そのトレンドから影響を受けた、あるいは受けつつある他業界に目を向けるとよい。仲介業者の中抜き、規制緩和、双方向市場の台頭といったトレンドはいずれも、多くの業界をすでに席巻している。それら業界の経験は、自社がどのような状況に陥りかねないか、どうすれば業界における価値の定義を変えてそのトレンドを味方に付けられるかについて、説得力溢れる知見につながるだろう。

パス6について最も多い質問は、「どれくらい先まで見通すべきでしょうか」である。この質問に対しては「従来と比べて遥かに有用な製品を生産、発売するには、どれくらいの期間が必要ですか」と訊き返すとよい。その答えから、決定的なトレンドを味方に付けたい場合に、どれくらい先まで見越しておくべきかが分かる。最も一般的なのは三〜五年である。

パス6で何より難しいのは、特定のトレンドが業界の既存製品・サービスの価値をどう左右するか、また、将来の製品やサービスを開発する際に何を考慮すべきかを、はっきり掴むことである。パスそれ自体の概念は掴みやすい。しかし、他のパスと違ってパス6の場合は、何を変えればよいかが早い時期に高い確度で判明せず、したがって、解決策が明確にならないのだ。この問題に対処するには、関係ありそうなトレンドについて個々に、「このトレンドがこのまま続いた場合、既存製品の特性のうち、意味をなさなくなるもの、あるいは買い手にとっての価値を損なうため、取り除いたり、減らしたりすべきものはどれか」「買い手にとっての価値を飛躍的に高めるために、創造したり、増やしたりすべきものは何か」と考

図表10-7｜パス6の行動ステップ

STEP1	自業界やターゲット業界に決定的な影響を及ぼしていそうなトレンドを、3～5ほど特定する。場合によっては、オンライン上での2次調査を許可してもよい。
STEP2	それらトレンドが自業界に当てはまるかどうかを議論して見極める。
STEP3	各トレンドについて、どれくらい可逆的であるかを議論、判断する。
STEP4	各トレンドが明確な軌跡を描きながら進展しているかどうかを、議論、判断する。
STEP5	自業界に関係があり、不可逆的で、明確な軌跡に沿って進展するトレンドすべての意味合いを列挙する。各トレンドが買い手にとっての価値のどれを変えるか、将来的に自社のビジネスモデルにどう影響するかを、詳述する。
STEP6	得られた知見すべてを記録する。

える必要がある。**図表10－7**にパス6の行動ステップの概略を示す。

六つのパスを活用する

アスリートは、「苦は楽の種」という言葉を折に触れて自分に言い聞かせるが、この言葉は六つのパスの活用にも当てはまる。六つのパスを活用すると目から鱗が落ち、天啓を受けたように感じる場合も少なくない。ただし、準備を怠ってはならない。果実は一朝一夕に得られるものではなく、一対一のインタビューを何度も行い、現場の様子を観察する必要がある。これは、ブルー・オーシャン・シフトの全体を通して最も時間のかかる作業だが、社内外を問わず誰かに肩代わりさせるわけにはいかない。チームの耳や目になりうる委託先は存在しないのだ。

パス6から得られる知見はチーム自身による現場視察に根差すものであるため、勇気や確信につながる。したがって、このプロセスを端折ろうという誘惑に負けてはいけない。端折ってしまうと、取り組みの意義を損ない、手に入れた知見と自分自身の両方を軽く扱うばかりか、戦略をうまく遂行するという取り組み全体の目的さえ台無しにするだろう。以下に六つのパスの活用手順を示す。

大局観から始める

まずは、この段階では目標が依然として大局的なものであることを、チームに説明しよう。チームは業界の境界を引き直し、新たな価値コスト・フロンティアを開拓するために、糸口になりそうな知見を探しており、最終解を求める段階には至っていない。六つのパスは、どのような知見を探す必要があるかを知るうえでの、手がかりを示してくれる。

この念押しは大きな意味を持つ。というのも、もしチームの皆が「すぐに解決策を見つけ出すのが目的だ」と考えたなら、解決策が浮かばない場合には容易に意気消沈し、問いかけられている中身の重さにすくんでしまう人が続出すると予想されるのだ。このプロセスが大多数の組織における戦略立案と大きく異なる点を、忘れてはならない。市場と向き合った際に、チームメンバーがすくんだり、げんなりしたりしたら、熱心な探求を怠り、おざなりに手順を踏むだけだろう。したがって、楽しさを演出して、「探偵のように手がかりを探り出すのだ」と全員に伝える必要がある。「皆がどことなく落ち着かないのは予想通りで、決して珍しいことではない」と言って、安心させよう。

チームを二つに分ける

各パスを辿るには時間を要する。チーム全員に六つすべてのパスを辿らせようとすると、時間がかかり過ぎるため、ブルー・オーシャン施策にほぼ専念している場合を除き、大多数の人は対応できなくなってしまう。チームを二つに分けておのおのに三つのパスを割り振ると、格段に取り組みやすくなる。「どちらのチームがよりよい仕事をするか」という健全な競争が起きるため、楽しさが増し、得られる知見の質も向上する。課題の割り振りが偏っていて、本来業務の負担を考えると現実的ではない、といった不満も和らぐ。

チームを分けるに先立って、以上のような理由を全員に説明しよう。そうすれば皆は、「リーダーはチームが背負う課題をよく理解し、質の高い仕事を期待している」「課題を達成しやすいようにチームを分割するという実際的な方法を取り、モチベーションを引き出してくれた」と感謝するだろう。「沈黙は金なり」とは限らない。チームを分割する理由をきちんと説明しよう。

六つのパスすべてを紹介する

全員に六つのパスすべてを紹介し、各パスで探るべき事柄を説明しよう。全員が全体をおおまかにせよ知っておくことは極めて重要である。そうすれば、チーム外の人々からブルー・オーシャン施策の状況を聞かれた際に、気の利いた返事ができる。「もう一つのサブチームが何をしているのか、分かりません。チームリーダーは何も教えてくれませんでした」というと、不安を招きやすいが、他のサブチームの取り組み内容が分かっていると、皆を不安に陥れずに済む。加えてサブチームのメンバー達は、対等なパートナーとして扱われ、自分達の認識が尊重されていることに感謝するだろう。この結果、取り組み意欲が高まり、不安が小さくなり、チーム外の同僚達とも最新情報を共有しようとするはずである。

今後のプロセスを説明する

六つすべてのパスの理屈を全員が理解したら、サブチームに課題を割り振る番である。リーダーの裁量で割り振ってもよいが、クジ引きによって本人達にどのパスを担当するかを選んでもらう方法もある。往々にして後者のほうが望ましい。自分達で選ぶのだから、公正なプロセスだと感じられる。サブチーム内では、どのパスから取り掛かるかについて意見を摺り合わせ、そのパスの作業が完了してから次のパスに移るべきである。

各サブチームは、担当するパスについての作業プランを、最初のパスから順番に作成するのが望ましい。まずは、図表10－2〜7に示した、各パスの理屈とステップを再確認しよう。この作業の助けになるよう、www.blueoceanshift.com/ExerciseTemplates に無償の関連資料やテンプレートを用意してある。ダウンロードのうえ活用してほしい。テンプレートは、現場へ出かけて非顧客や顧客にインタビューを行う際に、どのような質問を投げかけるべきかの指針となるだろう。質問を通して得た知見を有意義にまとめるうえでも役立つはずだ。

各パスについて各自で探求した後に知見を持ち寄り、ふたたび各自でより幅広い知見を集めてから全員でそれらを取りまとめよう。こうすると、各人がおのおの非常に豊富な知見を引き出すと同時に、協働を通してその大きな傾向や興味深い特異性を掘り起こすことができる。

パス1を例に取ると、まずは各自が主な代替産業を列挙したうえで、全員でパス1の基準に沿って、詳しく調べる対象として最もふさわしい業界を絞り込む。続いて、手順に沿って個々のメンバーが顧客や非顧客にインタビューを行い、その内容を取りまとめる。こうすると集団思考を避け、集合知を引き出すことができる。同じようなやり方は他の五つのパスにも当てはまる。

作業プランの一環として、どの非顧客や顧客を観察やインタビューの対象にするか、明確にしておくべきである。対象が重複するのは望ましくないのだ。再びパス1を例に取ると、あるサブチームが長距離航空会社を分析対象の代替業界として選んだなら、誰がどの長距離航空会社の顧客にインタビューするかを決めて、メンバーのインタビュー対象が重複しないようにする（これらの顧客は実質的には、焦点となっている業界の非顧客である）。この現場調査では観察対象を写真や動画に撮り、店舗を訪問しよう。つまり、現場で真実に肉薄するのだ。長距離航空会社の例では、空港に行って、長距離フライトのチェックインを済ませた人々とじかに話をするとよい。チェックインを担当する空港職員とも言葉を交わし、人々がなぜ他の手段よりも長距離便を選ぶのかについて、見解を聞き出すとよい。探偵になったようなつもりで、楽しみながら任務に専念しよう。

各パスに関して、サブチームは何人にインタビューすべきだろうか。一般には一〇～一二人だが、「非常に実り多いから」と一五人にインタビューを行う例もある。最初のパスの初回インタビューは、大半のメンバーにとって新たなスキルを習得する機会でもあるため、一般には最も難しい。したがって、くじけずに続けるよう、言葉をかけるとよい。個々のパスのインタビューを終える頃には、各人はインタビュー相手の話に何らかの主題や、いくつかの独特な内容を見出すようになる。それらは、皆がインタビュー結果を持ち寄った際に、有用な中身だと判明する例が多い。したがって、独特な内容を軽んじずに、確実に記録しよう。

六つのパスのインタビューは、大規模な調査をして顧客理解を深める手法に慣れた人々にとって、最初は野暮に感じられ、嫌気さえさすかもしれない。その場合は、気持ちは分かるが辛抱して最後までやり抜くよう諭そう。彼らはすぐに、この現場インタビューから得た知見に感激して、やる気をみなぎらせるはずである。これまでに例外に接したことはない。

知見を最大限に引き出すには、「売り込み」をしないようチームメンバーに釘をさそう。インタビュー相手を観察し、後に従い、当然ながら謙虚に問いかけるように、と。顧客や非顧客が率直な意見を述べ始めたら、身構えるのではなく、素直に耳を傾けることが必須である。否定的な返事が戻ってきたら、最大限の知見を引き出すためにさらに掘り下げよう。否定的な意見には事業機会が潜んでいることを、メンバーに口を酸っぱくして説こう。そうすれば彼らは、否定的な意見の本質とそのような意見が出てくる理由を、とことん突き止めようと思うだろう。

会った人、観察した人、インタビューした人すべての知見や返事をその場で記録するよう、念を押そう。後からでは、記憶が曖昧になりかねない。狙いは世の中を新たな視点で眺めることである。どのような観察も決して無意味ではない。ごく些細なものに思えても、後にブルー・オーシャンの創造につながる重要な知見だと判明するものは、少なくない。「イギリスの水道水に石灰カスが含まれている」というささやかな観察が何回となく積み重なった結果、フィリップス・エレクトロニクスは取替式フィルターを取り入れて、ブルー・オーシャンを創造したではないか。

パス1、2、3はそれぞれ、代替の業界、戦略グループ、買い手グループに属する、観察やインタビューの対象とすべき非顧客層を指し示す。パス4、5、6では、第9章で特定した非顧客層のうち最大のグループ、ないし規模が一、二位のグループをインタビューすべきである。一つのグループに絞るか、二つのグループを対象とするかは、各グループの相対的な規模によって決まる。あるグループが、どう見ても他の二つよりも遥かに大きい場合は、その最大グループだけに焦点を当てることを推奨する。さもなければ、上位二グループを対象にするとうまくいくだろう。

次の段階

市場の生の声を拾った後は、どうすれば眠ったままの価値を革新的な手法で引き出せるかについて、数々の新鮮な知見が集まっているはずだ。チームメンバーの大多数はまた、現場で学んだ事柄に触発されて、知って間もない新たな発想から知的な刺激を受けているだろう。

そこで次は、ステップ4の後半に移り、これまでに集めた知見を活かして従来とは異なる具体的なブルー・オーシャン施策を立案する方法を説明していく。その過程では、価値とコストの二者択一を打ち破り、新たな価値コスト・フロンティアを開拓するうえでのカギとなる、四つのアクションを紹介する。さあ、前進を続けよう。

第11章
代替となるブルー・オーシャン戦略の立案

六つのパスを用いて市場を探索した後、ブルー・オーシャン・チームは一般に、疲れてはいても気分は高揚している。業界のかねてからの競争要因は、過剰に提供されているか、もはや的外れであることが分かっている。市場セグメンテーションは長年にわたって当然視されてきたが、戦略グループ間の共通点の多さが浮き彫りになったため、現在では疑問視されている。従来は脇役扱いだった補完的な製品やサービスは今や、革新的な価値を引き出すための強力なテコになり得ると認識されている。つまり、チームは熱意や「やればできる」という意識をみなぎらせており、組織全体も何らかの形で同じような感情を抱くだろう。

特に顕著なのは、皆が主体的に話をする点である。ブルー・オーシャン・プロセスがもたらす知見について、報告書やデータを引用するのではなく、実話を詳しく紹介するのだ。色彩、固有名詞、場所などを織り交ぜながら、具体的な観察結果を紹介するため、それを聞いた組織内の他の人々も業界慣習について熟考して疑問を抱き、観察結果に心から納得する。

ここまできたら、あとはチームの知見や見解をもとに、ブルー・オーシャン創造のための優れた具体的戦略を立案すればよい。この目的のために、四つのアクションという分析枠組みを紹介する。この枠組みを用いると、チームが市場調査を通して突き止めた事柄を、差別化と低コスト両方を実現するための、具体的行動につながる戦略オプションへと落とし込むことができる。

四つのアクション

図表11－1にあるように、四つのアクションという手法は、カギとなる四つの問いに根差している。これらの問いと向き合うと、業界の戦略ロジックやビジネスモデルに疑問を持ち、差別化と低コストの二者択一を乗り越えるブルー・オーシャン施策を見つけることができる。以下、四つの問いを簡単に説明したい。

業界常識として製品やサービスに備わっている要素のうち、取り除くべきものは何か

この最初の問いを掘り下げると、長らく業界の競争要因であり続けてきたが、六つのパスを用いた現場調査から「あまり意味がない」と判明したものについて、取り除くことを検討せざるを得なくなる。それ

図表11-1 | 4つのアクション

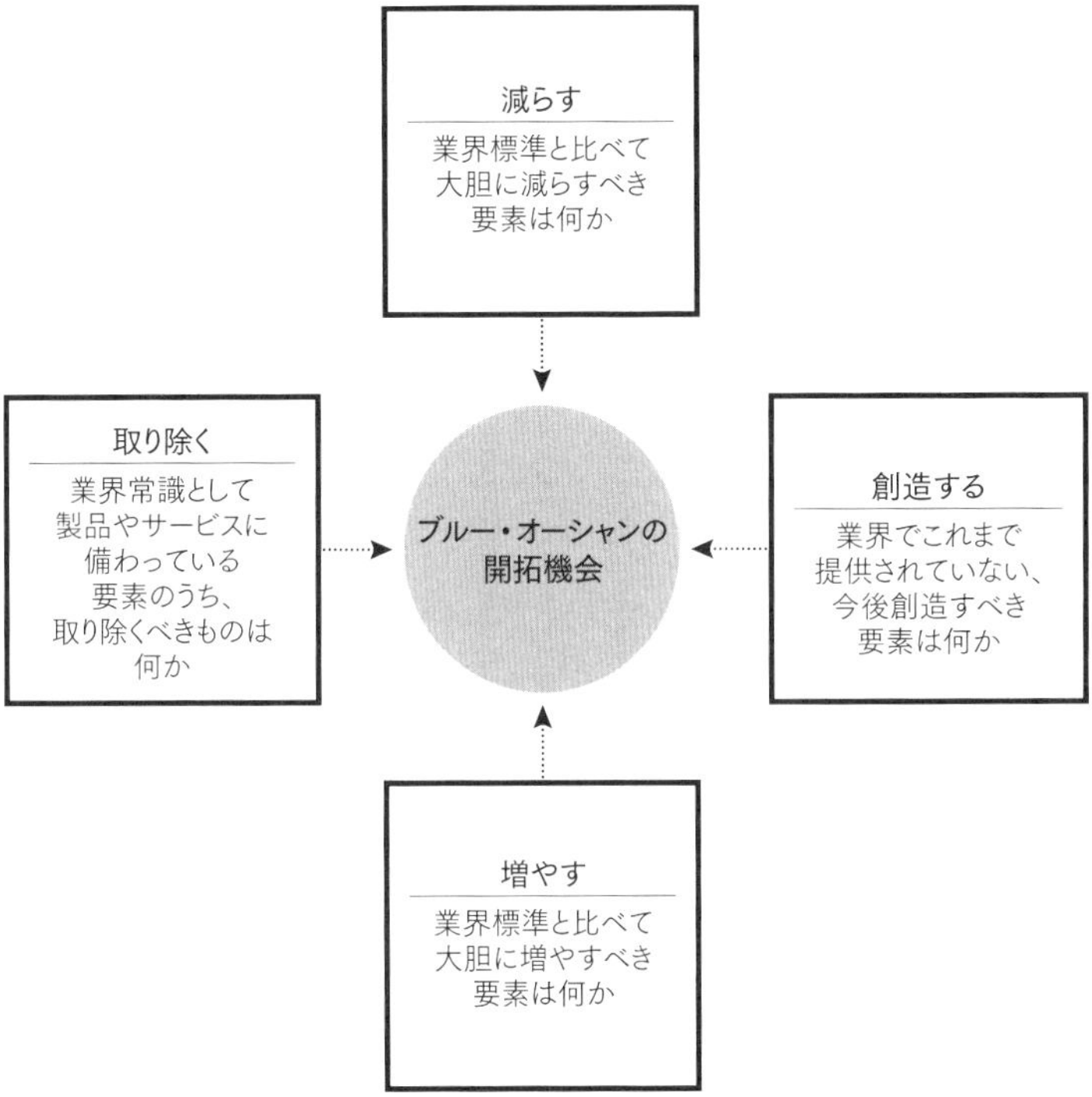

らの要因はもはや付加価値を生まないか、むしろ価値を低減させるかもしれないが、長年の業界慣行であるため、ほとんど疑問視されない。あるいは、各社とも他社との比較に懸命になるあまり、買い手にとっての効用の根本的な変化に対応しないばかりか、気づきさえしない。

このような要因は、ほとんど利益に貢献しないにもかかわらず、コストを押し上げるため、取り除けば多大なコストを削減できる。

業界標準と比べて大胆に減らすべき要素は何か

この問いは、競合他社に追いつき追い越そうとするあまり、製品やサービスに余計な要素を盛り込んでいないかを、見極めるきっかけになる。顧客に奉仕しすぎて、無駄にコストを押し上げているのだから、こうした余計な要素を減らせばコストをいっそう削減できる。

業界標準と比べて大胆に増やすべき要素は何か

この問いは、業界がこれまで顧客に強いてきた不都合をあぶり出し、それを解消する方向へとチームを導く。不都合は通常、「買い手は特定の要素を、製品やサービスに標準的に備わっている以上に求めている」という事実を業界が見落としているせいで生じる。ところが、標準は規範と見なされるせいで、誰もそれを疑おうとしない。

業界でこれまで提供されていない、今後創造すべき要素は何か

この最後の問いは、まったく新しい種類の価値を提供し、非顧客層を顧客層に変えることによって、新規需要を創出するきっかけとなる。

「取り除く」「減らす」に関する最初の二つの問いからは、競合他社との対比でコストを減らす方法が見えてくるだろう。対照的に、「創造する」「増やす」に関する残り二つの問いは、買い手にとっての価値を飛躍的に高める契機になる。

とりわけ重要なのは「取り除く」と「創造する」である。なぜならこれらは、主に既存の競争要因を増減させて価値を高めようとする従来の手法にこだわらず、価値創造の新しい手法を模索するよう、チームに促すからである。「減らす」か「増やす」だけに重点を絞れば、買い手にとっての価値を高め、ひいては既存業界で競争優位を築くことさえできるかもしれない。しかしそれでは、業界全社が競って提供する主要素は従来と同じであるため、既存の競争ルールを無効にはできないだろう。

新たな価値コスト・フロンティアを開拓して競争から抜け出すには、既存の要素を取り除き、新しい要素を創造することによって、未知の価値を買い手に提供する必要がある。(訳注)

ブルー・オーシャン・チームに差別化と低コストを同時に追求させる狙いから、四つのアクションを補完する、ERRCグリッドというツールを考案した。ERRCとは、取り除く（eliminate）、減らす（reduce）、増やす（raise）、創造する（create）の頭文字をつなげた呼称である。これら二つのツールを

併用すると、チームメンバーが現場で得た知見や観察結果をもとに、ブルー・オーシャン・シフトの実践に必要な、具体的な戦略アクションを生み出すことができる。四つのアクションすべてではなく、一部にしか注目しなかった場合、グリッドには空白が生じるため、それがチームに対する警告ないし注意喚起の役割を果たす。では、このプロセスの意義が分かるように、以下で詳しく説明していきたい。

ブルー・オーシャン戦略の開発例

シチズンMホテルズの共同創業者マイケル・レヴィは、「レッド・オーシャンとは、まさにホテル業界を指す言葉だろう。赤いなんてものじゃない。真っ赤もいいところだ」と語った。四つ星ホテルの設備やサービスは、五つ星ホテルのおよそ五分の四。三つ星ホテルは四つ星ホテルのおよそ四分の三。……同様に、一つ星ホテルは二つ星ホテルの約半分である。つまり、いずれのホテルも同じ要素を武器に競争しており、提供度合いが違うだけなのだ。マイケル・レヴィは「この業界では、壁の色や、歓迎の意を込めて客室の枕の上に置くチョコレートの種類を変えただけで、イノベーションを実践した気になる」とも言っていた。

彼は二〇〇七年に、共同創業者兼CEOで最大の出資者でもあるラタン・チャダと共に、旅行、出張、週末のショッピング、見知らぬ地の探索など、さまざまな目的で頻繁に旅をする人々、すなわち「モバイル・シチズン」の増加に着目し、彼らを取り込むために新たな価値コスト・フロンティアの開拓に乗り出した。二人ともホテル業界に初めて参入するにあたり、かつてない種類のホテルを引っさげてブルー・オーシャンを創造したいと考えた。

チャダとレヴィ、および部下達は、モバイル・シチズンの多くが、三つ星ホテルまたは高級ホテルを頻繁に利用していることを突き止めた。そして、ブルー・オーシャン創造の機会はこれら二つの戦略グループにあるのではないかと察知して（パス2）、この顧客層が三つ星ホテルと高級ホテルをどう比較、選択するのかを理解したいと考えた。探っていくと、数々の知見が集まり始めた。

以下にその様子を簡単に紹介しよう。

「三つ星ホテルよりも五つ星ホテルを選ぶのはなぜですか。宿泊料金が理由でしょうか」

「料金ですって？　とんでもない。わざわざ高いお金を払いたい人なんているのでしょうか」

「では、ベルボーイやドアマンがいるからですか。五つ星ホテルのほうがたいてい、彼らの愛想がいいですから」

「それはそうかもしれませんが、私が三つ星よりも五つ星を選ぶ理由は、別のところにあります。私から見ると、ベルボーイに荷物を部屋まで運んでもらうと時間がかかり過ぎますし、いつでも渋々チップを払う羽目になります。荷物が多い時は確かに助かりますよ。ですが、私は旅慣れていますから、荷物は軽いのです。荷物は自分で運んだほうが、便利で簡単だと思っています。ドアマンについても同様です。居たらよいかもしれませんが、それを理由に五つ星ホテルを選ぼうとは、私は思いません」

「フロントの対応は考慮しますか」

「しません。五つ星ホテルでさえも、たいていはフロントで待たされますから。それに、チェックインの際には、係の人が私を品定めしているように感じます。私はそれが嫌です」

「コンシェルジュはどうでしょう。宿泊先を決める際に考慮しますか」

「しないですね。グーグル・マップ、それからレストランや旅行情報のアプリがあれば、コンシェルジュに訊くよりも、自分で調べたほうがたいていは早いです。それに最近では、コンシェルジュも同じアプリを使っていますから」

「五つ星ホテルを選ぶのは、三つ星ホテルよりも館内のレストランが充実しているからですか」

「違います。館内にレストランがあるのも悪くはないですが、私の場合は外で食べることが多いです。五つ星ホテルは立地が素晴らしいですしね」

「ということは、立地を重視しているのですか」

「その通りです。私にとっては立地の良さは大切です。五つ星ホテルはふつう一等地にありますので、その点に惹かれます」

「ルームサービスはどうでしょう」

「たいていは高くて、しかもかなり待たされます。やむを得ない場合にしか使いません」

「インターネットと電話はどうですか」

「大きな不満の種です。高級ホテルは泊まるだけで高い料金を取るわけですよ。それなのに、ネットや電話を使うとさらにとんでもなく高い料金を請求する、詐欺まがいのホテルが多いのです」

「部屋の広さは気にしません。大切なのはむしろ、上質なベッドとシーツ、静けさ、それから使いやすいシャワーです。シャワーの水圧はとにかく何とかして欲しいです！」

「三つ星ホテルを避ける最も大きな理由は何ですか」

「とにかく心惹かれるものがありません。どこも似たり寄ったりで、可もなく不可もないように感じます。高級感、美感、上質感……これらが、私が五つ星ホテルを選ぶ最大の理由です」

要するに、ホテル業界は実に多くの要素で競争し、みずからランク付けを行ってきたが、頻繁に旅行をする人々が三つ星よりも五つ星を選ぶ決め手は、三つに絞られることが判明した。そこで感じる豪華さや美しさ、贅沢な睡眠環境、最高の立地である。

逆に、五つ星を避けて三つ星を選ぶ理由を探ると、宿泊料金が第一位で、次が「五つ星ホテルは格式張っていて、よそよそし過ぎる」というものだった。「あまりに堅苦しいのです。一挙手一投足に気を使わなくてはならないような……。私にとっては洗練されすぎていて、気が休まりません」

チームは以上の知見を明快な行動と具体的な戦略につなげるために、取り除く、減らす、創造する、増やすという四つのアクションの対象とすべき要素を見極めた。すると、いくつかの興味深いパターンに気づき始めた。

例えば、五つ星と三つ星どちらの顧客も、フロント、コンシェルジュのサービス、ベルボーイ、ドアマンを、ホテルを選ぶ際の決め手とは考えていなかった。フロントは宿泊者に価値をもたらしていないことも分かった。むしろ顧客の登録、対応、宿泊料の徴収といったホテル側の都合のために存在するのだった。

同様に、旅慣れた人々はほとんどの場合、軽い荷物しか持たないため、ベルボーイは不要であり、往々にして邪魔だとさえ見なされていた。コンシェルジュはどうかというと、旅慣れた人々は大多数がテクノロジーにも詳しく、自分で道順を調べたりレストランや名所を探したりするのを好んだ。

「これらの要素は取り除いても構わないのではないか」とチームは考えた。「省いたとしても、五つ星、三つ星、どちらを好む旅好きにとっても、ホテルの価値を大きく左右するわけではないだろう。しかも、ホテル側のコストも下がる」

宿泊者はホテルの客室で過ごす時間が短いため、面積を削っても、宿泊者にとっての価値にはさして影響しそうもなかった。チームは、客室のサイズを小さくすると、敷地面積あたりの客室数が増えて収益率が向上する点も見逃さなかった。「高級感とは、素晴らしい睡眠環境を意味し、客室面積とは無関係だ」と彼らは悟った。「不動産コストが高いため、客室を小さくすれば多大なコスト削減を実現できる。その代わりに、キングサイズのベッド、上質なリネン、高い遮音性、ふわふわの大きなタオル、『これはいい!』と感激されるシャワーを用意して、睡眠環境の質を高めれば、宿泊者に喜ばれる一方、一部屋当たりのコストを業界平均より抑えられるだろう」

チームは引き続き、自分達が集めた市場についての知見の解釈に取り組み、新しい種類の価値を創造できると悟った。「フロントを取り除いたら、セルフチェックイン端末を改良して導入し、並ばずにチェックイン手続きが完了するようにできるのではないか。紋切り型のフロント・スタッフに代えて、一人で何役もこなす『アンバサダー』を配置して、端末の機能やそれがどう宿泊者の役に立つかを、温かく親しみ

図表11-2｜ERRCグリッド（シチズンMホテルズの事例）

取り除く	増やす
• フロントとコンシェルジュ • ベルボーイとドアマン • フルサービス型レストランとルームサービス • ロビー	• 睡眠環境。具体的には特大サイズのベッド、高級リネン、静けさ、シャワーの水圧 • 一等地 • 無料のオンデマンド映画配信、格安電話、すぐにつながる無料の高速インターネット、ガジェット用の多数のプラグ
減らす	**創造する**
• 客室タイプ • 客室の広さ • 高級ホテル並みの宿泊料	• 1〜3分でチェックインできるセルフ端末 • 1日24時間、週に7日間使えるバーや軽食、ゲスト用iMacのある共用リビング • 温かく仕事熱心な、一人何役もこなす「アンバサダー」（紋切り型のスタッフは不要）

やすい雰囲気で説明させるのだ」

「フロント、コンシェルジュ、ベルボーイがいないなら、従来型のロビーも不要ではないか。そもそもガラガラで無駄なスペースだし。代わりに共用のリビングを設けて、まるで自宅にいるかのように、一日二四時間、週に七日いつでも自由に飲食、会合、仕事、遊びなどができるようにしてはどうだろう。リビングスペースが肩の張らない快適な空間であるばかりか、驚くほど美しければ、美観や感動を求める高級ホテルの顧客ニーズや、格式張らない、くつろげる場所に対する三つ星ホテルの顧客のニーズも、ホテルに足を踏み入れた瞬間に満たされるだろう」。**図表11-2**に、チームの探究結果を示す。

シチズンMは二〇〇八年に、アムステルダムのスキポール空港に第一号ホテルを開業し、旅慣れた人々向けの手の届く高級ホテルという、新たな価値コスト・フロンティアを切り開いた。そしてほどなく、ロンドン、パリ、ニューヨークといった主要都市への進出にも乗り出した。シチズンMホテルズは、観光業界のゲストランキングで最高の評価を獲得し、五つ星ホテルに交じって「素晴らしい」「最高」といったカテゴリーに名前を連ねている。にもかかわらず、宿泊料金は三つ星ホテルの顧客層にも手の届く水準である。

この結果、系列全ホテルの平均稼働率は九〇%に達している。コストはというと、一部屋当たりの総コストは四つ星ホテルの平均を約四〇%下回り、人件費にいたっては何と業界平均より五〇%も低い。シチズンMの業績はすべての従来型ホテルを凌ぎ、面積当たりの収益率は快適な高級ホテルの約二倍に達している。最近では、世界の主要都市での開業をさらに推進している。シチズンMによるブルー・オーシャンの開拓は、メディアから「洗練されていて、ハイテクで、しかも安い」「宿泊革命」「『宗教』の域に到達」といった数々の称賛を浴びている。

ブルー・オーシャン戦略の選択肢を生み出す

シチズンMの事例は、六つのパスのひとつ——この場合はパス2「業界内のほかの戦略グループから学ぶ」——から得られた知見や観察結果を、ブルー・オーシャン戦略の基礎をなす明快で具体的な一連の行動にどうつなげたかを、浮き彫りにしている。シチズンMは新興企業であったため、ブルー・オーシャン戦略の立案に携わったのは、起業家精神溢れる二人の創業者を含むわずかな人々である。六つのパスをいくつかのサブチームが分担して探る場合は、各パスの現地調査を実施した人々だけが、そのパスに対応した戦略を立てるべきである。パスから得た知見を戦略に落とし込むプロセスは、どのパスも同じであるから、ここでは引き続きシチズンMの事例を用いてそのプロセスを紹介したい。このプロセスに含まれる行動手順の説明に際しては、分かりやすさを重視して、「サブチーム」という言葉は用いず単に「チーム」と表現する。行動手順は次の通りである。

パスが浮き彫りにした主な知見を抽出する

まず、パスの探索から明らかになった主な知見をはっきり理解しよう。チームメンバーは、完成した記録を集まった全コメントや現地調査での観察結果とともに丁寧に読み込み、考察すべきである。もし、該当するパスの全記録の中から同じようなコメントを抜き出して、ひとまとめにしていないなら、この時点でそれを実行しよう。

コメントに目を通す際には、最も頻繁に言及される要素——好ましいものとそうでないものの両方——に注意を払うべきである。それらがカギを握る要素だろう。その後、各要素を構成する中身を手短に要領よく説明することにより、各要素が実際のところ何を意味するのかを鋭意熟考する必要がある。シチズンMの例では、客室の質に関して旅慣れた人々が最もよく言及したのは睡眠環境だった。そこでチームが、睡眠環境の何が具体的に重要なのかを突き止めようとしたところ、睡眠環境とは「大きなベッド、上質なシーツやタオル、静けさ（あるいは遮音）、水圧の高いシャワー」だと、具体的に定義することができた。重要な要素は何か、それは正確には何を含むのかについて合意が形成されると、全員が同じ前提に立って結果について話し合うようになる。またチームが、比較的簡単にコストを算定でき、後の行動の土台となる要素を、知見と結び付けて考えるようになる。

ブルー・オーシャン戦略の立案に向けて各パスに取り組む際、一般には最初のパスが最大の難関である。なぜなら、コメントを実際の製品やサービスの要素と結び付けるには、これまで求められたことのない思考法が必要になるからだ。この結果、不安が頭をもたげ、チームメンバーは「うまくできるだろうか」と疑心暗鬼になりかねない。これは自然なことであり、一緒にパスを探り、結果を共有し、互いから学ぶなかで、「大丈夫、うまくできるはずだ」と思えるだろう。

四つのアクションの対象とすべき要素を洗い出す

次に、自分達が特定した要素を、取り除く、減らす、増やす、あるいは創造する対象にすべきか、判断する必要がある。四つのアクションとERRCグリッドを使うと、答えをまとめるのに役立つ。関連資料はwww.blueoceanshift.com/ExerciseTemplates から無償でダウンロードできる。

誰もがこの手法の活用法を完全に理解し、ERRCグリッドを完成できるよう、例によってシチズンMを引き合いに出しながら説明したい。シチズンMのチームは、旅慣れた人々が五つ星ホテルを選ぶ際の決定打が、立地の良さと贅沢な睡眠環境である状況を踏まえて、この二つの要素を人々の予想を超える水準まで増やすことが不可欠だと考えた。同時に、三つ星ホテルが選ばれるのは五つ星より安いからであるため、高級ホテルよりも著しく低い水準にまで宿泊料を「減らす」必要を感じた。どちらの戦略グループの顧客もフロントでの体験に価値を見出していなかったため、フロントは取り除くのが妥当だと判断した。この判断をもとに、セルフチェックイン用の端末を設けて、宿泊者がカギを入手してそのまま部屋へ行けるようにするアイデアがひらめいた。こうすれば、ATMがあれば銀行の窓口に並ばずに済むのと同じく、時間の節約にもなる。ここからは、四つのアクションの対象を洗い出してERRCグリッドを仕上げるおよその過程が、見えてくる。

個々のパスに関してERRCグリッドを完成させるには、コストをかなりの程度まで見通せる、行動の土台となる具体的な要素を用いることを忘れてはならない。取り除くべき主な要素として「不便」を挙げる例が散見されるが、これでは具体性に欠け、どう取り除くのかも分からない。そこで、「買い手にとっての『不便』を取り除くには、正確にはどのような行動を取るのか。あるいは何を変えるのか」と質問して、中身をより具体化するようチームに求めることが重要である。同様に、創造すべき主な要素として「利便性」を挙げても、実際の行動にはまったくつながらない。したがってこれに関しても、買い手に利便性をもたらす具体的な行動とは何かを掘り下げる必要がある。

行動や投資の指針となる具体的な要素と、戦略行動に求められる結果との違いは、ぜひとも理解しておくべきだ。ERRCグリッドには結果ではなく具体的な要素を記入する必要がある。この作業をしながら、増やす、あるいは創造する要素について、提供方法を工夫してコストを下げる方法を考え始めよう。価値を高めるには、終始一貫してコスト低減について考えておくとよい。

時として、四つのアクションの対象とすべき要素について、疑問を解消してアイデアを検証するために、現場に戻って以前のインタビュー対象者の一部にもう一度意見を訊きたいと考える場合がある。チームメンバー達がその必要性を感じているなら、実践させるべきである。ただし、分析に熱中して判断を下せなくなるのを防ぐために、再調査の期間を最大一カ月に設定するのを忘れてはならない。

目指すべきは差別化と低コストの両方だと確認する

バリュー・イノベーションを通して差別化と低コスト、両方を同時に追求することが、新たな価値コスト・フロンティアを開拓してブルー・オーシャン・シフトを実現するうえでのカギである。ただし実際には、何か新しいものを創造する任務を帯びたチームは、「増やす」「創造する」を主に重視する傾向がある。

すると、ブルー・オーシャンを開拓する戦略ではなく、レッド・オーシャン流の差別化に根差した、コスト高につながりそうな製品やサービスを思い付く結果になる。

これを防ぐには、「増やす」「創造する」だけでなく、「取り除く」「減らす」対象の見極めにも同じだけ努力を傾ける必要があると、釘をさそう。実際には、「増やす」「創造する」だけでなく、「取り除く」「減らす」のマスにも具体的な要素が記入された状態で、各パスのERRCグリッドを完成させるよう、チームメンバーに念を押すことになる。

「取り除く」「減らす」に該当する要素がない、とチームが主張する場合もある。その場合は相手の主張を素直に受け入れるのではなく、従来の慣習で「あって当然」と思っていたが、もはや付加価値を生んでいない要素、あるいはニーズを遥かに超えた要素がないか、もっと真剣に考えるよう求めよう。彼らを奮起させるために、シチズンMがホテル業界にとって長らく「聖域」だった要素を取り除いたり、減らしたりした例や、コミック・リリーフが相談やカウンセリング、補助金申請、恒常的な寄付集めを取り除いたり、減らしたりした例を紹介するとよい。発想を刺激するには、「この業界の慣行で最も馬鹿らしいものは何だろう」という逆転の発想に基づく質問を投げかけ、答えをさらに深掘りするよう求めることだ。すると、たいていはひらめきが生まれる。

自社製品には備わっていないが、業界では特に新しくない要素を「創造する」対象にする、という罠に陥る例もある。創造する対象としてふさわしいのは、業界や市場にほとんど普及していない要素、すなわち業界の垣根の外側にある要素だけであることを、チームに思い起こさせよう。ヨーロッパで最大級のあるガソリンスタンド・チェーンの例では、チームは当初、清潔なトイレの設置とお楽しみスナックの提供を、ERRCグリッドの「創造する」欄に書き入れた。しかし、トイレとスナック類に関して悪評高いこの会社にとっては、どちらも新しい要素かもしれないが、業界においては陳腐なものだった。業界は遥か先を行っていたのである。

ブルー・オーシャン戦略案をビジュアル化する

ここまでで、完成したERRCグリッドをもとに、対象製品の理想の戦略キャンバスを描く用意が整った。理想の戦略キャンバスを活用すると、ブルー・オーシャン戦略案が既存のレッド・オーシャンの現状をどう打破するかが、可視化できる。そのためには、まずは出来上がったERRCグリッド上の主要要素にスコアを付けるのが望ましい。要領は現状の戦略キャンバスを描いた時と同じである（第7章を参照）。ただし今回は、取り除く対象とした要素はすべて、スコアを0とすべきである。他の要素には、現状の戦略キャンバスを描く時と同じように、5段階のリッカート尺度などを用いるべきだ。価格については、高価格は「高」、低価格は「低」と評価する。

次に、戦略案の理解と伝達が容易になるように、全要素を横軸に沿って並べる。最初に価格、続いて「取り除く」「減らす」「増やす」「創造する」の順に並べていく。こうすると戦略プロフィールが読み取りやすくなるはずだ。仕上げに、戦略案に重ねるようにして競合他社の戦略プロフィールを描こう。

ブルー・オーシャン戦略は通常、華やかさとは無縁であり、たいていは夢のようなアイデアではない。

実際、出来上がってみれば、驚くほど簡潔明快な、常識の塊のようなものである。チームに対して、忘れずにこの点を念押ししよう。そうすれば、「シンプルな」アイデアの効力を疑い、単に混乱を招いたり、ブルー・オーシャンの可能性をひどく損なったりするだけの、無関係ないし表面を取り繕うような要素を加えるのを、防ぐことができるだろう。

図表11-3は、シチズンMのブルー・オーシャン戦略のプロフィールを、競合他社の戦略プロフィールと対比しながら表している。見ると分かるように、シチズンMの戦略プロフィールは、ブルー・オーシャンを開拓するための第一の条件を満たしている。競合他社のプロフィールと重ならず、メリハリが効いていて、「手の届く贅沢」という実質に裏打ちされたキャッチフレーズがあるのだ。

ここで、ブルー・オーシャン戦略案のプロフィールをじっくり振り返り、プロフィールを反映していて、しかも買い手の心を捉えるキャッチフレーズを考えよう。どちらか一方では十分ではない。キャッチフレーズを考案するには、検討中の製品やサービスが顧客にとっての価値をどれだけ高めるか、それを最も的確に伝えるにはどうすればよいか、真剣に掘り下げるとよい。受け狙いの空疎なフレーズを生むような罠を避けるのが重要である。そのためには、素晴らしい効用に重点を置き、市場にすぐに訴求する形で製品やサービスの本質を伝える取り組みを、倍加させる必要がある。

製品やサービスの経済効果を社内に説明する

たいていの業界では、全コストに占めるバリューチェーン各部の比率は、十分に判明している。例えば

図表11-3｜シチズンMの戦略キャンバス（2008年の創業時）「手の届く高級ホテル」

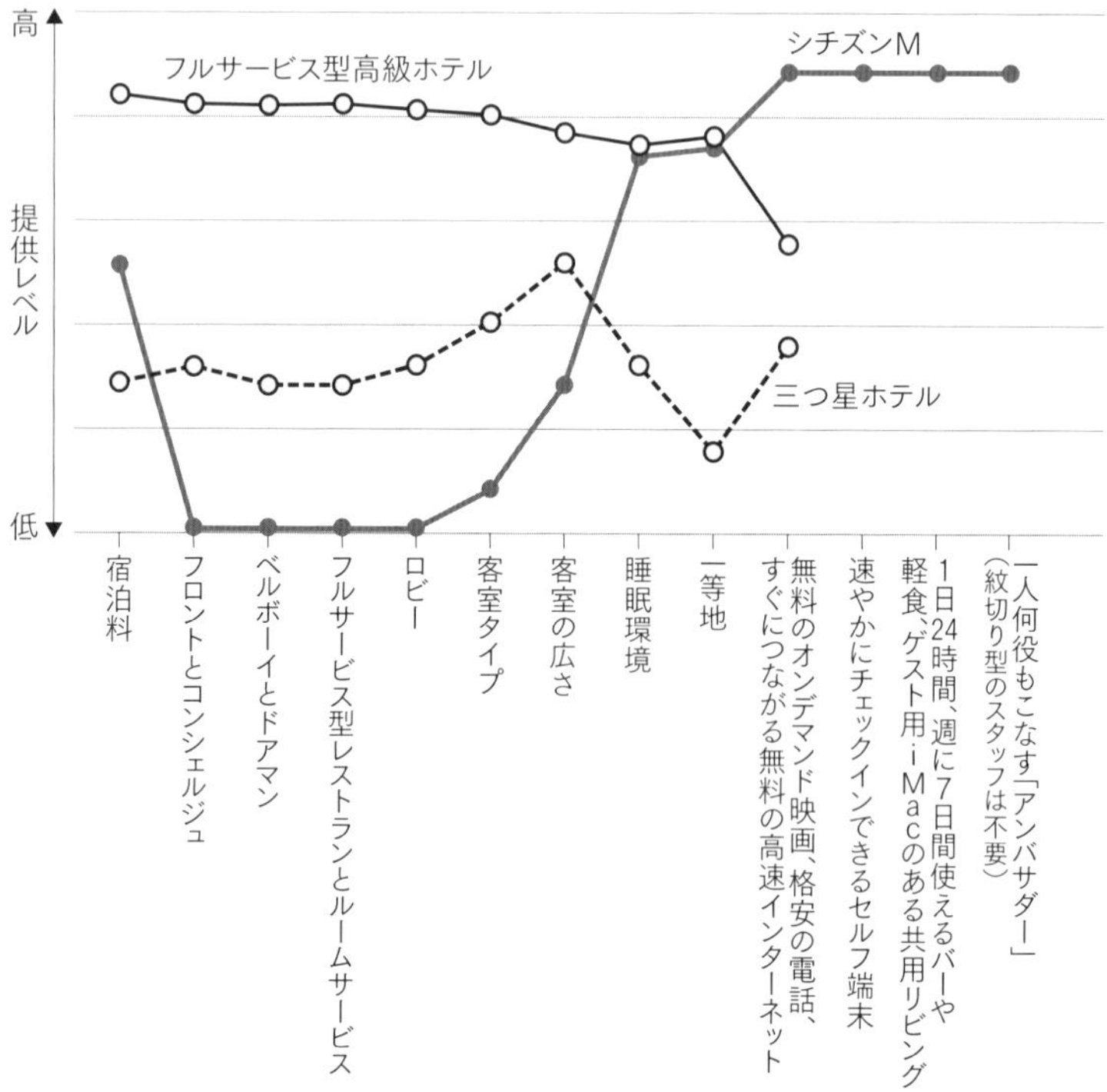

航空業界では、空港使用料、燃料代、人件費、機体の維持管理、機内食と飲料、マーケティング、ロイヤルティプログラムなどのコスト比重はかなりの程度まで把握できている。同様に高級ホテルと三つ星ホテルに関しては、マイケル・レヴィのようなホテル業界の専門家なら、土地、客室、スタッフ、フルサービス型レストランなどがコスト全体に占める割合をよく理解している。

シチズンMのチームはこのようなコスト構造をもとに、高級ホテルや三つ星ホテルが提供している要素を減らしたり、取り除いたりした場合に、どれくらいコストを節減できるかを、おおまかに計算した。高級ホテルや三つ星ホテルにはないがシチズンMが創造しようとする要素、すなわちチェックイン端末や共用リビングスペースなどに関しては、他業界の例を参考にしてどの程度のコスト増になるかを見積もった。そしてコストの削減分と増加分を相殺して、新たなホテル構想の経済性をおおよそ示すことができた。ここでの狙いは、提供価値を飛躍的に高めてモバイル・シチズンに貢献すると同時に、潤沢な利益を確保して会社にも貢献することである。

シチズンMの例にあるように、この段階でチームは、提案する製品やサービスの経済的便益を概算して、おおよそであれビジネスケースを作成する必要がある。ブルー・オーシャンの開拓を目指す製品・サービス案が最終的に採用されるには、必要な業務専門性を社内から総動員して経済性をさらに磨き、確実に勝利につながるビジネスモデルを築くことになる。

以上の作業を通して、理想の戦略キャンバス、本質を強く印象づける訴求力のあるキャッチフレーズ、ERRCグリッドが完成する。ERRCグリッドは、コストを下げながら、差別化によって顧客にとっての価値を飛躍的に高める方法を、浮き彫りにしているはずだ。これらの成果物から、利益や成長性といった製品・サービスの経済的便益が、おおよそ算定できる。

このプロセスをすべてのパスに関して完了すると、通常は二、三のパスから、新たな価値コスト・フロンティアを創造するための、きわめて有用で説得力ある知見が得られる。一方、他のパスからは、取り除いたり、創造すべきではあるが、新たな価値コスト・フロンティアを開拓するには力不足な要素が、いくつか見えてくる。その場合でも心配には及ばない。これがごくふつうの結果である。それでも、すべてのパスについて一通りのプロセスを踏むべきである。理由の第一は、全員にとって途轍もない学習の機会になるからだ。第二に、「実りの少ない」パスが後に、達成しやすい施策だと判明するかもしれない。したがって、プロセスを端折って学習機会をみすみす逃してはならない。

最終ステップへ

ブルー・オーシャンを創造するための実行可能な戦略案が出来上がったのだから、ブルー・オーシャン・シフトの最終ステップに着手する潮時である。最終ステップでは、ブルー・オーシャン施策を絞り込み、短期間に市場テストを行い、市場での可能性を最大限に高めるために、手綱を締めて精緻化を図る方法を学ぶ。仕上げには、選んだ戦略に対応した、大局観に基づくビジネスモデルを正式決定する。これにより、実行する戦略が顧客にとっての価値を飛躍的に高めるばかりか、自社に潤沢な利益をもたらすという重要な目的が、確実に実現するだろう。

チームには熱気がみなぎっている。メンバーは自分達の成果を誇りに思うと同時に、無理もないことだが神経質になっている。みずからの探求から生まれたブルー・オーシャン施策についての客観的なフィードバックに耳を傾け、市場の審判を受けようとしているのだから。

訳注

『ブルー・オーシャン戦略』、『［新版］ブルー・オーシャン戦略』ではcreateを「付け加える」としていたが、『ブルー・オーシャン・シフト』では「創造する」と改訳した。

STEP

5

戦略を絞り込み、実行に移す

第12章 ブルー・オーシャン戦略の選択と短期の市場テスト

さて、ブルー・オーシャン戦略案を一つに絞り込む機が熟した。これまでに、実現可能性のあるブルー・オーシャン戦略案を最大六つ構想し、各々の概要を一ページの理想のキャンバスにまとめた。各案について、本質を伝える訴求力のあるキャッチフレーズを考えた。一ページのERRCグリッドと、各戦略案の経済的便益の概要も作成した。これらの資料全体からは、各戦略案がどう顧客（非営利組織や政府の場合は寄付者や一般市民）にとっての価値を飛躍的に高め、組織の成功に寄与するかが見えてくる。

実行に向けて戦略を絞り込むには、ブルー・オーシャン見本市を開催するとよい。多くの気づきにつながる緊張感溢れるこのイベントでは、チームが考案した戦略案について、公開の場でフィードバックや評価を募る。それをもとにどの戦略案を実行に移すかを決め、新しい価値コスト・フロンティアを開拓するには、どういった点を改善ないし克服する必要があるかを見極めるのだ。

企業や団体と一緒に仕事をすると、「上級マネジャーが古い考えにとらわれていて、革新的なアイデアを出してもたいていは応援を得られず、真剣に考慮もしてもらえない」という嘆きをしばしば聞かされる。投資家にアイデアを売り込む起業家の口からも、同じような不満が頻繁に洩れる。そこで、却下されたアイデアの中身を尋ねると、判で押したように二つの問題点が見えてくる。一つには、アイデアそのものは優れているのに、込み入ったちぐはぐな説明のせいで価値を判断できない。もう一つは、一見したところ素晴らしいアイデアであっても、実際には差別化のための差別化を目指していて、顧客にとっての価値を飛躍的に高めるものではないか、堅実な利益提案に欠ける。投資家や経営幹部がこれらのアイデアを却下するのはもっともだろう。

逆に、ブルー・オーシャン見本市でプレゼンテーションを実施したチームに関しては、このような問題に遭遇した例は見たことがない。見本市を実施すると、真っ先に耳にする声は例外なく「プロフェッショナルな説明により、戦略案の中身がとてもよく理解できた」「顧客と組織、両方にとっての利点が明快に説明されていた」というものである。

以下、ブルー・オーシャン見本市を詳しく見ていきたい。

ブルー・オーシャン見本市

ブルー・オーシャン見本市は、上級幹部とブルー・オーシャン・チーム全員が一堂に会する場である。

主管事業部のトップと幹部層、マーケティング、製造、人事、財務、物流の責任者が参加すべきである。戦略を実行する段になったら、彼らに専門的な支援や、それぞれの職能分野における障害の除去を求める可能性が高い。したがって、彼らには知性、感性の両面でそれ相応の敬意を払い、プレゼン対象のブルー・オーシャン戦略案を、隅々まで確実に理解してもらおう。見本市には、これら尊敬される人々や大きな影響力を持つ職能部門のトップが、部門間の垣根を越えて集まるため、いわば一群の使節が誕生する。彼らは、なぜブルー・オーシャン・シフトが至上課題であるのか、さらには最終的に選ばれた戦略にどのような利点があるのか、といった肝心な点を、借り物ではない知識をもとに語ることができる。

顧客を招く例も少なくない。新規市場の拡大に貢献してくれそうな非顧客層も同様である。例えば、法人市場において、新種の先進医療機器を提供する機会を窺っているとしよう。この場合は、既存の購入者と利用者（統合の進んだ業界であるため通常は少数である）と、現状ではこの種の機器を使用していない小規模病院の潜在顧客、両方を見本市に招きたいと考えるだろう。

同様に、幅広い生態系《エコシステム》が成否を握るような場合は、サプライチェーンやエコシステム上のパートナーを厳選して招くのが賢明である。この種の人々にはたいてい、六つのパスの市場調査で会っているだろうが、見本市では、市場の現況に基づく新鮮なフィードバックがもらえるだろう。同じ理由により、業界アナリストなどの関係者に声をかける企業もある。彼らは当然ながら、幅広い視点から業界の状況を捉えている。

由緒ある大企業と違って人材の層が薄く人数も少ない、新興企業や小さな小売企業が見本市を開催する際には往々にして、社内からの参加者は、ブルー・オーシャン・チームのメンバーと経営幹部だけである。

その場合には、社外の関係者を招くことがとりわけ重要である。

見本市の当日は、冒頭にすべての戦略案についてプレゼンテーションを実施する（話をシンプルにするために、以後、ブルー・オーシャン・チームは六つの戦略案すべてを見本市で取り上げる、という前提で話を進める）。プレゼンテーションが終わったら、チームメンバーは、室内に設けた六つのコーナーに分散する。各コーナーには、ポスター大の理想の戦略キャンバスと、ＥＲＲＣグリッド、自社にとっての経済的便益を掲示する。参加者には、各コーナーを巡って確認したい点を質問し、意見や提案を出し、懸念を伝えるよう促そう。最後に、どの戦略案が最も説得力があるか、ステッカーや付箋紙を使って投票してもらう。

投票がすべて終わった後は、さらなるフィードバックを得るために経営陣が参加者に対して、特定の戦略案を支持あるいは否定した理由を尋ねる。各戦略案にステッカーや付箋紙が次々と貼られていく様子、あるいは閑散としている様子を眺めて、人々の意見をじかに聞くと、チームメンバーは支持の集まらないアイデアを捨てて、力強い支持を得るアイデアのもとに結集する。

参加者は皆、ブルー・オーシャン・チームのメンバーによる投票を期待するが、最終判断は経営陣が下す。経営陣が、得票数が最大ではない戦略案を選ぶこともある。その場合には必ず、理由を明確にしなくてはならない。経営陣の判断が誰の目にも当然と思えるものであっても、やはり判断に至った理由を説明するのが賢明である。歯切れの良い説得力溢れる説明は、ブルー・オーシャン・シフトの一部をなす公正なプロセスを盤石にし、引き続き全員に関与してもらううえで、不可欠なのだ。

ブルー・オーシャン見本市の開催

以下に、ブルー・オーシャン見本市を成功させるための指針を示す。

レッド・オーシャン化した業界の現実を概観し、ブルー・オーシャン・シフトの必要性を述べる

まずは現状の戦略キャンバスを紹介する。そこには業界が直面するレッド・オーシャンの現状、ひいてはブルー・オーシャン・シフトが至上課題である理由が示されている。次に、完成した買い手の効用マップと非顧客層の三つのグループを取り上げよう。前者は業界が顧客に強いている苦痛や苦労をあぶり出し、未開拓の価値を解き放つ大きな機会を示している。後者は、現在は業界に背を向けているが、新規需要を創造して開拓する余地のある、潜在顧客層を示している。これらを紹介すると、見本市の参加者に必要な背景知識を伝え、全員の認識を揃える助けになる。

上級マネジャー層は万難を排して最初から最後まで参加すべきである。彼らが熱心に参加しないと、ブルー・オーシャン・チームと他の参加者全員が、「お偉方はこの取り組みを重視していないのだろう」「最後まで支援しようという意思はなさそうだ」と受け止めるだろう。しかも、上級マネジャーが全体を通してその場にいるのではなく、途中で出入りすると、チームの士気は間違いなく下がる。チームはこの段階に辿り着くまでに膨大な労力を費やしており、それを誇って当然である。何より、彼らにとって見本市は

晴れ舞台、つまり、当初の懸念や不安を乗り越えて掴み取った成果を発表する場なのだ。

組織のリーダー層は、チームメンバーにそれ相応の敬意を払わなくてはならない。その最善の方法が、みずから参加して熱心に耳を傾けることである。こうすると、組織全体に対しても、「ブルー・オーシャン施策は真剣に受け止めるべきものだ」という強い合図になる。ひいては、妙な策略をくじき、全員を戦略の実行に熱心に関与させる効果を持つだろう。最後にこれも重要な点だが、幹部にとって、どのブルー・オーシャン戦略案を実行に移すかを判断するうえで、十分な知見を得る唯一の方法は、見本市に最初から最後まで参加することなのである。

ブルー・オーシャン戦略案のプレゼンテーション

次は、各ブルー・オーシャン戦略案のプレゼンテーションである。これは立案者自身に行ってもらうべきである。時間制限は五分とする。短めの設定である。なぜなら、うまく説明するのに五分以上かかるような戦略は十中八九、複雑すぎるか、十分に練られていないか、平凡すぎて長所がないのである。五分間という厳しい制約があると分かっていると、ブルー・オーシャン・チームの全員がプレゼンテーションの準備をしながら、各戦略案の製品やサービスについて徹底的に考え、研ぎ澄まし、洗練度を高める。

チーム全員が同じ形式でプレゼンテーションを行うことが不可欠である。さもないと、短時間の見本市の最中に適切に投票や比較を行うのは、非常に難しいだろう。プレゼンテーションの方法は多々あるが、ブルー・オーシャン見本市でのプレゼンテーションに適した中身と流れは、以下の通りである。

- **製品を説明する**：冒頭で製品のキャッチフレーズを紹介し、続いて、箇条書き的な説明を手短に行う。製品の概略や魅力の源泉を参加者が即座に掴めるよう、出来る限り平易な説明を心がけるべきである。
- **理想の戦略キャンバスを紹介する**：理想の戦略キャンバスは、チームが提案するブルー・オーシャン戦略の製品と、業界の既存製品、両方の戦略プロフィールを表しているはずだ。参加者はおのずと、チームの提案する戦略が業界の現状とかけ離れたいかに独創的なものであるか、顧客にとっての価値をどれほど高めるかを、目の当たりにする。

　加えて、コストを削減するために減らしたり、取り除いたりする要素、価値を大幅に高めるために増やしたり、創造したりする要素を強調することにより、チームが提案する製品が、競合他社の製品と横並びの特徴をやや手厚くしただけなのか、重点を絞り込んだものなのか、一目で分かるようになっている。
- **ERRCグリッドを説明する**：ブルー・オーシャンの創造に向けて製品を構想する過程で、何を「取り除く」「減らす」「増やす」「創造する」対象としたかを、まとめて紹介する。理想の戦略キャンバスを作成する際にすでに、各要素について多大な労力を傾けて、行動への参考になるよう具体的に説明してあるため（第11章を参照）、プレゼンテーションは、既存の業界慣行とどれだけかけ離れているか、価値向上とコスト低減がどの程度に及ぶかを要約して、念押しする場になるだろう。伝統ある組織においては、ERRCグリッドを説明すると、既存のビジネスモデルと比べてどれほど高い目標であるかが、人々に伝わるはずである。

・**顧客（非営利組織や政府組織の場合は寄付者や一般市民）にとっての効用を簡潔に紹介する**：製品の利点はすでに明白かもしれないが、顧客および新製品に魅力を感じるであろう非顧客にとっての価値が、格段に向上する点を簡潔に述べるのは有意義である。例えば、シチズンＭホテルズの場合は「三つ星ホテルに近い料金水準で五つ星ホテル並みの立地、非常に優れた睡眠環境、満足のいくＷｉ‐Ｆｉ、きざではないが贅沢な体験を享受できる」となるだろうか。

・**自社にとっての経済的便益をおおまかに説明する**：業界の一般的なコスト構造（バリューチェーン上の各活動のコスト比）をもとに、製品要素を取り除く、あるいは減らすことによってどの程度のコストが削減できるかを判断する。続いて、要素を増やす、あるいは創造することによるコスト増を概算する。第11章で述べたように、以上の作業を通して自社にとっての経済的便益がおおよそ見えてくる。

提案した戦略案が、政府による規制などの外部要因によって大きく制約される恐れがある場合は、その点についてもプレゼンテーションで言及すべきである。このような追加情報があると、戦略案をより綿密に評価できる。見本市の参加者の中には、似たような課題を克服した経験を持つ人、あるいは同様の課題を乗り越えた別業界の知り合いを持つ人がいるかもしれない。我々の経験では、直面する可能性のある難題について率直に述べると、速やかに解決策が見つかる場合が多い。

次のプレゼンテーションに移る前に、ここまでの内容を参加者が記録シートに記入するための時間を、五分間設けよう（記録シートや見本市でのプレゼンテーション内容の概略は、www.blueoceanshift.com/

ExerciseTemplatesから無償でダウンロードできる）。こうすると、各戦略案に対する人々の直感的な反応を即座に掴めるほか、全員がプレゼンテーションに真剣に聞き入るようになる。

すべてのコーナーを訪れてから投票するよう、参加者に呼びかける

プレゼンテーションが一通り終了したら、参加者に、各コーナーを巡ってそれぞれの戦略案についてじっくり考え、確認したい点を質問し、提案を行い、各戦略案の経済性や顧客にとっての直感的な魅力を深く理解し比較するように求めよう。各コーナーにはその戦略案を担当したチームメンバーを配置して、質問への対応に当たらせよう。フィードバックはありのままに受け止めることを心がけよう。

その後、各参加者にステッカーか付箋紙を何枚か渡して、望ましいと考える戦略案（複数でもよい）に、訴求力の高さに応じた枚数を貼り付けるよう依頼する。渡す枚数についてのルールはないが、これまでの経験では三〜五枚がよいようだ。

これに代わる手法もある。「投票者は互いの判断に影響されるのではないか」と心配な場合は、ポスターやフリップチャートを使うのではなく、戦略案の一覧シートを配り、支持する戦略名の脇に付箋紙を貼ってもらうとよい。シートを回収して、全員に見えるようにポスターやフリップチャートに付箋紙を貼り直すと、投票結果が明らかになる。

最大限のフィードバックと学習を引き出す

投票が終わったら、出席者の考えはすぐに一目瞭然になる。あたかも色分け地図《ヒートマップ》を見ているようだ。続いて、参加者と重点を絞った討論をして、これまで以上に充実したフィードバックを得るとよい。

具体的な方法はいくつもあるが、各戦略キャンバスについて、その案に投票した理由あるいは投票しなかった理由を尋ねると、うまく目的が果たせるようである。「具体的に興味を引かれた点は何でしょうか」「興味の湧かなかった点は」「欠点は何だとお考えですか」「この戦略案の価値提案、利益提案について、改善すべき点、改善できる点は何でしょう」。いずれかの戦略キャンバスに圧倒的な票数が集まった場合、なぜそれほど熱心に支持するのかを尋ねよう。同じように、得票数が極めて少ない、もしくはゼロの戦略案があったなら、支持しなかった理由を尋ねよう。「他の戦略案のほうが格段に優れていたのでしょうか。それとも、経済的便益や顧客にとっての価値に問題を感じたか、否定的な意見をお持ちなのでしょうか」。相手が口にした理由、つまり、長所、短所、懸念などを丹念に記録しよう。

参加者の反応を時間をかけて掘り下げることは、戦略を最終決定するうえでも、ブルー・オーシャン向け製品をより良いものにするうえでも、計り知れないほど有益である。あるいは、人々の心を捉えたのは、戦略プロフィールそれ自体よりもキャッチフレーズだった、と判明する場合もあるかもしれない。その事実からは、戦略案の中身とキャッチフレーズの一致に向けてチームが優れた成果を上げた点、改善すべき点に関して、大きな学びが得られるだろう。

社外からのゲストが参加している場合は、「幹部は皆様のフィードバックすべてを考慮したうえで戦略を最終決定し、どう改善すべきかを判断するでしょう」と伝えよう。

どのブルー・オーシャン戦略案を実行に移すかを決める

幹部にとって、どの戦略案を実行に移すかという重大な判断を下す時が訪れた。どの経営チームにも、全員で評価や意思決定を行うための手法があるだろう。しかし見たところ最も効果的なのは、まずは経営チームのメンバーが一人ずつ各戦略案についての考えを述べ、続いて、さらなる明確化や改善が必要な点に留意しながら、チーム全体で各人の見解をめぐって討議するやり方である。

以下に、その際に掘り下げるべき大切な問いを挙げる。

- これまでに得たフィードバックをもとに、理想の戦略キャンバス上の要素を修正ないし見直しすべき点はあるだろうか。
- プレゼンテーションとその後の議論からは、見過ごしていた重要な要素、つまり、それを製品に盛り込めば顧客への訴求力が何倍にもなるような要素は、浮かび上がっただろうか。
- コストを押し下げ、価値とコストのトレードオフを打破するために、取り除いたり、減らしたりすべき要素を、見落としていないだろうか。
- 製品の経済的便益を高めるために増やす、あるいは創造すべきだとされた要素に関して、提供コストを下げる方法はあるだろうか。

• この戦略を実行するうえでは、どのような能力を増強する必要があるか。低コストで効果的に増強するための名案は何だろうか。

経営チームは、ブルー・オーシャン戦略案の一覧の中からひときわ有望なものを絞り込み、市場での可能性が最も高そうなものを選ぶべきである。その際には、見本市の参加者による投票結果やコメントを、慎重に考慮することを忘れてはならない。こうすると往々にして、補完関係にある製品同士、あるいは共通点の多い製品同士を一つにまとめるとよいという、気づきが得られる。

結論を出した後は、それをブルー・オーシャン・チームをはじめとする見本市の参加者に伝え、決定案のどの部分を改善する必要があるかを、自分達の討議と見本市で出された意見を踏まえながら、助言する。

意思決定にいたった正当で具体的な理由を説明する重要性は、どれほど強調してもし過ぎることはない。通常は、最終判断は投票結果とほぼ同じであるため、経営チームの決定に人々が当惑する場面にはほとんど接したことがない。二つの製品の統合を経営チームが提案すると、ブルー・オーシャン・チームは最初こそ当惑するかもしれない。しかし、根拠についての説明を受け、質問の機会を与えられると、彼らはすぐに経営チームの戦略ロジックに納得する。

時には、見本市で最大の票を得た案が、経営陣によって退けられる例もある。その場合はたいてい、「情緒的な」票に訴えたのである。つまり、他と違うというだけの理由から、実際よりもよく見えたのだ。しかし、よくよく考えてみると、他との違いは、飛躍的に大きな価値を顧客にもたらすというより、ただ独創的なだけだと分かってくる。テクノロジー重視の企業は得てしてこの罠に陥る。

消費財分野の巨大グローバル企業の見本市

ブルー・オーシャン見本市は実際、どのような様子なのだろう。キンバリー・クラークのブラジル法人（ＫＣＢ）が、南米最大のトイレットペーパー市場でブルー・オーシャン・シフトに乗り出した例を、紹介したい。何しろ、製品が陳腐化した、極端に競争の激しい業界である。一五億ドル規模のブラジルのトイレットペーパー市場は、五〇社超が合計二〇〇ものブランドを展開し、これ以上ないほど真っ赤に染まっていた。しかし、トイレットペーパーのようにシンプルな生活必需品に関して、どのような手が打てるというのか。ＫＣＢはその答えを見つけようとしていた。

ブラジル法人の全経営陣、ラテンアメリカ大陸のトイレットペーパー部門の幹部チーム、ＫＣＢの全製品ラインの上・中級幹部が、ブルー・オーシャン見本市に参加するために、サンパウロのホテルのエアコンが効いたモダンな大会議室に集まった。目的は、利益ある成長の可能性が最も高い、最強のブルー・オーシャン戦略を選ぶだけでなく、その効果的な実行に向けて、あらゆる階層のリーダーから熱心な協力と関与を引き出すことだった。焦点となるのはトイレットペーパーであるから、購入経験には事欠かなかった。その場にいる全員が顧客だったのだ。ブルー・オーシャン・チームを含めると、参加者は約一〇〇名を数えた。二名の社外取締役も臨席したため、見本市に箔が付くとともに、ブルー・オーシャン・チームは緊張した。

好奇心と期待が高まっていた。ブルー・オーシャン・チームは会議室の前方に座った。ＫＣＢのＣＥＯであり、ラテンアメリカ全体のトイレットペーパー事業を統括する立場でもあるジョン・ダマトが、参加者全員に向けて歓迎の挨拶をする。市場がどんぐりの背比べのようであり、その中で突出した存在になってまずまずの利益率を確保するのがいかに困難であるかを、手短に説明した。特にコモディティ化した製品に関しては小売店が大きな影響力を行使できるため、ブランド力があっても非常に難しいことを強調した。続いてダマトは全員に向けて、「ＫＣＢの利益ある成長と利益率アップに向けて大躍進を図る」というブルー・オーシャン施策の狙いを、改めて強調した。

次にブルー・オーシャン・チームのリーダーが、レッド・オーシャンと化した業界の現状を詳しく説明し、ブルー・オーシャン・プロセスの概要を示し、三カ月前に始動したばかりの施策の経緯を述べた。大型スクリーンに業界の現状の戦略キャンバスが映し出され、買い手の効用マップ上に顧客の苦痛や不便が表示されると、室内がざわついた。非顧客層の第一グループの大多数は苛立ちを表明していた。その心情は「トイレットペーパーを選ぶ、ただそれだけのために、数学の学位が必要ではないかしら。それほど種類が多いのに、目立つ特徴は何もないときている」というトゲのある意見によく表れている。

チームは続いて、自分達が立案したブルー・オーシャン戦略案を、活き活きと、時にユーモラスに紹介した。「ギュッとするだけ」「おかしなトイレットペーパー」など六つの戦略案いずれに対しても、感嘆の声が上がった。プレゼンテーションのたびに拍手が大きくなっていった。プレゼンテーションの最中は参加者全員が、あらかじめ用意されたシートにフィードバックを書き込んでいた。このシートは、各製品の長所と短所、各戦略案の改良アイデアについての意見を集める目的で、作成されたものである。

六つの戦略案のプレゼンがすべて終了すると、チームリーダーが、会議室の壁に沿って配置された六つのコーナーを指し示した。各コーナーにはそれぞれの戦略案に対応した理想の戦略キャンバス、ＥＲＲＣグリッド、買い手にとっての効用の概要、ＫＣＢにとってのおおまかな経済的便益が掲示されている。チームは各製品の試作も行っていた。彼らは各参加者にステッカーを渡し、最も優れていると思う戦略案に二票まで投じてよいルールだと説明した。これを受けて参加者達は立ち上がって各コーナーを見て回り、質問を投げかけ、提案を行い、考えを付箋紙に書いてフリップチャートに貼ったり、各コーナーの担当者にフィードバックを伝えたりした。そして投票を行い、コーヒーを飲んで席に戻った。場合によっては投票先を変えたり、チームメンバーとさらに意見を交わしたりした。一〜二時間のうちに一〇〇人の参加者全員がチームにフィードバックを行い、メンバーと踏み込んだ意見交換を行った。

高く評価された戦略案には無数の小さなカラー付箋紙が貼られ、色分け地図《ヒートマップ》のようだった。チームメンバーが緊張しながら言葉を交わした。

「クラウディオ、おめでとう！君の案がいちばん得票が多いみたい」

「え、ありがとう！皆、聞いてくれ。僕はプレゼンを担当しただけ。これは全員、なかでもマリオの手柄だ。僕に製造ラインの変更についての質問が殺到したから、喜んでセルジオに回して、答えてもらった。お陰で不安が鎮まったようだ」

「技術的な問題は必ず解決できる。日頃から僕らが悩まされているのは、エンジニアリング上の問題よりもむしろ、革新的な価値を解き放つ製品をどう開発するかだ」

「KCBで一二年間働いてきたけれど、こんなに大勢のリーダーと話をしたのも、これほどたくさんの素晴らしいアイデアをもらったのも、初めて。感激したわ。社会人になってから最良の一日だと、心の底から言える！」

投票が完了すると、フリップチャートが別室へ運ばれ、取締役会メンバー、経営幹部、製品チームが討議を行った。一同はフリップチャートを前にして、大きな会議用テーブルを囲んで座った。ブルー・オーシャン・チームはその背後に控えて、討議の中身に注意深く聞き入り、必要なら要点を明確にし、解決すべき課題をメモした。他の全員は部屋を出て、電話をかけたり、メールを確認したり、コーヒーのおかわりをした。

CEOが討議の口火を切り、ブルー・オーシャン・チームに語りかけた。「素晴らしい。どうみても単純な製品なので、差別化の手段はすでに尽きていそうなものなのに、違いを際立たせるためのアイデアをこれほどたくさん考え出すとは」。続いてCEOは、最終決定に関わる人々に向けてこう述べた。「ご覧のように、上位二つのアイデアが他の四つを大きく引き離して、多くの票を得ました。みなさんには、主な成果だけでなく、より重要な点、すなわち、二つのアイデアに関する懸念についても語っていただきたいです。特に、顧客にこれまでよりも飛躍的に大きな価値を提供し、利益率や成長率を押し上げ、事業リスクを低減するための知恵を、ご自身の言葉で語っていただけたら幸いです。併せて、二つの戦略案の価値や利益を増大させる要素を、他のブルー・オーシャン戦略案が含んでいる場合は、それについてもお話しください」

討議が始まってすぐに、最大の票を得た「ギュッとするだけ」案に話が集中した。この戦略案は、トイレットペーパーを圧縮して紙の量はそのままで全体を小さくする、というものである。ギュッと掴むだけで、あら不思議、圧縮されていたトイレットペーパーが使いやすいように元の丸い形に戻るのだ。パッケージも運びやすいように、プラスチック製の何の変哲もないストラップにした。

ある幹部が発言した。「ブラジル人の多くは、バスや電車、あるいは徒歩でスーパーマーケットに行きます。遠方からはるばる超大型店まで買い出しに行く人も少なくありません。ですから、トイレットペーパーの持ち運びにとても苦労するのですが、なぜか業界全体がこの事実を見過ごしてきました」

別の出席者からはこんな声が出た。「片方の手で子供を抱え、もう一方の手で食料品の入ったバッグを持ち、トイレットペーパーの大きなパックを脇にはさんで運ぶのは、ブラジルでは誰もが経験する苦労です。我々だって皆同じです。毎週こんなふうに買い物をするブラジル人は、少なくありません。低所得者の大多数にとって、日常茶飯事のこのような苦労を事業機会に変えることは、まったくできていません」

「それだけではありません」。ある製品リーダーが言い添える。「私自身の経験から申し上げますと、帰宅してからトイレットペーパーの収納場所に悩む人々も少なくありません。大きなパッケージを買うのは、頻繁に買い足さなくて済むようにするためです。ですが、収納の限られた狭いアパートでは、置いておく場所がありません。『ギュッとするだけ』はそんな悩みも解消してくれます。ところが業界全体がエンボス加工を施したり、香りをつけたり、二枚重ねになっていない粗悪なティッシュを提供したりしています。どのメーカーも、本当の課題に対処していません。大多数のブラジル人がほぼ値段だけをもとにトイレットペーパーを選ぶのも、無理はないでしょう。家計に余裕のない人々に考えを変えてもらえるような、説得力のある理由を、業界はこれまで用意してこなかったのです」

「そのうえ」と他の幹部が身を乗り出すようにして言い添えた。「『ギュッとするだけ』は、格段に小さくてかさばらないばかりか、パッケージやストラップが独特なので誰もが一目で違いに気づきます。ですから、白いトイレットペーパーだらけの大海で異彩を放ち、不安を抱きながら時間をかけてどれか一つを選ぶ必要をなくしてくれます」

「先週、業界誌を読んでいたら、イタリアで中古の真空包装機が破格の安値で売られていました」と別のマネジャー。「急げば、まだ手に入るはずです。その機械を使えばコストがさらに下がり、利益率が上がって事業リスクは減るでしょう」

今度は顧問弁護士が発言する。「名案ですね。ところで、私は事務所に戻りしだい特許の有無を調べてみます。チームの皆さんがすでに調べたのは承知していますが、このアイデアが簡単に模倣されないよう、確実を期したいのです。非常にシンプルですが、まさに天才的な案ですね。気分が高揚してきました！」

製品開発を所管する幹部が、他のブルー・オーシャン戦略案に話を戻した。名案といえば、『エッコ』（得票数三位の戦略案）の環境対策を『ギュッとするだけ』と組み合わせたらどうでしょう。『ギュッとするだけ』は包装を減らして出荷時の輸送効率を大幅に高めていますので、すでに手厚い環境対策を施しています。このような訴求力のある『ギュッとするだけ』にエコファイバーが加わると、持続可能性への取り組みを迫られている大手小売業に対して、影響力を格段に高められるでしょう。製品がかなり小さくなるため、必要な棚スペースとコストも減りますね」

「私も同じことを言おうとしていたのですが、先を越されました」とサプライチェーン担当ディレクターが苦笑する。

判断を下す立場の人々が一人また一人と懸念や知見を語り、支援を誓った。チームメンバーは皆、彼らの発言内容をメモした。戦略案が採用されたチームは以後三週間をかけて、見本市のために作成した簡単な試作品を使って国内で市場テストを行うとともに、すでに作成した費用対効果の検討書をさらに肉付けすることになる。

九〇分にわたって実り多い討議を行った後、判断権者達は少しくつろいだ。この機会を活かしてホテルの内外でいくつもの会議を行っていた他の参加者達は、結果発表を聞こうと再び集まってきた。CEOが、『ギュッとするだけ』にエコファイバーを組み合わせる戦略を採用すると述べ、その理由を説明するとともに、ブルー・オーシャン・チームに下した指示のあらましを紹介した。続く二〇分間はその場の大勢が支援を申し出て、懸念と対処案を示し、利益と成長性を高めるためのさらなる提案を行った。

ブルー・オーシャン・チームがフリップチャートの紙をクルクルと巻き、試作品を小脇に抱えると、CEOがチームメンバーに近寄り、サッカーチームのように円陣を組んで皆と話し合った。わずか三カ月足らずで卓越した成果を上げたことに対して、改めて祝意と最大限の感謝を示した。感謝の念は、既存市場に関する知見を鮮やかにあぶり出し、説得力溢れる「一瞬たりとも退屈しない」プレゼンによって新しいアイデアを紹介したことに対しても、向けられた。

短期の市場テストを実施する

見本市の終了後、ＫＣＢのブルー・オーシャン・チームは二一〇人にじかにインタビューを行った。サンパウロの商店街で無作為に選んだ相手をインタビュー会場に案内して、『ギュッとするだけ』の試作品を見せ、意見を訊いたのである。ブルー・オーシャン戦略案を考える過程でさまざまな市場調査を実施していたが、短期間とはいえ実際に試作品を使って市場調査を行うと、製品の長所が確認でき、どのような調整が必要か分かり、マスマーケットでの可能性を見極めることができた。可能性は非常に高く、インタビュー対象者の八〇％がこの製品を買いたいと回答した。

次にＫＣＢは、ブラジル北東部で実際の製品を小規模ながら販売した。この試行販売は、サンパウロでの好意的な反応を念のため再検証するほか、マスマーケットでの可能性をさらに確かめることを狙いとしていた。これらのテスト結果を受けて、チームは戦略に手を加え、『ギュッとするだけ』がなぜトイレットペーパーというレッド・オーシャン市場で新たな価値コスト・フロンティアを開拓するのかについて、消費者や小売店に向けたより洗練された謳い文句を考えた。

二〇〇九年、新たに購入した包装機械がイタリアから届いた数カ月後に、ＫＣＢは主力ブランドのひとつネベを活用して、『ギュッとするだけ』に「ネベ・ナチュラリ・コンパクト」という商品名を付けて本格的に発売した。圧縮して平たくしたトイレットロールは紙量は通常のロールと同じだが、パッケージが小さくなったため、運搬と保管が容易になった。店頭でも目につきやすかった。しかも競争力の高い価格設定がなされたため、従来は「お値打ち品」しか買わなかった層を含む、あらゆるセグメントから需要を引き出した。持続性のあるリサイクル可能なファイバーでできているため地球にも優しい。

ＫＣＢにとってのコストはどうか。容量を圧縮した結果、輸送コストは一五％低減した。ブラジルは国土が広大であるため、これは特に大きな意味を持った。包装素材の使用量は一九％減り、破損による返品も減った。これらすべてが寄与して、粗利率は業界で前代未聞の二〇％超に達した。

この製品は、顧客には信じ難いほどの価値を、そしてＫＣＢには利益率の向上をもたらすほか、小売店（具体的にはウォルマート）にとっても願ってもないものとなった。ウォルマートは、炭素排出量が非常に少なく、パッケージが簡素で、エコなファイバー製というネベ・ナチュラリ・コンパクトの特性に着目して、環境に優しい製品として売り出す滅多にない機会だと考えた。この製品の発売から数カ月後、ＫＣＢは「ウォルマートの納入業者の中で最も持続可能性に配慮した企業」に指名され、大いなる栄誉と実績を手にした（後には、キンバリー・クラーク全社で最も持続可能性の高い製品となった）。なお、ネベ・ナチュラリ・コンパクトが買い手への提供価値と環境の持続可能性、両方を飛躍的に高めたため、小売店に対する交渉力が強まるという効果もあった。

この製品が新たな価値コスト・フロンティアを開拓したのをきっかけに、ＫＣＢはスコットを筆頭とする全主力ブランドに「コンパクト」タイプを導入し、トイレットペーパー全種の価値を大幅に高めた。見本市で開発が決まり、二〇〇九年に発売に漕ぎ着けたブルー・オーシャン製品コンパクトは、やがて他社に模倣されたが、ブラジルでは現在も業界標準の地位にあり、KCBの稼ぎ頭であり続けている。

ブルー・オーシャン・チームに対しては、KCBと同じように、顧客になってほしい潜在顧客層を対象に最終候補製品の試作品を使って短期の市場テストを行うよう、ぜひとも要請すべきである。これにより、製品を顧客やサプライチェーン・パートナー（あるいは一般市民や寄付者など）に向けてどうポジショニングするのが最適であるかが分かるばかりか、修正の必要がありそうな部分が見えてくるだろう。

ここでのキーワードは「短期《ラピッド》」である。つまり、ブルー・オーシャン製品を、見本市が終了した後できるだけ早く、一定の短期間でテストするということだ。なぜなら、テスト開始まで時間を空けすぎたり、テストに長い期間を費やしすぎたりして、せっかく見本市で盛り上がった機運に水を差すのは得策ではない。遅くなればなるほど、チームや技術者はコストのかかる複雑な試作品を作りたいという誘惑に駆られるだろうが、そんなことをしても製品の根本理念を検証するうえではほとんど意味がないうえ、往々にしてテストを複雑にし過ぎてしまう。

発売に向けて最終仕上げをする

ブルー・オーシャン見本市を経験すると、自分や他者の創造性や価値に関する認識が大きく変わる。これが見本市をきっかけに得られる、最も興味深く、最も価値ある気づきである。上級幹部はほぼ例外なく、部下達の提案があまりに創造的であるため驚嘆する。彼らは多くの場合、周囲に喧伝せずとも、小声で「今まで気づかなかった。彼らがこれほどの逸材だったとは」とつぶやく。これは本心からの言葉である。同様にチームメンバーも、必ずと言ってよいほど自分達の創造的な能力に驚嘆して、「業界の枠組みを越えた発想ができるとは、思ってもみませんでした」「自分にこんな創意工夫ができるなんて、初めて知った」「やればできるんだ!」などと感想を述べる。

このように感じると自信がつき、互いへの尊敬や感謝の念が改めて湧き上がってくる。これは組織文化に大きな影響を与える分水嶺である。チームメンバーや他の参加者が所属部門に戻り、自分達の見聞や学びを共有すると、彼らの言葉の信憑性と力強さが他の人々にもはっきり伝わる。これは、ブルー・オーシャン・プロセスの完全性や、進行途上のブルー・オーシャン・シフトへの全員の信頼を醸成するうえで、非常に有効であり、効果的な実行への下地作りがいっそう進む。

ブルー・オーシャン戦略の実現に向けた用意はほぼ整った。経営陣はどの戦略を実行に移すかを決断した。ブルー・オーシャン・チームは市場での可能性を検証し、さらに磨きをかけて洗練度を高めるために、短期の市場テストを実施した。これで、利益率の最大化と市場導入リスクの最小化を目指して、ビジネスモデルの大枠を正式決定する機が熟したといえる。

次章では仕上げとして、顧客にとっての有用性を飛躍的に高め、しかも、自社に素晴らしい経済的便益をもたらすよう、ビジネスモデルを磨き上げる方法を見ていく。

第13章 ブルー・オーシャン戦略の完成と実行

いくつものブルー・オーシャン戦略案の中から一つを選び、市場での可能性を確かめたのだから、次はビジネスモデルを完成させる番である。その目的は全体像を示すことにある。つまり、戦略の価値やコストが、どう顧客にとっての有用性を飛躍的に高め、自社に利益ある力強い成長をもたらすのか、その経済ロジックを説明するのだ。このようなビジネスモデルがあると、個々の業務をどう整合させて損益を生み出すのか、理解、把握するのに役立つ。実務レベルで戦略が実現される過程では、ビジネスモデルは指針としての役割を果たすだろう。包括的なビジネスモデルが出来上がったら、ブルー・オーシャン戦略は完成し、実行への準備が整ったといえる。

ブルー・オーシャン・チームは戦略の実行に向けて、上級幹部の指揮の下、必要な専門性を持った人材を全社から集めて規模を拡大するとともに、メンバーが十分に稼働できるように兼務から専任へと切り換える。

仕事の指針となるのは理想の戦略キャンバスである。そこには「取り除く」「減らす」「創造する」「増やす」対象とすべき要素だけでなく、新たな価値コスト・フロンティアを開拓するうえで実現すべき価格水準も示されている。責任を持って実現すべき事柄を核にして全員を団結させ、工夫を凝らしてコストのかからない方法を編み出すよう、背中を押そう。

ここでも公正なプロセスを用いるべきである。各ステップで引き出した知見に関して、その時々の最新情報を社内に伝えると、全員に現状を把握してもらい協力や関与を促すうえで大いに効果がある。この段階では引き続き、チームメンバーはもとより、巻き込むべき人々全員に、公正なプロセスに沿って接する必要がある。

包括的なビジネスモデルを完成させる

ブルー・オーシャン・チームは、戦略を立案する際に四つのアクション手法を用いたため、包括的なビジネスモデルを完成させるのに必要な難作業の大半は、すでに終えている。他方では、業界の競争要因のうち、顧客にとっての価値をほとんど高めず、むしろ逆効果のおそれさえある、「取り除く」「減らす」といったアクションの対象になり得るものを特定した。

これらの判断は、コストではなく顧客にとっての価値に基づいているが、我々の経験では、「取り除く」

ないし「減らす」という判断を実行すると一般にコストが下がり、しかもその下げ幅は往々にしてかなり大きいため、業務への意味合いは明白である。チームはまた、顧客にとっての製品の価値を飛躍的に高めるために、増やすか創造すべき要素を見極めた。これらの要素もほぼ例外なくコストに影響し、業務運営にもじかに影響を及ぼす。創造する要素や増やす要素は一般に、コスト増をもたらす。

具体例として、第11章で紹介した手の届く高級ホテル、シチズンMを再び取り上げたい。シチズンMの各ホテルは稼働率九〇％を誇り、顧客評価ランキングでも五つ星ホテルに引けを取らないが、高コストの要素をいくつも削っている。フロント、従来型のロビー、ベルボーイ、ドアマン、コンシェルジュ、ルームサービス、さらにはフルサービス型レストランを、「旅慣れた宿泊者にとってはホテル選びの決め手ではない」と判明したため、取り除いたのである。シチズンMが削った要素はいずれも必要とされるスタッフ数の減少に直結し（同等レベルの二〇〇〜四〇〇室のホテルと比べてスタッフ数は半数以下である）、人件費全体も抑制されている。従来のホテルに付き物のロビーとレストランをなくし、客室の広さを半分にしたため、不動産関連の多大なコストも大幅に減少した。宿泊者の目に触れない部分にも影響は及んでいる。厨房スペースや、厨房の設置や維持に伴うコストも不要になるからだ。そのうえ、客室の広さや間取りを標準タイプ一つに絞ると、建築プロセスが合理化でき効率がアップするばかりか、後述するように、高価値、低コストの革新的な建築手法を導入できる。

このほかシチズンMのチームは、増やすべき要素も三つ見つけた。①客室の睡眠環境（特大サイズのベッド、上質なリネン、高級タオル、静けさあるいは遮音、水圧の高いシャワー）、②都会の一等地、③宿泊者用の通信設備（無料の高速Ｗｉ‐Ｆｉ、オンデマンド映画配信、スカイプ並みの電話料金。これらは宿泊者からの要望が多い反面、提供コストは小さい）である。

創造すべき要素も三つ特定した。①シンプルなチェックイン端末、②一日二四時間、週七日利用できるバーと食料棚の備わった、ユニークで宿泊者の心を捉える共用リビングルーム、③一人で何役もこなすアンバサダーである。

なお、チームはこの宿泊体験を三つ星ホテルの顧客層にとって手の届く料金で提供すると誓った。この結果、三つ星ホテルと高級ホテルのいずれかを頻繁に利用する、多数の「頻繁に旅する人々《モバイル・シチズン》」を惹き付けるホテルが誕生した。

包括的なビジネスモデルの取りまとめに向けて次にすべきは、高業績を実現するために利益率の目標を定めることである。まずは、業界慣行を前提とした場合に合理的だと考えられる水準よりも、高めの利益率を目指すのが、最もよい結果につながるようである。続いて、すでに決めた戦略的価格から目標とする利益を引いて、目標コストすなわち達成すべきコスト水準を導き出す。

目標利益が強気であればあるほど、目標コストも強気なものになるはずである。強気な目標利益と目標コストに挑戦させると、人々は従来の発想にとらわれずに背伸びをし、業務運営全体を視野に入れてイノベーションを探求する。業界では往々にして、顧客がもはや価値を見出さない要素をめぐって競争が繰り広げられている。同様に、標準的な業務運営手法も多くの場合、余計なコストを抱えている。

したがって、新鮮な発想やイノベーションによってコストを下げる余地は大いにある。このため、強気の目標利益や目標コストを掲げた場合、たとえ最初は皆が抵抗したとしても、その目標を取り下げないほうがよい。少し激励すれば彼らは努力し、革新的で高価値、低コストの方法によって目標を達成して、驚くような結果を出す例も珍しくないはずである。

一般的なコストプラス方式の価格設定では、コストに望ましい利益を上乗せして価格を決めるが、ここで推奨しているターゲット・コスティングは、価格から利益を引いて目標コストを弾き出す。我々の経験では、ターゲット・コスティング方式の採用に失敗した企業はたいてい、ビジネスモデルを作成してみたらコストが高すぎて、戦略的な価格水準では利益が出ないと判明している。そこで価格を上げるか、提供価値を削るのだが、いずれの場合も戦略面で妥協してレッド・オーシャンに逆戻りする羽目になる。

ここでの教訓は、理想の戦略キャンバスに関しては変更を認めてはならない、ということだ。戦略キャンバスの中身を実現するためのビジネスモデルについては、変更の余地があっても構わない。

強気の目標コストをどう達成するか

コストを削減するために、ブルー・オーシャン戦略では「取り除く」「減らす」というアクションを取るが、それ以外にも、顧客にとっての製品の有用性を下げずに、意欲的な目標コストを実現する方法はいくつもある。魔法の方程式は存在しない。しかし、ビジネスモデルを策定する際には、ブルー・オーシャン戦略の実現に必要な低コストを確実にするために、掘り下げるべき問いがいくつかある。「提携先の候補はどこか」「業務運営の合理化と革新はどうすればできるか」「人材の前向きな熱意と貢献をさらに引き出す方法は何か」である。以下、これらの問いを順番に掘り下げたい。

提携先の候補はどこか

新しいアイデアを市場に導入する際に、多くの組織は判断を誤り、あらゆる業務を自分達で行おうとする。製品やサービスの提供を、新たな能力や設備を手に入れるきっかけにしようとして、そのような判断を下す例も皆無ではない。しかし多くの場合、従来のやり方を誰も疑問視せずに続けているだけだ。すべての業務を社内で行うほうが統制は取りやすいかもしれないが、通常は時間がかかり、コストもかなり嵩む。むしろ慣れない分野については、熟練度と効率で勝る他社と提携して任せたほうがよい。そのほうが、他社の専門性と規模の経済を活かすことによって、コストと時間を節約し、自社に足りないものを短期間に補える。ちなみに、他の選択肢と比べてスピードとコストの面で有利なら、小規模な企業買収を実行してもよいだろう。

例えばシチズンMは、食事と清掃という二つの重要な分野で、斬新な方法で外部委託をしてコストを大幅に下げるとともに、委託先の実績ある専門性を活用して、宿泊客により大きな価値を届けようとした。レストランとルームサービスは省いたが、共用のリビングスペースでは新鮮でヘルシーな軽食を提供したかった。とはいえ食品サービスは難しい。新鮮な素材を確保するには大量に仕入れなくてはならず、腐敗や廃棄も生じる。厨房や腕の良い料理人なども欠かせない。しかも、マイケル・レヴィの言うように「これだけのコストと労力を費やしても、称賛に値する食事を提供しているホテルは稀」なのだ。

シチズンMはこのジレンマを克服するために、各ホテルの周辺にある小規模なケータリング会社と提携した。ケータリング会社の実績ある専門性と仕入れの交渉力を活かしたのだ。鮮度の高い上質な軽食だけが配送、補充され、食料棚が常に満たされているようにした。新鮮な寿司、サラダ、美味しくて健康的なサンドイッチなどを思い浮かべてほしい。こうしてコストを下げながら、質の高い食事を提供した。

リネンと清掃に関しても他社と提携している。しかも、それにとどまらず、宿泊客用のアメニティや清掃用品の発注と保管はすべて提携先が行っているのだ。これによって、購買、受け取り、保管などの作業が不要になり、レストランとルームサービスをなくすというブルー・オーシャン戦略と相俟って、客室を多く確保して業務運営費を大幅に下げるという、独特な優位性が実現している。

アメリカの小売チェーンＷａｗａは、六つの州で七〇〇超の店舗を展開し、年間の来店者数は六億人以上に達する。年間売上高は一〇〇億ドルに迫る勢いだが、やはり提携戦略をうまく活用している。顧客はＷａｗａにすっかり惚れ込み、ロゴの刺青《タトゥー》を自分の体に彫った人までいる。

Ｗａｗａの経営陣は自社をブルー・オーシャン企業と見なしていたが、二〇〇九年に当時のＣＥＯハワード・ストッケルは、レッド・オーシャンにはまりつつあると考えた。世界的な金融危機の後だけに景気が悪く、競合他社による追い上げも響いていた。ストッケル率いる経営陣は、差し迫ったレッド・オーシャン化を何とか避けようと決意し、ブルー・オーシャン手法を活かした新たな価値コスト・フロンティアの開拓を目指した。Ｗａｗａの従来のブルー・オーシャンは、コンビニエンス・ストア、ガソリンスタンド、フードサービスという三つの事業領域をひとつ屋根の下で絶妙に共存させ、見事な顧客サービスを提供することによって成り立っていた。いかに見事であるかは数字にもはっきり表れていた。厳密にはコンビニエンス・ストアとは異なるが、店内の売上高は平均的なセブン‐イレブン店舗の三倍を超えていたのである。

ストッケルと経営チームはブルー・オーシャン戦略のツール類を用いて、後に「ブルー・オーシャン戦略プラン」と呼ばれるプランを作成した。その際に、フードサービスは自社の全取扱商品の中で最大のアキレス腱である反面、利益ある成長への可能性は最も高いと判断した。ストッケルは「ガソリンを販売していると、従来は『上質の食べ物など提供するはずがない』と思われたものです」と回想している。チームはブルー・オーシャン・シフトに乗り出すにあたって、このような印象の払拭を目指した。食品の質、鮮度、ヘルシーさを格段に高め、しかも出来る限り安く販売して、「コンビニ兼ガソリンスタンドが食品も扱っている」から「お客を待たせないレストランが、ガソリンとコンビニ商品も売っている」へと衣替えするのが狙いだった。

その結果、どの食品を扱うか、どの程度の鮮度とヘルシーさが求められるか、どう陳列すれば来店客に訴求し食欲をそそるか、選びやすさと速やかな補充をどう実現するか、そのうえで価格を出来る限り抑えるにはどうすればよいかといった点を、一から考え直すことになった。現在Ｗａｗａは、焼きたてパン、ケールやキヌアのサラダ、健康的なラップとスープ、新鮮で稀少な食材を使って注文を受けてから調理するホーギー（サンドイッチの一種）、昼食・夕食・朝食用のホットサンドイッチを提供している。そして誰が名づけたのか「コーヒー天国」も。

この見直しを受けて、フード類の売上げは激増し、顧客経験の質が全体的に向上した。このブルー・オーシャン・シフトの効果は数字に表れている。今日、店舗あたりのフード類の売上高はマクドナルドを凌いでいる。しかし、驚くべきは、利益率とコストの両方で極めて高い目標を達成するような、新しいフード・ドリンク提供のビジネスモデルを構築した、その手法である。

Ｗａｗａは、他のファストフード店が提供しているものをいくつも取り除いた。店内にテーブルを置かず、ドライブスルーにも対応していない。しかし、これこそが低コストのカギであり、顧客の目に触れない舞台裏では凄まじい高効率で業務が回っている。食品流通業界の雄マクレーン・カンパニーと提携するほか、毎日新鮮なフード類の供給を受ける仕組みを整えて、フード類のサプライチェーン全体を外部委託している。焼きたてのパン類はすべてベーカリーから、惣菜類はすべてテイラーファームズとセイフウェイ・グループから、仕入れている。新鮮なフード類を全店舗に毎日配送してもらうために、ペンスケ・コーポレーションと提携している。ペンスケはクロスドック型配送施設を持っており、そこには毎日、Ｗａｗａの業務提携先が調理した、鮮度を命とするフード類が届く。Ｗａｗａはこれらの業務を自社ではいっさい行っていない。スケジュール厳守の質の高い配送が確実になされるように、業務提携先とのコミュニケーションと品質管理を担う少数の担当者がいるだけである。

ストッケルはこう語っている。「当社はブルー・オーシャン手法を活用して、フード類の品質、価値、利便性、見た目を大幅に改善し、同時に、Ｗａｗａ全体の利便性と顧客経験を向上させる方法を、突き止めました。ですがそれを実現しようにも、世界水準のフード類を提供するための、調理施設や専門性がありませんでした。ブルー・オーシャンの創造を託す商品やサービスで妥協したり、自前で専門性を培うという高コストの試みをしたりするのは避けて、速やかに低コストでビジョンを実現するために、最高の相手と提携する道を選びました」

Ｗａｗａの現ＣＥＯ、クリス・ギーセンスの言葉も紹介したい。「新鮮なフード・ドリンク類は現在、Ｗａｗａの商品売上げの四〇％超を占めています。当社は従来型のコンビニエンス・ストアから出発して、フード類の取り扱いを始め、ガソリンも販売するようになりました。当社の業態はカテゴリー分けすら難しいでしょう」

業務運営の合理化と革新には、どのような手法があり得るか

この問いには、顧客への提供価値を損なわずにコストを下げる可能性がいくつも詰まっている。それらの可能性を掘り起こすには、次のような疑問と向き合うとよい。「素材を従来と異なる安価なものに変えられないか」「コストが嵩む割に付加価値を生まない活動や施設を削るか、低コストで価値あるものに入れ替えられないか」「不動産価格の低い立地に変更できないか」「生産プロセスの部品数や工程数を減らせないか」「競合他社が手作りしているものを、工場で製造できないか」「コスト削減に向けて、活用できそうな既存技術やデジタル化できる業務はないか」

例えば、イラク国立ユース管弦楽団（ＮＹＯＩ）はこれらの問いをきっかけに、ユーチューブを使った

オーディションの実施や、スカイプを活用したプロジェクト管理など、素晴らしい答えを見つけ出した。このような創造的イノベーションは、現地に赴く費用や負担を不要にしたばかりか、ソーシャル・メディア上でのＮＹＯＩの存在感を高める効果もあった。

シチズンＭも同様に前述のような問いを掘り下げて、建設費を劇的に下げると同時に客室の質を向上させる革新的な方法を見出した。ホテル業界では、建設費がコスト全体に占める比率が極めて高いのである。シチズンＭのブルー・オーシャン戦略には、客室タイプを一つに絞る提案が盛り込まれていたため、チームは「他の業界では製品の標準化をどう実施しているのか」と思案した。結局のところ、客室タイプを一つにすることは標準化にほかならない。このように思考を組み立てると、答えは明白になった。標準的な製品が手作りされる例はまずない。工場で製造するのである。

こうして、「従来の建築手法を用いる代わりに、製造することは可能だろうか」という疑問が浮上した。答えははっきり「イエス」だった。モジュール製造なら、コストを格段に抑えながら工期を大幅に短縮し、高品質を安定的に確保できるはずだ。見逃せないのは、価値工学を活用して遮音と配線を最適化できることだろう。こうしてシチズンＭは、低層階は従来の建築手法で造り、客室は工場で製造している。客室はブルー・オーシャン戦略の下で面積を大幅に減らしたため、組み立てた状態で現地に搬入でき、積み重ねや組み合わせも容易である。このイノベーションにより、建設費を平均的な四つ星ホテルより三五％も低い水準に抑え、工期を全体として三つ星ないし高級ホテルと比べて約三五〜五〇％も短縮した。

シチズンＭは、コールセンターや電話予約を廃止して、手軽で迅速なオンライン予約システムに置き換えれば、さらにコストを低減できると気づいた。ひとつには、増加傾向にあるモバイル・シチズンはテクノロジーに詳しく、オンラインで用事を済ませるのに慣れている。そのうえ、ホテルのコールセンターは大概うっとうしい。用件に応じてどのボタンを押すべきかの説明を延々と聞かされた後、予約に対応するボタンを押すと、担当者につながるまでに宣伝や退屈なBGMにさらに延々と付き合わされる。誰がこんなものを喜ぶだろうか。

人々の前向きな熱意と貢献を何倍にもする方法は何か

ブランドの「顔」としてブルー・オーシャン製品の信頼性をかなりの程度まで左右するのは、結局のところ、じかに顧客と接する人々である（非営利組織の場合は寄付者、政府・自治体なら市民と接する人々）。彼らは日々ブランドの約束を実行して、ワクワクする経験をもたらす必要がある。顧客を驚かせ、笑顔にし、「リピーターになろう」という気持ちにさせるのだ。ところが接客を担う彼らが往々にして、組織の最下層に位置づけられたり、そこにふさわしいと見なされたりしている。製品やサービスを誠実に生み出してコストを下げようと、真剣に考えているなら、そのような処遇をすべきではない。最前線の人材の熱意が引き出され、何倍にもなれば、生産性が上がり、離職率が下がり、いっそう努力しようという意欲が高まる。

人間らしさを大切にして彼らを処遇すると、これが実現する。第4章で述べたように、人間らしさを重視すると、最前線の人材は「一人前として認められている」「尊重されている」と感じる。聡明ないし完壁だからではなく、組織に貢献して大きな成果を出したいと願っているからである。この人間中心のアプローチは、ブルー・オーシャン戦略を完成させるうえで大きな効力を発揮する。以下では、これを最前線の従業員にどう使えばよいかを説明する。

シチズンM、Ｗａｗａ、ＮＹＯＩはいずれも、ビジネスモデルの仕上げに際して人間中心の手法を活用した。これら組織に共通するのは、尊厳を重んじる肩書きを用いている点であり、これにはまったくコストはかからない。シチズンＭはフロント係、ベルボーイ、ドアマンという呼称に代えて、「アンバサダー（大使）」という肩書きを用いている。Ｗａｗａの辞書にはコンビニのレジ係、惣菜担当、商品補充係という言葉はなく、店頭で働く約二万二〇〇〇人のスタッフは皆「アソシエイト（仲間）」である。ＮＹＯＩのメンバーは演奏者であると同時に、「文化面の外交官」「平和の使徒」である。これらの呼称からは、ただ仕事をこなすというだけでなく、大きな責任、品位、目的が伝わってくる。これら肩書きのどれか一つでもよいから、当人の使命感や自尊心にどのような影響を与えるか、考えてみるとよい。

リーダー層が、顧客とじかに接する人々を組織階層の上のほうに配置するビジネスモデルを描くと、前述のような肩書きに込められた敬意に満ちたメッセージは、いっそう輝くだろう。例えば、シチズンＭでは「逆ピラミッド」が社風の柱をなしており、ホテルのスタッフが最上層、経営陣が最下層に位置づけられている。Ｗａｗａの幹部は全員、毎月少なくとも丸一日を費やして、通常は一二～一五店舗を訪問しアソシエイトや店長と懇談するよう、期待されている。クリスマスには長年の慣習により、幹部が朝から晩まで店舗めぐりをして、年に三六五日、お客様に卓越したサービスを提供していることへの感謝を、アソシエイトに伝える（幹部の大半はサンタの帽子を被って店舗に現れる！）。彼らは店舗を訪れるたびに、アソシエイトの話に耳を傾け、感謝の言葉を述べ、不安や心配を受け止め、アソシエイトと店長から、業務改善のアイデアや顧客に喜ばれたエピソードを聞き出す。

ＮＹＯＩではポール・マカリンディンが、クルド語とアラビア語を操るイラク平和財団のファシリテーターの協力を得ながら、全楽団員にオーケストラに求める理念を考えてもらった。楽団員達が選んだ理念は愛、献身、尊敬だった。マカリンディンは彼らに、ＮＹＯＩは楽団員を大切にしており、楽団員の使命は音楽家だけでなくイラクにとっての希望の光になることだと、このうえなく素晴らしい方法で伝えたのである。

最前線の人材をまるでロボットのようにマニュアルに従わせるのではなく、裁量を与えて、「接客の際は最善の判断で対応するだろう」と信頼を寄せるのも、献身と熱意を引き出す効果的な方法である。シチズンＭやＷａｗａがこれを実現するために、採用、訓練、報償をどのように行っているかを考えるとよい。例えば両社とも、思想や信条に着目して人材を採用し、能力は訓練によって伸ばしている。両社からは「スキルは教えられるが、思想や信条はなかなか変えられない」という意見が聞こえてくる。事実、スキルは徹底的に叩き込んでいる。ただし、それよりも遥かに重要なのは、ブランドの理念に込められた深い意味、ブルー・オーシャンが顧客に約束するもの、その約束を実現するうえでの自分達の役割を、しっかり理解させることである。

Ｗａｗａのハワード・ストッケルは「私はアソシエイト全員に、『あなたはコーヒーを淹れ、レジを打ち、サンドイッチを作るかもしれません。ですが、Ｗａｗａでのあなたの本当の仕事は、お客様によりよい一日を過ごしてもらうことです』と伝えています。これを超える使命などありません」と語っている。接客スタッフは採用された後、このブランドの約束をどう果たすべきか、つまり、どのようにしてなぜ、顧客と本物の素晴らしいつながりを持つのかを、自分なりに解釈する。「あら、こんにちは」と挨拶するにせよ、ドアを開けるのを手伝うにせよ、悲しそうにしている顧客に「どうかしましたか」と声をかけるにせよ、仕事をしていることに違いはない。ブランドの約束を果たそうとする各人の責任感は、会社のボーナス支給方針に左右される。シチズンＭの例では、経営幹部ではなくアンバサダーが、もっぱら顧客満足度に応じて、毎月三〇％ものボーナスを受け取る（あるいは逃す）可能性がある。予算には三〇％分の金額を盛り込んである。一人で何役もこなすアンバサダーの働きにより、シチズンＭの顧客満足度が安定して最高ランクであることを考えれば、その理由が分かるはずだ。

Ｗａｗａの場合は、参加者数ベースで全米で十指に入る、大規模な従業員向けストックオプション制度を持っている。未公開株の四〇％近くを従業員が保有しており、最大の保有者層は上級幹部ではなくアソシエイトや店長である。士気向上のために、億万長者になって引退した先輩達の逸話が何十も語り継がれているため、アソシエイト達は持ち株制度を真剣に受け止めている。有意義な業績インセンティブ。信条を重視した採用。スキル研修に加えて、ブランドの約束を果たすための重要な研修。卓越したサービスによってブランドに命を吹き込むための権限委譲。これらが相俟って、人材の熱意が何倍にも高まり、強い責任感が社風として根づき、誠実で記憶に残る顧客経験が生まれ、スタッフの離職と補充に伴うコストが下がる。関係者すべてにとって望ましい状況である。これらの企業には顧客はいない。代わりにファンがいて、そのファンを喜ばせることに皆が明け暮れている。

ビジネスモデル俯瞰図を描く

ビジネスモデル俯瞰図は、ブルー・オーシャン戦略の提供価値とコストが組み合わさって、戦略的価格のもとでいかに利益ある力強い成長を実現するかを示す。**図表13-1**に掲げたシチズンMのビジネスモデル俯瞰図からは、各要素の関連性が見て取れる。左側は、コスト削減努力によってどう目標コストを達成するかを示す。右側には、顧客にとっての価値が列挙されている。ここからは、シチズンMに宿泊する納得のいく理由があり、料金も手の届く水準であることが分かる。矢印は、左右の要素が絡み合って、シチズンMには収益性の高いビジネスモデルを、顧客には恩恵をそれぞれもたらす様子を表している。

このビジネスモデル俯瞰図を眺めると、シチズンMが利益ある力強い成長をどう実現するのかが、容易に理解できる。事実、シチズンMの収益性はすべての従来型ホテルを上回り、面積当たりの収益は同程度の高級ホテルの約二倍に達している。このビジネスモデル俯瞰図があると、ブルー・オーシャン戦略の経済ロジックを図解ひとつで掴み、個々の業務が連携して全体として損益を生み出す様子を理解することができる。組織はこれを指針にして、いつ何を実行するかという重要な節目や、各職能の目的と成果など、業務の詳細や活動を明確にするとよい。

図表13-1｜シチズンMホテルズのビジネスモデルの構造

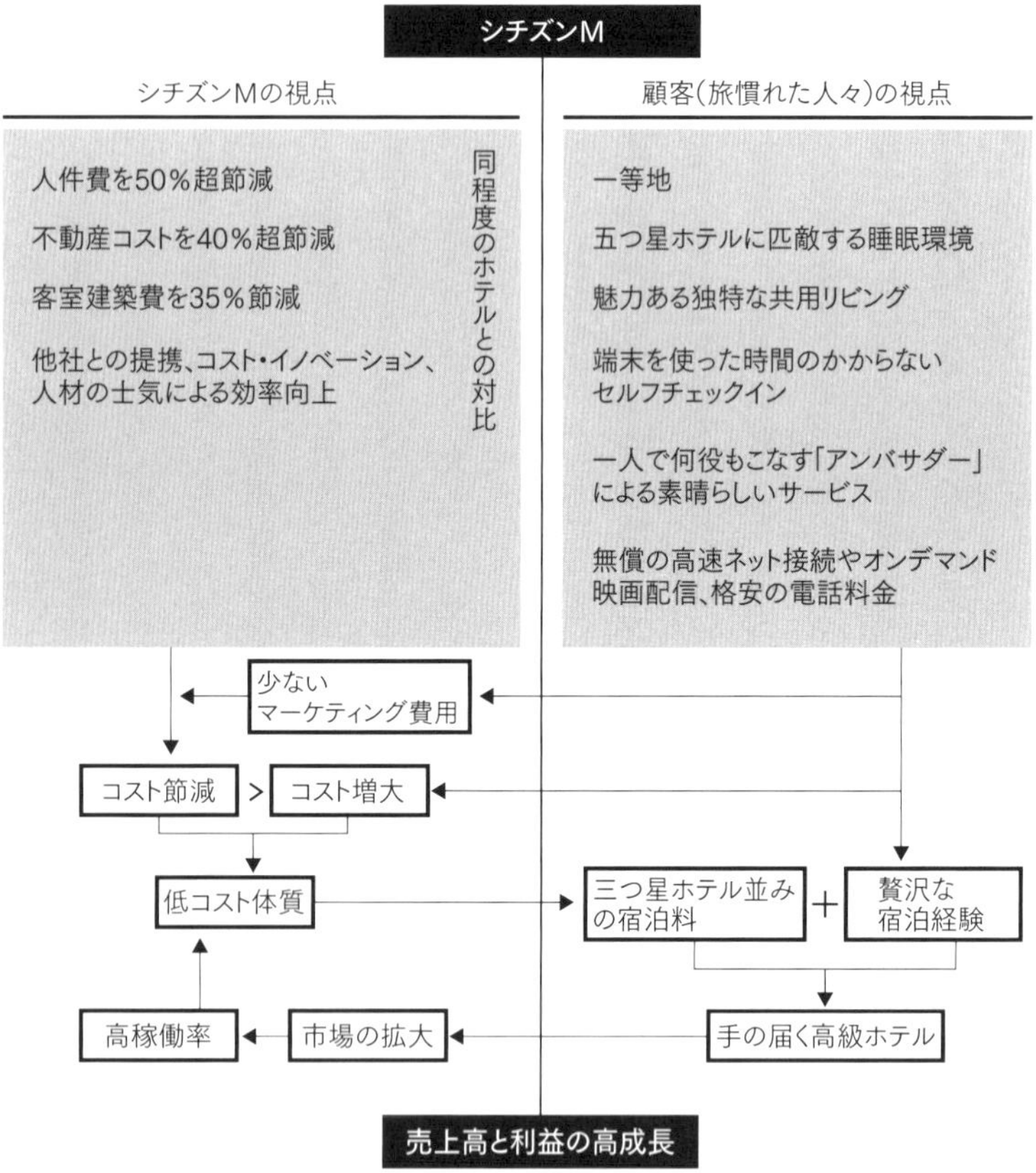

ビジネスモデル俯瞰図は理想の戦略キャンバスと共に、全員の目を同じ目標に向けさせ、ブルー・オーシャン戦略を具体的な製品・サービスに落とし込む際に、気が散ったり脱線したりするのを防ぐ役割を果たす。要するに、業務の詳細を詰めていく過程で全社の足並みを揃え、判断の精度を高めるのである。

ブルー・オーシャン戦略の実行と展開

最初は小さく始め、その後スピードを上げて規模を拡大するのが、最も賢明な展開戦略である。この点はいくら強調しても、し過ぎることはない。例えばアップルは、三〇〇の直営店を一斉に開店したのではない。店舗の問題点がすべて見えてくるのはフル稼働してからであるため、最初は二店舗だけを開設して問題点を潰すことに専念した。その後ほどなく二五店舗を開設した。以後は知っての通りである。今日では全世界で四九〇店を超えるアップルストアが営業している。

シチズンMも似たような戦略を取り、二〇〇八年に第一号ホテルを地元アムステルダムのスキポール空港そばに設けた。これによりホテルの運営、稼働状況を慎重に観察および分析し、必要だと判断した調整や変更を加えて、ビジネスモデルを研ぎ磨ました。セルフチェックイン端末は、宿泊客を迎えるのに最適な位置にあっただろうか。それとも、左か右に少し動かすべきだったか。端末のスクリーンは、一～三分でチェックインできるくらい直感的に使えるものだったか。それとも、宿泊者はたびたび混乱しただろうか。チェックインする宿泊者を、ブルー・オーシャン戦略が求める通りに温かく歓迎して、本物のつながりを築くには、いくつもの役割をこなすアンバサダーが一人で十分だっただろうか。工場で造られた客室はどうだろう。工場での試作品段階で価値工学が示した通り、配線は問題なくなされただろうか。仕様通りに望ましい遮音性能が発揮されていたか……。

こうしてシチズンMは、宿泊者に価値を届ける方法から裏方の業務運営やビジネスモデルにいたるまで、問題点をすぐさま解決する一方、変更を加えるにしても最初のホテルだけで済むため資金を温存できる。軌道修正が無事に終わったことがはっきりした後は、アムステルダムの中心街で二軒目のホテルを開業した。このホテルもまた、ビジネスモデルの妥当性を検証する場となった。アムステルダムのシチズンMは、開業とほぼ同時に大きな人気を博したため、経営陣は宿泊客に従来とは比較にならないような価値をもたらしていること、その土台には力強い利益創出の仕組みがあることに、自信を持った。こうして弾みを付け、世界の主要都市で次々と開業していった。

Ｗａｗａも同様の賢明な戦略をもとに、新商品を展開している。最初は少数の店舗に投入して不都合を解消し、その後、対象店舗を少し増やしてビジネスモデルの強みと効果を確認する。その後にアクセルを踏み、速やかに全店舗へ展開する。この展開戦略にはいくつかの理由により、独特の優位性がある。一つには、ブルー・オーシャン戦略に基づく製品やビジネスモデルには、必ずと言ってよいほど改良や修正すべき点があることを、踏まえているのだ。このため、市場投入に際して問題が起きても、不安になったり、浮き足立ったりせずに済む。いわば「確かに金星を目指しているが、最初にトラブルがあっても、落胆したり、撤退したりすべきではない。むしろ、そのような状況を想定して初心を貫き、落胆も責任転嫁もせずに貴重な学習機会と受け止め、できるだけ速やかに問題点の修正に取り掛かるのだ」というメッセージを発してくれる。しかもこの手法を用いると、財務リスク、市場における信用リスク、人材の士気喪失リスクを最小限に抑えられる。

これとは逆に、矢継ぎ早に大展開した後に、不都合や欠陥を見つけた場合にどうなるかも見てきた。修正や調整のコストが膨張しているため、苛立ちが広がり、たいていは責任のなすり合いが起きる。広範囲に展開しているため、往々にしてメディアにすぐに察知される。どこかで歯車が狂うと、メディアは待っていたとばかりに過剰な批判を浴びせ、それが社内の人々のやる気をいっそうくじく。残念ながら、こうなると多くの企業が白旗を揚げ、施策に失敗の烙印を押し、退却してしまう。この結果、自尊心が傷つき、資金が無駄になり、人々の士気が下がる。そして、自分達の直面した問題は新製品の投入時に付き物であり、特に大きいわけでも、深刻なわけでもないにもかかわらず、新しい試みに尻込みするようになる。いきなり大々的に展開したせいで、影響が凄まじい勢いで拡大してしまったに過ぎない場合であってもだ。

ブルー・オーシャン戦略の成果の市場投入と展開については、大ヒットを目指してミュージカルを製作しているようなつもりで考えるとよい。これまでにブルー・オーシャン・シフトの手順を踏み、誰もが気に入るような、魅力溢れる独創的なストーリーを練り上げた。皆から口々に「早く観たくてウズウズしている」と言われる。一緒に製作に携わってきた仲間達も、「上演が待ちきれない」と語る。そのうえ、ビジネスモデルの俯瞰図を見ながら、舞台装置、照明、衣装、音楽や音響など、必要なお膳立てをすべて整えてきた。それなら、本番で歌声が響き渡りストーリーが活き活きと伝わるよう、練習を積み重ねたり、細かい問題を解決したりする必要はないのだろうか。言うまでもなく、これらを怠るわけにはいかない。見事に上演するには、まずは問題が起きることを予想して、その対策として小さな修正を加える必要がある。最初の試演会の後に、「まだ改善すべきところがある」と言われたら、真剣に耳を傾け、メモを取り、責任転嫁を控え、台本の魅力を引き出す努力をしなくてはならない。一緒に仕事をする仲間ともども素晴らしい作品を仕上げるには、修正ややり直しはごく当然の成り行きであることを肝に銘じる必要がある。

さあ、ブルー・オーシャン・シフトに向けて始動する用意はできた。シフトを完遂するのに必要なツール、プロセス、発想はすべて揃っている。世界はさらに多くのブルー・オーシャンを必要としている。あなたのブルー・オーシャンを切り開こう。

むすび

国家によるブルー・オーシャン・シフトの実例

世界中の国々が緊縮財政と国民からの要望の増大に直面しているが、既存・新興企業や非営利組織だけでなく、政府もブルー・オーシャン・シフトを実践できる。このむすびでは、マレーシアの事例をもとに国家のブルー・オーシャン・シフトを取り上げ、その課題、プロセス、遠大な成果を紹介していく。

二〇〇〇年代の初め、マレーシアはいわゆる「中所得国の罠」に陥り、岐路にさしかかっていた。一九七〇年代にはシンガポール、韓国、台湾と同じような発展段階にあったが、その状況は過去のものとなっていた。他の三カ国がこの間に高所得国の仲間入りを果たしたのに対して、マレーシアは飛躍できずにいた。高品質を武器に差別化を図る日米欧などの先進的な国・地域と、低コストで勝負する中国、インド、ベトナム、インドネシアのような新興国、両方から挑戦を受けていた。

マレーシアの指導者達は、このようなレッド・オーシャンの罠からの脱出を目指し、「ブルー・オーシャン戦略が、国民の繁栄と国民所得の増大に向けた礎になるかもしれない」と考えた。この推察を検証するために我々は首相と副首相から招聘され、マレーシアを訪問した。現地では、少人数での非公式セッション、官民のリーダーが集った三日間の合宿討議、首相が議長を務める公式閣議など、さまざまな利害集団との議論に参加した。マレーシア政府は二年に及ぶ調査と検討の後、ブルー・オーシャン戦略の理論とツールを活用して、経済、社会セクターのブルー・オーシャン・シフトを実現すると決意した。

二〇〇八年にはこの目的のために、マレーシア・ブルー・オーシャン戦略研究所（ＭＢＯＳＩ）という非営利の研究組織を設立した。翌年には国家ブルー・オーシャン戦略サミットという、国家指導者、最高レベルの官僚（国防幹部を含む）、民間セクターの主要リーダーによる月次会合を発足させた。首相や副首相がじかに注意を払う必要のない議題であれば、官房長官が議長を務める。ブルー・オーシャン・シフトの原則とプロセスが厳密に適用されるように、ＭＢＯＳＩはサミットを発足当初から支援してきた。

二〇一三年一月、国家ブルー・オーシャン戦略サミット（以下「ＮＢＯＳサミット」と呼ぶ）は、経済、社会分野の五〇を超えるブルー・オーシャン・シフトを始動させた。これらの施策では、「差別化」とは従来を遥かに上回る価値ないし効果を生むことを、「低コスト」は行政サービスのコストを下げることを、それぞれ指した。公的セクターは仕事が遅いことで悪名高いため、成功のモノサシの三つ目として実行スピードを付け加えた。こうして、大きな効果、少ないコスト、速やかな実行がＮＢＯＳの全施策の基本指針となった。

これらの施策は優れた成果を上げ、規模と範囲が急拡大したため、政府は財務省に国家戦略局を設けて、

ＭＢＯＳＩと緊密に連携しながら施策の支援、加速、監督にいっそう取り組むよう命じた。二〇一七年には、国家レベルで始動したブルー・オーシャン施策の数は合計で一〇〇を超えた。

国家ブルー・オーシャン施策の策定と実行

国家の変革プログラムが往々にして失敗するのは、政府組織が根深い縦割りを克服できないからである。大臣、省庁、部局がおのおの単独で仕事をし、リソースや情報をほとんど共有せず、縄張り争いや責任感の欠如も珍しくない。ＮＢＯＳサミットは、縦割りを解消して中央政府、州政府、地方自治体の役人同士を隔てる壁を壊さない限り、ブルー・オーシャンは創造できないと悟った。そこで、ブルー・オーシャン・シフトのツールやプロセスをもとに、所属組織も階層も異なる人々に協働と知識・リソースの共有を促し、経済・社会の新たな機会をどう創造し確保するかに関して、国のリーダー層の視野を広げようとしている。

この目的のためにＮＢＯＳサミットは、プレサミットとオフサイトという二つの変革支援プラットフォームを設けた。まずはＮＢＯＳサミットが、解決すべき差し迫った課題に戦略的に優先順位をつけ、どの順序で対処すべきかを明確にする。メンバーが議論する中身は多岐にわたる。犯罪の増加や世界的なテロリズムといった安全や治安の問題。都市部と地方の発展、イノベーションや起業家精神の必要性、インフラの強化、若者の雇用などの経済問題。女性の活用、不十分な行政サービス、医療、安価な住宅、動物の密猟のような環境の劣化といった、社会問題と公共の福祉。サミットの会議は三時間と決まっており、終了間際には進行中の施策に加えて新たに取り組む施策が発表される。これを受けて、二つの支援プラットフォームが施策の詳細を徐々に掘り下げていく。

ＮＢＯＳサミットが大きな方針を示すと、官房長官が議長を務めるプレサミットが対象範囲、チームメンバー、戦略の方向性を決めてから、オフサイトに詳細を説明したうえで施策を引き継ぐ。プレサミットは省庁や部局から選ばれたリーダーで構成される。彼らはサミットの議事日程を作成し、既存施策が確実に実行されるよう進捗を管理するとともに、実行途上で生じる省庁間あるいは部局間の軋轢の解消に努める。

オフサイト・プラットフォームは、ブルー・オーシャン施策の実行を任された実務チームで構成される。二つのプラットフォーム間の足並みが揃うように、オフサイトの実務チームのリーダーは、プレサミットのメンバーを兼ねる。各オフサイトチームは詳細な実行計画を作成する。個々のメンバーが責任を持って実行しやすいように、無理のない任務を明確なスケジュールとともに示すのだ。メンバー達は肌で感じた現場の実情を会議で説明するほか、必要ならその知見をもとに実行計画を修正する裁量も与えられている。

官房長官とその部下達は、国家目標の達成に向けて調整や指揮を行い、三つのＮＢＯＳプラットフォームすべてにおいて重要な役割を果たす。国を変革するこの取り組みは終始、有能で献身的で決然とした官房長官のリーダーシップに助けられてきた。マレーシアをレッド・オーシャンから救い、ブルー・オーシャンへと漕ぎ出させるうえで、歴代官房長官の貢献は筆舌に尽くしがたいものである。

誰もが戦略についての議論を理解し、全員が同じように実行の道筋となすべきことを把握するためには、

図表｜マレーシア地域更生プログラム（CRP）の戦略キャンバス
「収監ではなく、更生によって社会復帰のチャンスをもたらそう」

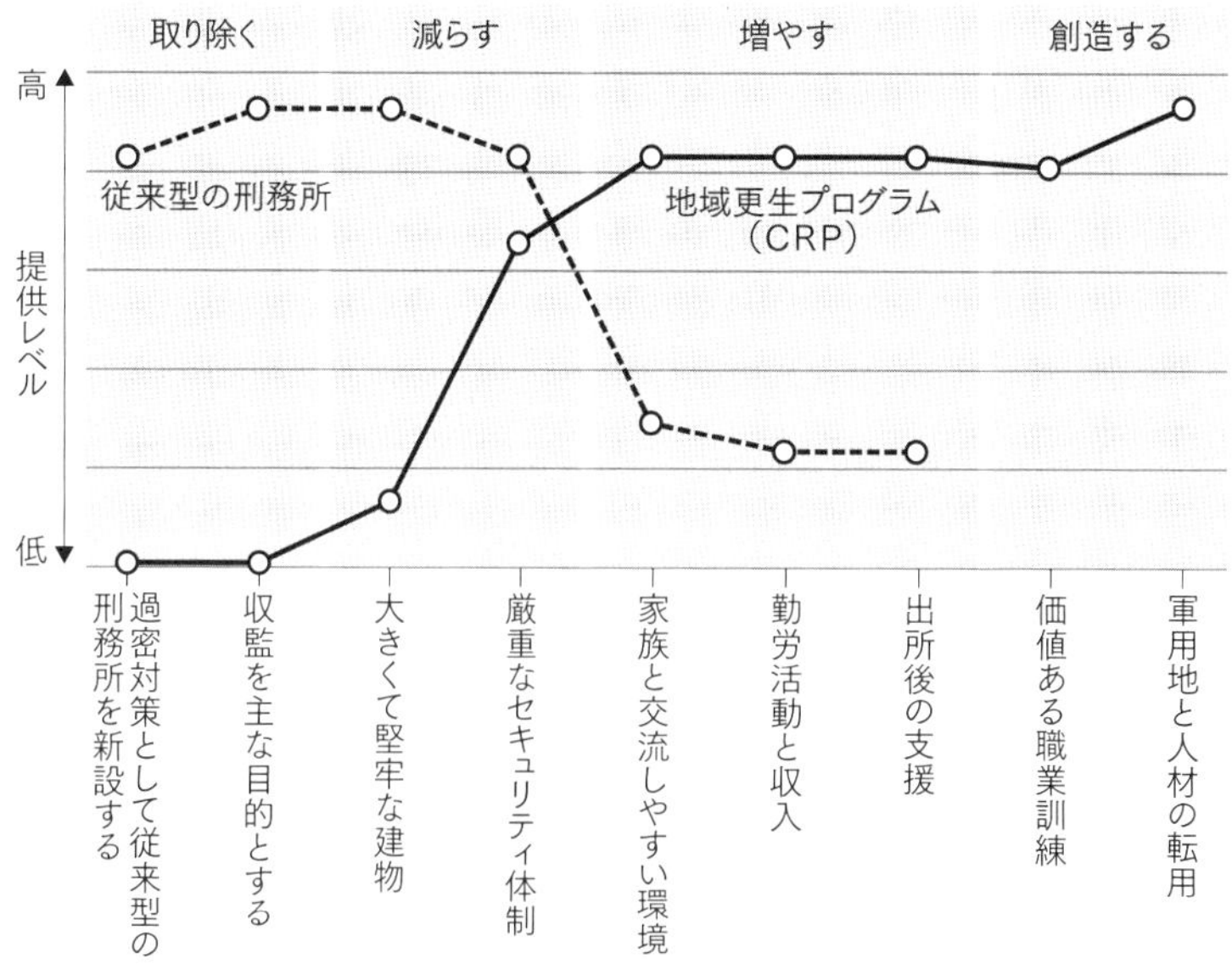

三つのNBOSプラットフォームが共通の言葉を用いることが不可欠だった。戦略キャンバス、四つのアクション、ERRCグリッドは、この目的をうまく果たした。例えば上の**図表**のように、戦略キャンバスと訴求力のあるキャッチフレーズ、四つのアクションを一枚にまとめると、政府のあらゆる階層、全関係省庁に属するすべての人々が、提示された戦略案が本当にシフトに該当し、新たな価値コスト・フロンティアの開拓につながりそうなのか、容易に見極めて、説明することができる。図表は、NBOSサミットで紹介された、マレーシアの地域更生プログ

ラム（CRP／第1章参照）の戦略キャンバス、キャッチフレーズ、四つのアクションである。簡単に振り返ると、CRPはマレーシアの全受刑者に占める割合が最も高い、軽犯罪者の更生を目指して設けられた。戦略シフトが実現して以降、再犯率が劇的に下がり、家族は感激し、社会の治安が向上した。コスト面では、CRPは従来型の刑務所と比べて、建設費と運営費がそれぞれ八五％、五八％も低い。最近の実績値に基づくと、最初の一〇年間に、コストと社会給付の削減効果が一〇億ドル超に及ぶと予測される。ただし最大の恩恵は恐らく、元受刑者に社会にとって有益な存在になるための希望、尊厳、技能をもたらし、彼らの人生を変えることだろう。

施策の策定と実行に当たって、NBOSの全プラットフォームは三つの包括的なルールに従う。第一に、アイデアや提案が検討の対象になるためには、二つ以上の省庁が関わり、「大きな効果、少ないコスト、速やかな実行」という三つのブルー・オーシャン基準を満たさなくてはならない。第二に、公正なプロセスを支える三つのE、すなわち関与、説明、明快な期待内容を、議論や意思決定に際して遵守する必要がある。第三に、戦略キャンバス、四つのアクション、ERRCグリッドなどの市場創造ツールを適宜活用し、すべての議論や報告に反映させる。マレーシア・ブルー・オーシャン戦略研究所（MBOSI）と国家戦略ユニットは、このプロセス全体を通して重要な役割を担う。NBOSサミットは、人々の自発的な協力を引き出す人間的な手法と、創造的な能力を培うブルー・オーシャン・ツール、両方の採用を促すうえで主導的な役割を果たす。

旅の始まり

マレーシアは、二〇〇九年に慎ましくブルー・オーシャンへの旅をはじめた。施策は一つだった。当時は路上犯罪が急増していた。ひったくりが蔓延し、オートバイに乗った犯人が歩行者、それもたいていは女性からバッグなどを盗み、そのまま逃走するのだった。市民は警官による見回りの強化を望んだ。警察も要望に応えるべく最大限の努力をしていたが、訓練を経たパトロール要員は不足していた。警察は、採用数を増やせるように訓練施設の増設を提案した。しかし、世界経済は二〇〇八年に起きた世界的な金融危機にあえぎ、財政赤字が膨らんでいたため、この提案は日の目を見なかった。警察は犯罪の増加というレッド・オーシャンの罠に陥り、市民は苛立ちを募らせ、競争相手すなわち犯罪分子はのさばった。政府は、従来の手法に頼ったのでは状況の好転は見込めないと悟った。ブルー・オーシャン・シフトが必須だったのである。

サミットがこの問題を話し合ったところ、マレーシア警察は単独ではこの問題を解決できないことが明白になった。内務省や行政管理庁を巻き込む必要があったのだ。サミットは、次回の会議で戦略行動プランを提示するよう、各省庁の混成チームに発破をかけた。そこでチームは、現場の実情について理解を深め、実行可能なブルー・オーシャン戦略案をいくつか考えるために、初回のプレサミット会議とオフサイト会議を開いた。

チームは、訓練を積んだ警官の非常に多くが報告書の作成、在庫管理、資料のファイリングといった管理業務に携わっていることを知った。これが慣行であるため、誰も疑問を抱いていなかった。しかしチームは、このような業務は警官でなくても十分にできるのではないだろうか、なぜ市民が切実に求めるパトロールに警官を充てないのかと首をひねった。同時に、チームには内務省や行政管理庁の職員も加わっていたため、官公庁は必要以上の人員を抱えていて、稼働負担が軽い人々がいることも分かった。十分に活用されていない有能な職員を、仕事の少ない行政事務組織から、仕事の多い警察署へ速やかに配置転換するという、ブルー・オーシャン機会が存在したのである。この機会を活かせば、政府はブルー・オーシャン・シフトの第一弾を実行して、低コストで速やかに大きな効果を生み出せるだろうと、チームは考えた。

この時点でチームは、シフトを実現するための具体的戦略を立案する準備ができていた。ただし、プラットフォームの会議はすべて公正なプロセスで貫かれ、関連する政府組織の上層部の足並みは揃っていたものの、省庁や部局の垣根を越えて人材を異動させるのは容易ではなかった。深刻な縄張り争いを引き起こし、転勤やインセンティブ関連の問題への対処を要し、発想や行動の幅広い変革が求められただろう。そのうえ、行政事務組織から警察への異動を発令しても既存の法令や規則に抵触しないか、司法省に確認を求める必要があった。仮に抵触する場合は、法律の枠内で対処する方法を見つけてもらう必要があった。

サミットは、これらの判明事項と変革の実行に向けた課題をすべて聞いたうえで、司法省の職員をチームに加え、提案を承認した。そして、行動プランと具体的なマイルストーンを策定し説明するよう、増員後のチームに指示した。この時点で、目的を果たすためには、プレサミットとＮＢＯＳオフサイト、両プラットフォームをさらに活用する必要があった。チームは六カ月以内に結果を示すよう期待されていた。厳しいスケジュールだが、特例を除くと、以後のNBOSプロジェクトすべてが同様のスケジュールに従った。その狙いは危機感を醸成し、速やかな実行に向けて革新的な手法を引き出すことだった。NBOSメンバー全員にあらかじめ、明快な期待内容が伝えられ、適切な説明がなされた。

チームはサミットに月次で進捗を報告し、フィードバックを仰いだ。六カ月以内に、事務・管理業務に携わっていた七四〇〇人超の熟練警官が、配置替えによって街のパトロールを受け持つようになった。その穴を埋めるために、四〇〇〇人の公務員が警察署に配置され、事務・管理業務を引き継いだ。この変革の途上で効率の向上が確認できたため、人員の削減を行い、さらなるコスト削減が実現した。従来のレッド・オーシャン型手法では、新任警官は採用後に研修を経てパトロールに就いたが、省庁・部局間の垣根を越えた異動は数億ドルのコスト削減を可能にし、街の安全にすぐに効果を発揮した。二〇〇九年から二〇一〇年末にかけて、路上犯罪の報告件数は三五%も減り、以後も減少を続けている。

さらに喜ばしいのは、人々の考えや行動が変わったことである。次のような会話が聞かれるようになった。一人が「二二歳の誕生日に警官になりました」と言うと、彼の管理業務を引き継ぐ担当者からは「一五年間パトロール業務をこなして、やっとエアコンのきいた快適な事務室での仕事にありつけた（マレーシアは年間を通して暑い）。ところが君のせいで、炎天下でのパトロールに逆戻りさ。ついてないと思ったさ」という言葉が返ってきた。「だからですか。着任した私に対して冷たく、けんか腰だったのは。でも、今は違いますね。親切に手を差し伸べてくださっています。なぜですか」。相手は笑顔で返事をした。「君は管理業務に秀でている。向いている仕事だから当然だろうが、その仕事ぶりが気に入った。もっと大きな理由もある。パトロールに復帰したら懐かしさがこみ上げてきて、守るべき人達と交流したり、近隣の人々の行き来に注意を払ったりする楽しさを思い出したのだ。NBOSのお陰で僕らはつながることができたし、好きで得意な仕事ができるようになった」

このようなやりとりは珍しくない。依然として改善の余地はあるし、深刻な縦割りを打破するには常に時間と忍耐を要するが、警官と他の公務員が国のために手を携えて仕事をしているため、前向きな会話が頻繁に交わされているのだ。

一部の高官達も当初、軍がCRPの施策に関わることに消極的だった。外からの脅威や侵略に対する防衛という、本来の義務を十分に果たせなくなるのではないかと懸念したのである。とはいえ、何回か議論を重ねた後には全員が了承した。すでに述べたように、CRPは多大な成果を上げている。最近のサミットでは軍の最高位を占める国防司令官がこう振り返っていた。「我々も大きな進歩を遂げ、今ではNBOSが推進する変革を心から受け入れています。我々の使命は国に尽くすことですから、国防を最重視しながらも、今では国に尽くす新しい方法を見つけました」。現在はNBOSの下、六つのCRPセンターが開設され、約一万人の受刑者が更生した。

NBOSが始動するまで、国防軍と警察は互いの領域に決して踏み込まなかったが、今は違う。両組織は現在、国民と国家を守ることを共通の使命と認識しており、これはさまざまな状況に反映されている。例えば、犯罪多発地域では共同パトロールの実施に乗り出し、国防軍は空きのある訓練施設を警察に提供しはじめた。これにより、警察は訓練を経た警官を速やかにパトロールに配置できるばかりか、警察独自に新たな訓練施設を設ける必要がなくなり、大幅なコスト削減が実現した。サミット会合の席上、警察の監察官が「警察と国防軍は行進のペースも敬礼の作法も違います」と発言したことがある。じかし彼は、国防長官とともにこんな提案もしている。「両組織が国のために推進する業務変革を広く知ってもらうために、訓練施設の卒業式を合同で実施してはどうでしょう。そうすれば、軍の研修施設で訓練を受けた初代の警官が、国防軍の訓練生と肩を並べて卒業の場に臨むことになります。これは史上初の快挙です」。この歴史的な式には二万人を超える参観者が詰めかけ、変革の熱気がみなぎった。

ブルー・オーシャン・シフトの進化

マレーシア政府は二〇〇九年以降、合計一〇〇以上のブルー・オーシャン施策を始動させ、財務省、教育省、国土開発省、農務省、都市福祉省、国防省、住宅自治省、女性・家族・コミュニティ開発省など九〇超の省庁を巻き込んできた。取り組んだ課題は治安・国防、経済社会の発展、環境、国民の福祉など多岐にわたる。詳細は www.nbos.gov.my や www.blueoceanshift.com/malaysia-nbos に記載されている。NBOS施策のうち、これまでに市民の間に最も幅広い需要を生み出したのは、都市部と農村部の福祉、起業家精神、若手のボランティア活動に関するものである。以下、各分野の具体例を簡単に見ていこう。

二〇一二年六月、NBOSは州都の一つマラッカに都市変革センター（UTC）の第一号を開設した。

以後、マレーシア各地の主要都市に、二〇を超える大小さまざまなＵＴＣが設けられた。この施設はあらゆる行政サービスを一手に引き受けている。週に七日、朝八時半から夜一〇時まで、パスポートの更新、各種免許、許認可、各種登録、技能訓練、診療、社会福祉、各種公的証明など、あらゆる業務に対応する。ＵＴＣは大好評を博しており、人口が三〇〇〇万人をわずかに上回る程度のマレーシアにあって、のべ来訪者数は最初の数年だけで五〇〇〇万人に迫っている。しかも、ここでは行政サービスを受けるだけでなく、食品雑貨の購入、フィットネスセンターなどリラクゼーション施設の利用、銀行取引などもできる。ＵＴＣは政府・自治体の空きビルや空室に入居しているため、サミットで案件が了承された後は速やかに設置に漕ぎ着けた。マラッカの第一号ＵＴＣはわずか六週間で入居ビルの準備が整い、その後二週間で業務を開始した。

ＵＴＣのお陰で、省庁は各地に独自窓口を持つ必要がなくなったため、今後数十億ドルのコストを削減できるだろう。他方で市民も、都市交通と格闘しながら何カ所も回らなくても、行政サービスを受けられるようになったため、効率性と利便性の向上による恩恵は非常に大きい。似たような施策は農村部でも展開されている。ＮＢＯＳが大小二〇〇超の農村変革センター（ＲＴＣ）を開設して、農村部の住民の所得向上につながる新たな経済、社会、教育機会を提供しているのだ。

マレーシア・グローバル・イノベーション＆創造性センター（ＭａＧＩＣ）もまた、ＮＢＯＳサミットが構想したものである。ビジネスパーソン、資金提供者、各分野の専門家、大学、官僚や役人を互いに引き合わせて、国内外の起業家を一貫して支援する役割を果たす。二〇一四年四月に当時のバラク・オバマアメリカ大統領とマレーシアのナジブ・ラザク首相の主導で設立されて以来、一万五〇〇〇社を超える新興企業の設立を支援してきた。ＭａＧＩＣはマレーシアにおける起業関連のエコシステムを組織化するだけでなく、社会のあらゆるセグメントの人々にブルー・オーシャン戦略のツールと手法を教え、創造的な能力を培っている。ＭａＧＩＣアクセラレーター・プログラムは、ＡＳＥＡＮ（東南アジア諸国連合）に照準を合わせた新興企業のコミュニティ作りを進めており、同種の組織として東南アジアで最大規模である。

サミットによるワン・マレーシア・フォー・ユース（ｉＭ４Ｕ）設立も、若者によるボランティア活動に変革をもたらした。ｉＭ４Ｕは、若者に自信を付けさせ、彼らの熱意と能力を国のために活かしてもらうために、ボランティア活動の新たなフロンティアを開拓することを目的として、二〇一二年に設立された。今や約三〇〇万人のメンバーを擁し、若者のボランティア組織としては東南アジア最大、全世界でも最大級となった。所属ボランティアは国内外で四五〇〇超のプロジェクトを遂行して、自然災害の被害者救援、補助教員の派遣、貧困者や高齢者のための慈善、地域活動への参加などに尽力してきた。若者達による新しいボランティア活動のかつてない盛り上がりは、都会や地方の人々に感銘を与えている。若者は「他者の幸福や福祉に貢献できる」と実感して自信を深め、成果への誇りを強め、技能を高める。しかも、政府のコスト負担は小さい。

これらの取り組みは、協働によって新たな価値コスト・フロンティアを開拓する方法や、自分の役割や責任を果たすうえでの発想や手法を、大きく変えるものだ。あるサミット会合では、財務次官が笑顔でこう発言した。「私は財務官僚です。ＵＴＣやＭａＧＩＣのような施策を主導、実行するよう命を受けて、ブルー・オーシャン流の発想と行動について多くを学んできました。ＮＢＯＳの仲間ともども、ブルー・オーシャン流を身につけて発想を切り換える必要性に、目覚めました。私にとってこれは、財政などの数字だけを扱う仕事からの脱皮を意味しました。コストを抑えながら迅速に仕事をして、効果的な国家予算を策定するには、ブルー・オーシャン戦略家になる必要があるのです」

ＮＢＯＳが極めて重要な役割を担う「国を変革する旅」が、二〇〇九年に首相の旗振りで始動して以降、マレーシアの国民総所得は五〇％近くも伸び、二〇〇万人を超える雇用が創出された。世界、とりわけ新興国や発展途上国の政府がこれに注目して、マレーシア政府に経験の共有を求めた。マレーシアとそのリーダーがこの要請に前向きに対応した結果、二〇一六年八月一六日から一八日にかけて、ＮＢＯＳに関する国際カンファレンスが開催された。

三日間のカンファレンスは、クアラルンプールの南に位置する行政都市プトラジャヤで開催され、四五カ国から五五〇〇人が参加した。参加者の中には国家首脳、大臣、官僚トップ、国連の代表、さらにはイスラム協力機構、ＡＳＥＡＮ（東南アジア諸国連合）、ＣＡＰＡＭ（コモンウェルス行政管理連盟）の代表者らがいた。

官房長官が開会の辞を兼ねて、ＮＢＯＳ施策の概要を説明した。次いで首相が感動的な基調講演を行った。「時代遅れの政策を続けていたなら、政府と国はレッド・オーシャンを泳いでいたでしょう。そのような事態を避けるためにパラダイム転換を起こし、新たな経済モデルを築かなくてはならないと判断しました。知識、創造性、イノベーション主導の経済モデル、つまり新たな機会に満ちた『ブルー・オーシャン』を創造する必要があったのです」。続いて行われた各国首脳によるパネル・ディスカッションでは、タイの首相が基調講演の趣旨に基づいて「経済が不透明な時期には特に、各国とも競争を前提としたレッド・オーシャン戦略に回帰しがちです。それを避けて、ブルー・オーシャンの創造に向けたイノベーションに尽力してください」と訴えた。

これらの開会イベントが終わると、参加者は各セッションに分かれ、NBOSの取り組みが国家政策の策定と実行をどう変革したか、さらにはその変革が関係者の発想や行動、協働のしかた、国の経済・政治状況にどう影響したかについて、議論を交わした。内務相時代に最初のNBOS施策を指揮した現国防相は、「NBOSは、何事も折々に刷新しなくてはならず、いつでも広い心で互いに協力すべきであることを、絶えず思い起こさせてくれます」という考えを披露した。どのような変革も出だしが難関であることを踏まえると、国防相のこの発言はひときわ心に響いた。

NBOS関連の展示もカンファレンスの目玉だった。参加者はさまざまな施策のブースを訪れて、それまでに仕入れた知見について議論を交わすことができた。最終日には、施策の現況はどうか、人々の暮らしにどう影響を及ぼしたかを実感できるよう、現地視察の機会が設けられた。グマスのCRPセンターも視察先の一つだった。視察者達は、受刑者が収入につながる新たな技能を身につける様子を眺め、彼らが自分の仕事と成果について誇りを持って語る様子に耳を傾けた。

「変革を実現するには、従来にない方法で協働し、発想を変え、新しい役割と責任を引き受けなくてはなりません。これは容易ではありませんが、やりがいはあります。私どもはNBOSの取り組み全体を通して、国民によりよく奉仕し、国民にとって本当に重要な仕事をやり遂げるための、新しい方法を創造してきました。NBOSは国全体を変革してきたのです。行く手にはブルー・オーシャンが広がっています！」

これはマレーシアの副首相による閉会時の基調演説の一節である。

今日ではサミット会議の際に、施策を「ブルー・オーシャンする」、仕事を「NBOSしている」といった言葉が、頻繁に聞かれる。首相は最近のサミットで国民に向けてビジョンを語るなかで、国家ブルー・オーシャン戦略の重要性を強調し、「二〇五〇年までに世界の上位二〇カ国に食い込むのが目標です。そのためにはブルー・オーシャンへの旅を続ける必要があります」と説いた。熱意を新たにした官房長官は、NBOSの活動全般を精力的に指揮し、参加者のモチベーションを引き出すと同時に、結果の把握と広報にも取り組んでいる。公務員を対象とした最近の演説では、「変革は決して容易ではありません。しかし、NBOSのように前向きな発想があれば、奇跡を起こせます。NBOSはマレーシアの変革の旅を支える大切な柱です」と振り返った。

こうして新たな自信を得て、ブルー・オーシャン・シフトは続いていく。

付録

日本企業の中にも、レッド・オーシャンを抜け出し、ブルー・オーシャンへと移行した企業は存在する。付録では、シフトに成功した日本企業に取材をし、日本オリジナルのケースを作成した。新興経済メディアとして注目を集めるニューズピックス、メガネの概念を刷新したJINS、IoTプラットフォームとして急拡大を続けるソラコム、既存の駐車場ビジネスを再編したパーク24。これら4つの事例から、ブルー・オーシャン・シフト実践のポイントを考える。

ブルー・オーシャン・シフト研究所日本支部 代表
ムーギー・キム

早稲田ブルー・オーシャン戦略研究所 所長
川上智子

INSEAD ブルー・オーシャン戦略研究所 シニア・エグゼクティブ・フェロー
ミ・ジ

ニューズピックス

ニュースの価値を変える新時代のメディア

ニューズピックスは、経済情報に特化したソーシャル経済メディアだ。経済ニュースのキュレーションメディア（ウェブ上のコンテンツを特定のテーマや切り口で集めて公開するメディア）として二〇一三年にサービスを開始した。既存メディアが疎かにしていた若いビジネスパーソンを中心に、二〇一八年には、無料会員約三〇〇万人、有料会員約六万人を抱えるまで成長を遂げている。

ニューズピックスの戦略は他の大手メディアと比べ三つの大きな特徴がある。一つ目は経済分野に特化したキュレーションメディアであるため、他のメディアが発信した国内外の経済ニュースがそのプラットフォーム上で読めること。二つ目は、SNS機能を重視しており、ニュースに対して複数のその分野のエキスパート（プロピッカーと呼ばれる）によるコメントが加えられ、また読者も自由にコメントできること。三つ目に、特定分野のオリジナルコンテンツを充実させており、既存メディアが力を入れていないテクノロジーやスタートアップ分野を中心に独自コンテンツの強みを持つことである。

すでに飽和状態にあると思われていた日本のメディア産業のなかで、ニューズピックスはなぜ短期間に急成長できたのだろうか。同社の戦略をブルー・オーシャン・シフトの五つのステップに即して、見ていこう。

原体験を共有する創業チームの構築

同社のサービスは、創業者の一人・梅田優祐が、証券会社に勤めていた時に毎日読んでいたアナリストのコメントから発想したものだ。証券会社では、ある企業のニュースが発表されると、その背景となる事情や、どう評価すべきかという解説が即座に送られてきた。梅田はニュース以上に、それを読み解く専門家のコメントに大きな価値を感じていた。

それに対して、一般読者は速報性に重きを置いたストレートニュースと、その分野の専門家ほどの知識を持たない記者が書いた解説を読む。それならば、専門家がニュースをタイムリーに解説するサービスをビジネス化できないかと考えた。これまで、ほんの一部の人しか読むことのできなかったプロのコメントを、誰でもが読めるように大衆化し、オープン化を図ったものがニューズピックスの出発点である。

編集長として招聘された佐々木紀彦は二〇一四年当時、大手経済誌のオンラインメディアを日本最大級の経済メディアに成長させていた。佐々木自身もそのキャリアから、世間の事象を速く伝えるだけのストレートニュースはコモディティ化し、レッド・オーシャンと化していることを実感していた。新聞、テレビ、通信社、雑誌などさまざまな媒体が存在する一方、ニュースに対する深い分析の欠如を感じていた。

またPV（ページビュー）の拡大を実現する反面、収益性の高いビジネスモデルの構築の難しさも実感しており、新しい経済メディアのビジネスモデル構築法を模索していた。

サービスの核は、有名人やその分野のエキスパートが、どれだけ多くコメントしてくれるかにある。そのため、元金融担当大臣の竹中平蔵や元ライブドア社長の堀江貴文など、有名で若い世代に人気が高く、かつ高い知見を持った人達を口説いて回り、コメントを投稿してもらうことに成功した。

ビッグネームを巻き込めたのは、彼ら自身が既存メディアに不満を感じていたからだろう。情報を媒介している記者だけが情報の発信機能を独占していることへの不満やニュースの質への問題意識が、多くの経済学者や経営者の間で共有されていた。また専門家の視点から質の高いニュースの解釈が必要だというニーズが共有されていたことが、サービス開始の大きな原動力となった。

現状を知る

日本の経済メディアは典型的なレッド・オーシャンに陥っていた。大手新聞社はどこも軒並み発行部数を減らしており、購読者および広告収入の減少が数多くの経済紙、週刊誌を廃刊に追い込んでいた。代わりに数多くのオンラインメディアが勃興していたが、PVの急増にもかかわらず、収益化に失敗していた。

従来、記事の発信は記者クラブに加入している既存メディアと一部の記者に限られていた。しかしインターネットの普及で誰でも簡単に情報を調査でき、また発信できるようになっていた。加えて、一瞬にして情報が無料で広がり、速報性が高まった反面、誰でも発信できるがゆえに、情報の信頼性の低下に拍車がかかった。そのため、情報の信頼性や付加価値の高い解釈に対するニーズが高まっていた。

そのような中、大手新聞社は数千人もの正社員、印刷所、配送部門なども自前で抱えており、収入の低下に高コスト構造の改善が追い付いていない状況であった。経済メディアは各社ともに、完全にレッド・オーシャン化している記事の速報性と大量生産から舵を切れずに、縮小するパイを奪い合っていた。

既存メディアが取り込まない非顧客層の獲得

ニューズピックスが既存のビジネスメディアと大きく異なる点は、利用者の年齢にある。読者の八割は二〇代、三〇代で、実はその年齢層のビジネスパーソンは既存メディアが重視していない層であった。ビジネスメディアの購読層は、四〇代、五〇代がボリュームゾーンで、この層にいかに購入してもらうかが、既存メディアの課題だった。加えて、部長以上の意思決定者層に受け入れられなければ広告収入は得られないため、ターゲットとして意識されるのは四〇代後半〜六〇代であった。

また、メディアの作り手側が高齢化していたため、若いユーザーのニーズに対応できていなかった。メディアは、読者とともに作り手側も高齢化していく。年功序列が色濃く残る日本の場合、新聞のデスクや雑誌の編集長の多くは五〇代、若くて四〇代後半であり、その層が同年代の読者目線の情報を発信する構図になっていた。

ニューズピックスは既存メディアがターゲットにしていない二〇代、三〇代のビジネスパーソンをターゲットにし、編集者・記者も同年代を揃えた。既存のメディアが引いていた無意識の境界線をそれによって打ち壊した。

従来の経済メディアでは、非顧客層の第一グループとして、他に選択肢がないからやむを得ずシニア男性向けの経済メディアを購読していた層が存在する。また第二グループとして、質の高い経済情報へのニーズはあるが、月四〇〇〇円もの新聞代の支払いを見送る層が存在した。また第三グループとして、そもそも経済メディアに関心がなく、新聞や経済紙を手にする習慣のない巨大な層が存在していた。

さらに買い手の効用マップを鑑みた時、大半の経済メディアは情報の提供に終始していることがわかる。これに対しユーザーは、自ら情報を発信する機会や目にした経済ニュースに関する討論の機会、自身の発信内容に関する評価を通じた、自己承認欲求の充足も求めているとニューズピックスは考えた。

独自商品の生産機能と固定収入基盤の構築

ビジネスモデルを具現化するうえで、ニューズピックスは他業界や他の戦略グループから、どのようなヒントを得たのか。佐々木編集長は製造小売業とアイドルビジネスという二つの軸を挙げる。

直接的な代替産業ではないものの、製造小売業（ＳＰＡ）という意味では、ユニクロとセブン‐イレブンを意識した。いまや多くの産業は、製造業や小売業単独の機能だけでなく、ＳＰＡ化している。ユニクロは自社で製造し、自社の店舗で売る。セブン‐イレブンはオリジナル商品を増やして、高い利益率を獲得している。ニューズピックスは、メディアも「独自商品の生産機能」を持たない限り、成功できないと考えた。無料キュレーションサービスで会員を囲い込みつつ、オリジナルコンテンツを充実させることで、有料会員への移行を促している。

また、著名人のコンテンツを提供するという意味で、タレントビジネスからは、「人に紐づいたサブスクリプションモデル」を参考にした。例えばアイドルを抱える芸能事務所の強さは会員ビジネスから生まれている。アイドルグループは年会費や月会費を払うファンクラブを有する場合が多い。いわゆるサブスクリプションモデルが構築されている。そして、会員になればコンサートチケットの優先権が与えられるほか、食事会や握手会など交流の機会が持てる場合がある。サブスクリプションによって、固定収入を得られることで、ビジネスの基盤が安定する。

そこでニューズピックスも、一五〇〇円のサブスクリプションモデルを確立しようとした。ニューズピックスは、プロピッカーらコメントを残す人が目立つメディアである。その人達のファンを作り、プロピッカー達をゲストに呼んだイベントも実施している。イベントは興行ビジネスのようなもので、アイドルに会いに行くように、読者はプロピッカー達に会いに来てくれるのだ。

人についたファンはロイヤルティが高く離れづらい。コンテンツの閲覧データを見ても、企業を分析したコンテンツよりも、有名人のインタビューや対談など、人に紐づいたもののほうが人気は高い。お金を払ってもらうには抽象的なテーマではなく、誰が語っているか、誰が書いているかが重要なのである。

戦略を絞り込み、実行に移す

同社はネットを活用するIT企業でもあり、ABテストは日常的に行っている。レイアウトを変える時など、複数の案を読者に試してもらい、反応をリサーチしてきた。

さらに新サービスを始める前にはテストマーケティングを行い、感触を試している。例えば、有料サービスプランの一つである「ニューズピックスアカデミア」では、オリジナル記事のほか、毎月、会員にオリジナル書籍を配送すること、イベントに毎月一回参加できることの三つのサービスを提供している。しかし、それが本当に機能し読者に受け入れられるか、プランを始める前に本を出し、単発のイベントを二〇～三〇回開催した。その中からさまざまな学びを得て、一年かけて企画を洗練させていった。

ビジネスを現実化するにあたり、特に苦慮したのはコミュニティのクオリティ担保の問題だった。ネットのコミュニケーションは人が増えるにつれ、場が荒れる。そのため、当初は匿名も排除しなかったが、現在は実名の認証システムを導入している。また、コメントは一つのニュースに対して一回しか書き込めないようにした。それによってコメントが荒れることを防ぎ、いわゆる炎上しづらい設計にした。

現在、ユーザー同士でコメント欄を使ってやりとりをしたり、個別にメッセージを送ったりはできない。ニューズピックスはあくまでニュースに向き合うことを重視し、人と向き合う空間を提供するのではないと戦略的に判断した。コミュニケーション要素はサブに留め、ニュースを楽しみ、ニュースに向き合ってもらうことを一番の柱と考えたのである。

ニューズピックスの戦略キャンバス

ニューズピックスの現在のサービスは以下のような戦略プロフィールを有している。

価格

ニューズピックスの価格は、新聞に比べ割安である。例えば、『日本経済新聞』の電子版の四二〇〇円に対して、ニューズピックスは一五〇〇円である。低価格を可能にするコスト構造には二つのポイントがある。先述したように、ニューズピックスは少人数で記事を制作しており、人件費を抑えられている。加えて、発信はネットのみなので、販売コストがほぼ不要である。

新聞は系列販売店を組織して家庭や企業へ朝夕の配達を独自に行っているばかりか、印刷も自社の工場で行っている。製造も流通も自社内で抱えるためコストがかかる。

記事の制作体制

既存のキュレーションメディアは、オリジナルコンテンツをほとんど制作していない。ニューズピックスでは、佐々木編集長や既存メディアから転職した記者達が、オリジナルコンテンツを制作し、有料会員限定で提供するようにした。既存メディアの編集チームにはシニア層が多いが、ニューズピックスの編集チームは二〇代、三〇代の若い層が中心である。

とりわけ、テクノロジーやスタートアップなど、新しい経済の動きを強く意識したオリジナルコンテンツに注力した。ニューズピックスはテクノロジーで変わっていく新しい経済の最先端を極めてわかりやすく記事化することに強みを持っている。だからこそ、小さな組織からの発信であるにもかかわらず、約六万人の有料会員を集めることができたのである。

一方、速報性を重視するストレートニュースは一切作成していない。新聞など既存大手メディアが全国各地に支局を設け千人規模で記者を抱えるが、同社は東京一カ所に記者・編集者が集結し、その人数は約二〇人と圧倒的に少ない。そのため、競合が多いストレートニュースや夜討ち朝駆けが必要なスクープでは勝負せず、記者の人数とコストを抑えている。

SNS機能

読者がニューズピックスだからこそ得られている喜びの一つは、ユーザー自らがニュース記事に対してコメントを残し、ニュースに参加できることにある。他のメディアにもコメント欄はあるが、あくまで記事の付属としての設計になっている。一方、ニューズピックスはコメントのほうが目立つUI（ユーザーインターフェイス）を構築し、読者を主役に置くようにした。

専門家ならではの役立つコメントや、面白いコメントには、「Likes」ボタンで反応を残せる機能がある。そのため、有名人から反応がもらえたり、より多くの反応を集めたりすることで、利用者の承認欲求を満たす側面もある。また、読者同士のコミュニケーションを望む人には、会員限定のイベントを開催し、リアルな場で交流できる機会も設けた。

経済に特化したキュレーション

さまざまな媒体のニュースを集めて掲載するキュレーションメディアは複数存在し、レッド・オーシャンになりつつあった。ニューズピックスは差別化のために、まず扱う分野を経済に特化した。先行するキュレーションメディアが百貨店やスーパーだとすると、いわば経済の専門店として開業することで価値の違いを明確に打ち出した。

一方、既存メディアがキュレーションの機能を取り入れることは難しかった。自社で大量の記者を有し、大量の記事を日々作成するため、競合の記事を自社サイトに掲載することは、内部の反発が出ることなどが考えられたからだ。

法人向けサービスの強化

ニューズピックスのビジネスモデルは大きく分けて、個人からの課金と、企業からの求人広告も含めたスポンサー広告の二本柱になっている。売上げはほぼ半々だ。

図表｜**ニューズピックスの戦略キャンバス**

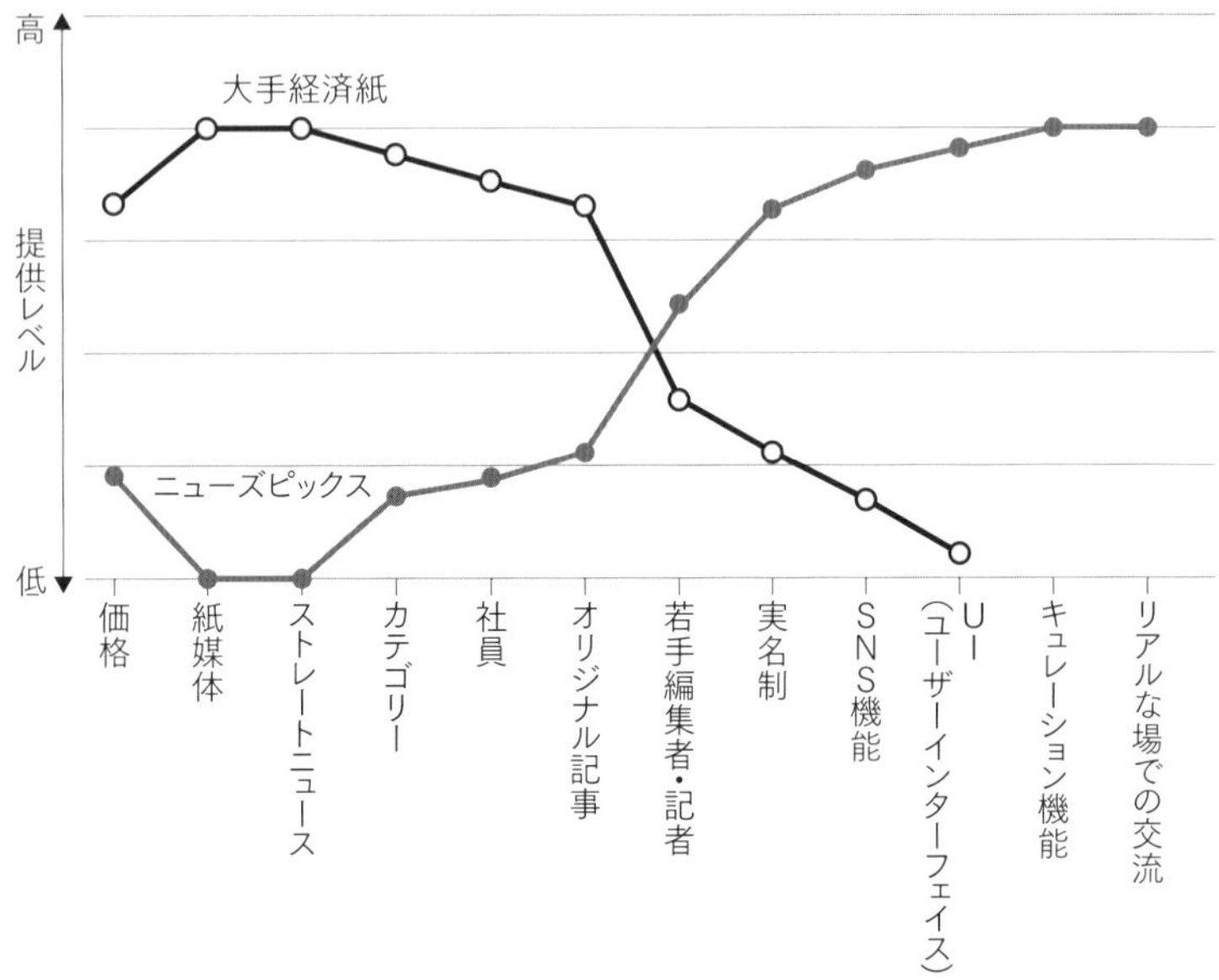

この法人向けサービスにも、ブルー・オーシャン・シフト的な側面が見て取れる。その理由の第一はやはり読者層である。二〇代、三〇代のエッジが立った新世代リーダー層にリーチする経済メディアは存在しなかったため、その層にアプローチしたい企業からの広告を獲得しやすかった。スマートフォンへの最適化も進んでおり、それに合わせた広告づくりにも長けていた。これは競合が強化していなかった部分であり、他メディアと比較して単価が高いにもかかわらず広告販売も好調である。

加えて、転職者向けのリクルーティングマーケティングの場としても、ニューズピックスは価値を提供している。「ジョブオファー」というカテゴリーを設け、

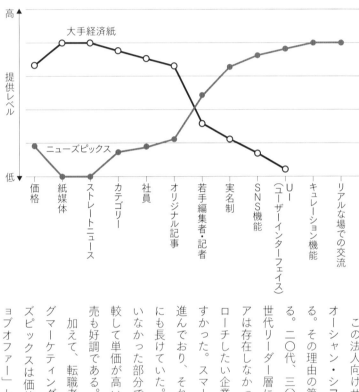

求人情報を掲載した記事を通して「転職を考えていない非顧客層」に企業がアプローチできる枠がある。既存の転職サイトでは、転職したい人をターゲットとする。しかし、良い人材を採ろうと思えば、いまは転職する気がない優秀な転職潜在層をどう引きつけるかが勝負になる。ニューズピックスは転職メディアではないことから、転職を考えていなかった人（それも意識の高い人）に興味を持たせる効果がある。

今後の展開

現在、ニューズピックスは〝経済を、もっとおもしろく〟をコンセプトに、個人ユーザーには従来より圧倒的に低い価格設定で、ニュースの速報性ではなく解釈の深さ、経済ニュースを通じたコミュニティの構築、自己承認欲求の充足という新しい価値を提供している。そして企業に対しては従来のリクルーティング広告でアクセスできなかった「非顧客層」へのアクセスを提供する、ユニークな新興経済メディアとして注目を集めている。

これらの新しい価値をより低価格で実現しており、収益性低下にあえぐ経済メディアの中で、利益を拡大させながら急速な売上げの拡大を実現させている。今後は経済メディアに限らず、ビジネススクールの要素を兼ね備えた「ビジネス情報コミュニティ」の形成を企図して、さらなるブルー・オーシャン・シフトの機会を創造しようと考えている。

執筆：ムーギー・キム

JINS

メガネの概念を継続的に再定義

JINS(株式会社ジンズ)は、世界でも珍しいメガネのSPAというビジネスモデルを構築して、成長してきた企業である。コストカットの徹底と、大量販売によるスケールメリットを合わせることで、メガネを業界最低・最適価格で提供している。また低価格業界初となる「薄型レンズの追加料金なし」も実現し、市場に革新をもたらした。

JINSの人気の要因の一つに、低価格・高品質のフレーム・レンズがある。安さを可能にしたのが圧倒的な販売本数だ。売上げでは業界二位にもかかわらず、販売本数は年間約五〇〇万本である。これは売上げで業界一位を走るチェーンの、およそ二倍の本数を誇る。また店舗数はJINSの約三二〇店舗に対し、一位のチェーンは約八〇〇店舗。一店舗当たりの販売本数は数倍に当たる計算である。

JINSのビジネスモデルはこのように回転率の高さによって維持されている。というのも、価格の差からライバル店より顧客の買い替えサイクルが短く、また主要顧客の年齢層が二〇代、三〇代であることから、メガネをファッションアイテムと捉えて一人で何本も所有する人が多いからである。

ＪＩＮＳは視力補正用具としてのメガネから、ファッションの一部としてのメガネや機能性アイウエアとしてのメガネを生み出すことに挑戦してきた。機能性アイウエアには、ＰＣメガネ、花粉対策メガネ、保湿メガネ、スポーツ用メガネなど、各種のラインアップが揃う。さらに、眼電位センサーを搭載して、集中状態などを測れるウエアラブルデバイス『ＪＩＮＳ　ＭＥＭＥ（ジンズ・ミーム）』という商品でメガネの可能性を広げてきた。

メガネ市場全体が縮小するなか、ＪＩＮＳはいかにレッド・オーシャンから抜け出し、ブルー・オーシャンを切り開いたのか見ていこう。

ビジョンを確立して社員を巻き込む

ＪＩＮＳは一九八七年、創業者である田中仁社長が雑貨卸を起業したことに始まる。二〇〇一年にメガネ小売りに進出し、韓国でフレームとレンズを調達、一本三万円が当たり前だったメガネを五〇〇〇円で販売して業界の異端児と呼ばれた。さらにその後、製造直売のＳＰＡ方式を確立して店舗数を急増させ、二〇〇六年八月には株式公開を果たした。

ところが、その順風満帆の航海も上場直後から陰りが見え始めるようになる。大手チェーンがこぞって廉価販売に参入して競合店が増加、ブルー・オーシャンであった格安メガネ市場は、たちまちレッド・オーシャンと化してしまう。上場二年後の二〇〇八年にはリーマンショックの影響も受け、苦境に陥った。

そんな折、田中はユニクロ（ファーストリテイリング）の柳井正会長と会う機会に恵まれる。柳井会長から「利益だけを追うのではなく、ビジョンと哲学をしっかり持たないと大きくなれない」と諭されたことが事業を見つめ直すきっかけになった。

経営陣らが集まり議論した結果出てきた当時のビジョンが「メガネをかけるすべての人に、『よく見える×よく魅せる』メガネを、市場最低・最適価格で、新機能・新デザインを継続的に提供する」というものだった。

中核メンバーと共に十分に時間をかけて自社の現状と将来像を議論し、ビジョンを明確にすることで、変革に取り組む組織としての根底の価値観が確立でき、景気や売上げの増減に右往左往しなくなった。

ビジョンの確立と共有によって変革へと社員を巻き込むことができた田中は、同年九月に思い切った策を打つ。仕入れを工夫し、それまで追加料金が必要だった薄型非球面レンズへの変更を追加料金ゼロとし、さらに軽さが持ち味の新素材で作ったフレーム『Ａｉｒｆｒａｍｅ』を投入して勝負をかけた。ＪＩＮＳはその勝負に勝ち、Ｖ字回復を成し遂げる。

現在はビジョンをさらにブラッシュアップし、Magnify Life（マグニファイ・ライフ）としている。人々の人生を拡大し豊かにするという意味で、会社に携わる人々の人生を豊かにするような製品やサービス、事業活動を目指すことである。

大型チェーン店同士の価格競争からの脱却

ＪＩＮＳが参入したメガネ業界には、メーカーから仕入れたフレームとレンズを店舗で組み合わせ、高いマージンを取って売るというビジネスモデルが浸透していた。利益率が高いだけに、競合他社は昔ながらのやり方に安住していた。しかし従来型のメガネ業界は、廉価販売のＳＰＡに市場を奪われ、大型チェーン店同士の価格競争に転落していた。

ＪＩＮＳは時代の変化に合わせて、これまで何度も戦略の変更を行ってきた。メガネ業界に参入した時、まず減らしたものに、価格選択の幅があった。四種類の価格に減らすことで、複雑だった料金体系をあらため、顧客が選ぶ手間を省いたのである（現在は三種類の価格）。

一方、ＪＩＮＳでは、顧客が店頭で好みのフレームを自分で選んで受付に持ち込み、視力を測定し、合った度数のレンズをはめ込んで、即座に持ち帰ることができる仕組みを作った。業界では店舗にレンズの在庫を持たないことが一般で、つどメーカーから取り寄せていたため引き渡しまでに時間を要していた。ＪＩＮＳは店舗にあらゆる度数のレンズを持ち、再度来店するムダを省いた。この即日引き渡しは、客から受け入れられた。

さらにＪＩＮＳは、視力矯正の用途しか持たなかったメガネの概念を見直した。そこから生まれたのが、目を矯正するためだけでなく、目を保護するための「機能性アイウエア」である。

R&D投資への積極姿勢もJINSならではの特色である。JINSが研究開発を行う専門部署のR&D室を設立したのは二〇一三年だが、他社でR&D部門を持つところは現在もほとんどない。

視力矯正の必要がない非顧客層を取り込む

同社は非顧客層の三つのグループを開拓してきた。まず、メガネ業界には、価格や受け取りまでの時間に不満を持ちつつも、他の選択肢がないために、既存のメガネ店で購入するような第一グループが存在した。また検討したうえで、手軽さや、ファッション性から、コンタクトなど別の商品を選んだ第二グループがいた。そして、そもそも視力矯正の必要がないため、これまでメガネを購入したことのない第三グループが存在した。JINSはとりわけ、メガネは不要と思っていた視力のよい非顧客層に対し、「機能性アイウエア」を開発してブルーライトや紫外線、花粉対策になると訴えかけて顧客として取り込んできた。

その発想は「メガネはどういう目的でかけるのか」を改めて考えたことから生まれた。答えは三つあった。まず、「視力を補正する」という従来のメガネの機能。二つ目が「より良く魅せる」ためのもの。そして「目を守る」ことだった。この「目を守る」という概念を皮切りに各種の製品が生まれてきた。

欧米では、目を守るにはサングラスをかけるのが一般的だ。紫外線防止が目的だが、では目を守るには紫外線を防ぐだけでいいのかと考え、以後、大学の研究所や医療機関と連携を図って研究を進めてきた。

最初に開発した製品は、フレーム側面に保水タンクを設けて小さな穴から蒸発させ、目のまわりに適度な湿気を保つ保湿用メガネ『JINS　MOISTURE』だった。

また大学の研究室に出入りしているうちにブルーライトの存在を知る。可視光線のなかで最も波長の短い光であるブルーライトを長時間見ることで、眼精疲労を生み、眠りを妨げるほか、白内障などの眼疾患を誘発する可能性があることが研究によって分かってきたのだ。しかもブルーライトはブラウン管モニターよりも、パソコンやスマホなどのLEDモニターから多く発生し、今後脅威となることが考えられた。

JINSは科学的な根拠に基づいたブルーライトをカットするレンズ作りに取り組む。完成したのがブルーライトをカットする特殊な加工を施した『JINS　SCREEN』(旧『JINS　PC』)である。

二〇一一年の発売に当たって、まずブルーライトというあまり聞き慣れない言葉とその健康被害を世に広めることから始めた。それが幸いし、発売当初から好評だった『JINS　SCREEN』は、ブルーライトの危険性や弊害が浸透するにつれ、販売数を伸ばした。いまでは累計八〇〇万本を突破するヒット商品となり、収益面ばかりでなくJINSの名前を世間に知らしめることになった。

従来、メガネは視力矯正が必要な顧客を対象にしてきた。しかし、JINSは「機能性アイウエア」でメガネ市場を再定義し、「競合が取り込むことを諦めていた顧客層」をつかんだのである。

感性の重視と、顧客経験の向上

JINSは他の産業や他の産業グループの戦略から、包括的に顧客経験を向上するヒントを得てきた。

まずメガネの機能面の向上だけでなく、感性を重視し、商品および店舗のデザイン性を高めた。

田中が顧客の効用マップの観点で参考にしてきたのはアメリカのテック企業だ。アマゾンやフェイスブック、ウーバーやエアビーアンドビーは、顧客経験のデザインに優れていた。例えばウーバーは、クレジットカードと名前、メールアドレスを登録するとすぐに使え、リクエストするとドライバーの位置や到着時間だけでなく、料金も事前に分かる。降車後に送られてくる領収書には辿った道が掲載されている。その一連のプロセスが見事にデザイン化されている。それはハードのデザインではなく、ソフトのデザインだ。

同じようにJINSもソフトをデザインできる会社にしたいと考えている。メガネというハードをお客に勧め、ただたくさん売る会社には未来はない。メガネを買うという顧客経験のデザインをどう設計するかを念頭に戦略を立ててきた。

小さな試行錯誤を重視

JINSは利益の二〜三割までであれば失敗を恐れないチャレンジを社員に求める。新規事業も、赤字の許容範囲を事前に決めることで、少々見通しの立てづらい事業であっても実行を促せる。

これは、JINSがメガネ事業に進出する際にも、周囲の九割が反対したが、その後メガネ事業は大きな成功を収めたという原体験にも基づいている。新たなヒットを生み出すためには、決められた範囲の中での試行錯誤を歓迎している。

JINSの戦略キャンバス

これらの特長を鑑みた上で、JINSの現在の製品は、以下のような戦略プロフィールを有している。

価格

視力矯正用のメガネでは、低価格かつレンズ込みの分かりやすい料金体系を提示した。また、料金が下がることで、メガネを用途に合わせて複数持ちしたり、買い替えの頻度が高まったりと、購入サイクルが短くなっている。

買いやすさ

それまで、メガネの即日引き渡しは難しいのが一般的だったが、店舗にレンズの在庫を保有することで、即日引き渡しが可能になった。二〇〇七年にはメガネのECサイトを開設している。従来は、視力計測や試着が必要なメガネをECサイトで売るという発想そのものがなかった。しかし、JINSでは客が購入した際の計測データを渡すことで、その客が再度メガネを購入する際には、ECサイトからも購入できるようにした。加えて、これまでは視力を測ったデータは、囲い込みのためにメガネ店が保有することが多

図表｜JINSの戦略キャンバス

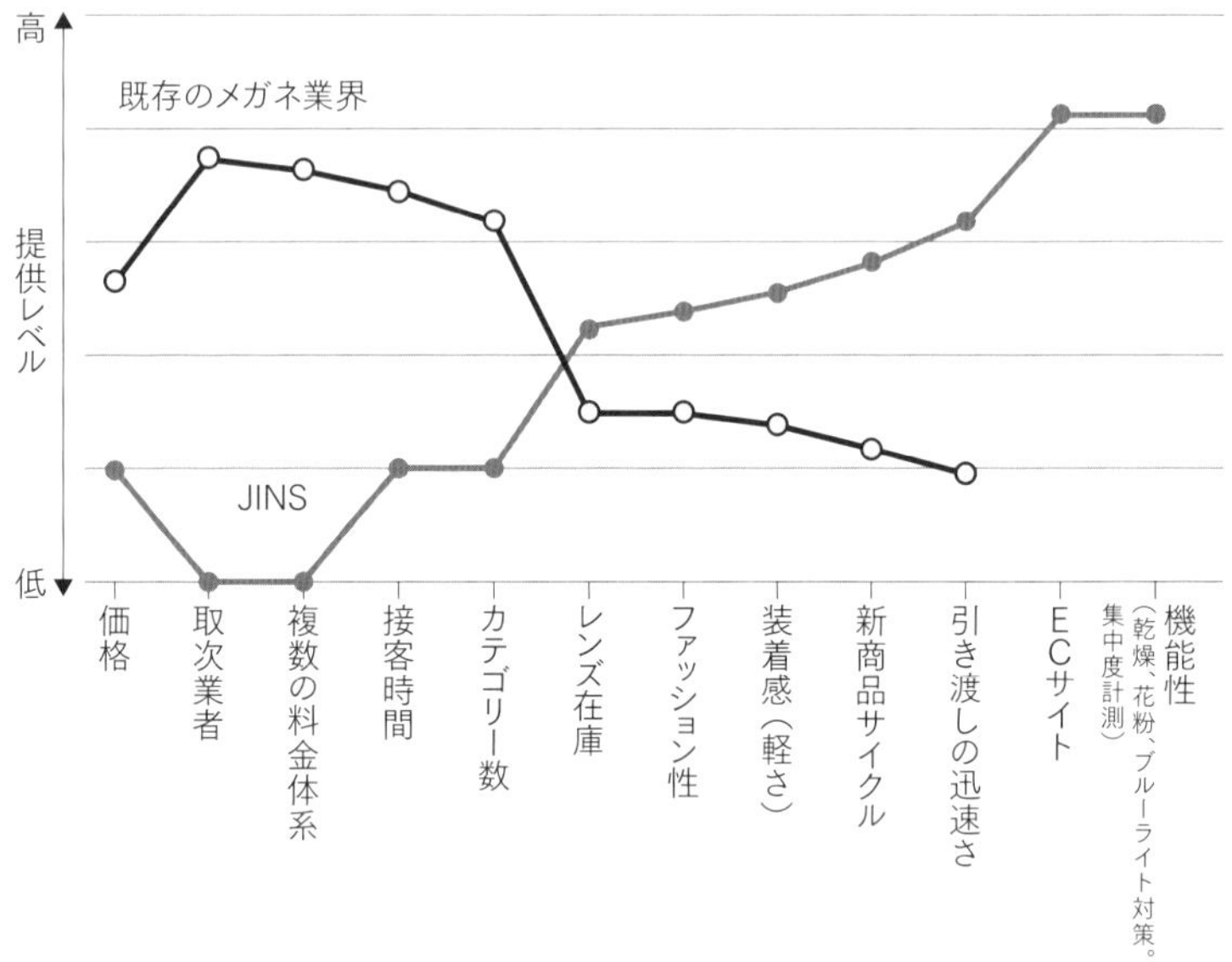

かった。そのため、前回買った店に行かないと自分のデータは分からず、他店でメガネを作る場合は面倒でももう一度視力測定から始めなければならなかった。

機能性

JINSは自社でR&D機能を有し、科学的根拠に基づいた機能性アイウエアを開発している。視力矯正という機能しか持たなかったメガネに、目を守るという視点から新たな機能を付加することで、メガネを購入したことのなかった層にまで、顧客層を広げている。

「機能性アイウエア」の先を目指す

JINSのR&D室はさらに研究を深

め、最近では近視を抑える効果が期待されるバイオレットライトを透過するレンズを開発した。現在、子どもの近視の増加が社会問題になっており、ある中学校では九割、小学校でも七割が近視とされている。このレンズは『JINS SCREEN』以上に潜在需要がある可能性があり、新たな非顧客層を捕まえるチャンスになりそうだ。

また、自分の内面を可視化するメガネ型ウエアラブルデバイスの『JINS MEME』の用途も広がりつつある。ここでは集中度を計測するなど、「自分を見る」という新しい発想で、機能性アイウエアを超える「センシング・アイウエア市場」の創造に挑戦している。また、日本ではまだその脅威が浸透していないものの、非顧客層の大きなマーケットが潜む可能性を持つドライアイ対策市場も残されている。

田中は将来的には、メガネを無料で配れるビジネスモデルも模索している。例えば、JINS MEMEから集めたデータを販売するだけでなく、データから新たなサービスを生み出すことを想定する。今後、技術が進歩すれば、点眼するだけで視力を矯正できるような時代が来るかもしれない。そうなると、メガネは不要になってしまう。そうした時代のなかで生き延びるには、後追いではなく、時代を作っていくようなサービスが必要になるからだ。JINSのブルー・オーシャンはまだまだ広がりを見せそうだ。

執筆：ムーギー・キム

ソラコム

ＩoＴプラットフォームを切り開く

ソラコムは、ＩoＴプラットフォーム「ＳＯＲＡＣＯＭ」を提供する企業である。創業は二〇一五年だが、二〇一八年現在、日本国内のみならず、アメリカやヨーロッパでもサービスを開始し、世界各地で九〇〇〇〇ユーザーを抱える。

ソラコムが提供するのは、ＩoＴ（モノのインターネット）に適した従量制の安価な通信サービスと、ＩoＴ事業の開発者・エンジニア用のツールである。

ＩoＴが実現できる環境が整ったことで、モノとインターネットを安全に・低価格でつなぎ、そこから得られた情報を蓄積・活用する需要が高まっていた。ＩoＴではまず、モノをインターネットに接続する必要がある。しかし、その通信に関して障壁があった。ＬＡＮケーブルを使えばインターネットにつながるが、ケーブルの敷設や端末移動の際に手間がかかる。Ｗｉ－Ｆｉなどの無線ＬＡＮはセットアップが面倒なうえ、セキュリティの問題もある。

ＩoＴでは、位置情報など少量のデータが不定期に送信される場合が多い。通信速度は重要ではなく、小型で消費電力が少なく、コストが低いものが求められていた。そこで、ソラコムが注目したのがモバイル通信だった。モバイル通信は、スマートフォンや携帯電話で利用されており、全国に設置された基地局を介してつながるため、有線・無線が抱える通信の問題を解決すると考えた。

こうして二〇一五年、ソラコムは「SORACOM Air」を開発して事業をスタートさせる。これはIoTデバイスに通信SIMカードを挿すと、NTTドコモの基地局を経て、クラウド上にあるソラコムのシステムにつながるというサービスだ。SIMカードは、ウェブ上で一枚単位から購入でき、一日一〇円からの従量課金で通信サービスを利用できる。また、通信速度の変更や通信の休止・再開、通信の監視など、ウェブ上で一括操作できる仕組みを構築した。

エキスパートが揃ったチームの構築

創業者の玉川憲社長はIBMでの基礎研究、技術営業を経て、アマゾン データ サービス ジャパン（現アマゾン ウェブ サービス ジャパン）に移り、日本でのアマゾン ウェブ サービス（AWS）の立ち上げを主導した。AWSとは、アマゾンが提供するクラウドコンピューティングサービスで、そこで玉川は、クラウドコンピューティングが起業環境に起こしたパラダイムシフトを目撃した。クラウド登場以前は、企業はデータセンターやサーバーに投資する必要があった。しかし、アマゾンなどがクラウドサービスを提供するようになったことで、従来のような初期投資が不要になり、必要な時に低価格かつ迅速に、IT

リソースを活用できるようになった。

この変化はスタートアップにも大きな恩恵をもたらした。それまではインターネット系のサービスを立ち上げる際に欠かせなかった、データセンターなどへの大規模な初期投資が不要になり、クラウドを利用したスモールスタートが可能になった。

ドロップボックスやウーバー、インスタグラム、エアビーアンドビーなどのユニコーン企業はAWSを活用して羽ばたいている。玉川は、IoT分野でも同様にクラウドを使うことで、革新的なサービスが登場することは間違いないと考えた。玉川はそうしたイノベーターに対して、使いやすい通信サービスを提供したいと考え起業した。

創業時の同僚と投資家も、市場の機会と既存サービスの問題点を認識していた。共同創業者である安川健太（現CTO）はAWSでの玉川の同僚で、データベースにも詳しいテレコムベンダー出身のクラウドの専門家だ。創業時の一〇人はほぼ全員がエンジニアであり、そのなかには携帯通信キャリアで活躍していた者もおり、モバイルとクラウドの両方の技術を持つチームができあがった。クラウドと通信分野のエキスパートの融合体というチームは、投資家やユーザーからの信頼を強くした。

またIoT通信という新しいカテゴリーにはマーケット規模の魅力もあった。日本の通信事業三社の売上げ一八兆円の一〇〇分の一を得るだけで一八〇〇億円の事業となる。しかも二〇二〇年にはIoTデバイスの数が約三〇〇億個になるという予測もある。IoT市場が今後急成長することは間違いない。狙う市場が大きいことも周囲の期待を高め、創業早々、優良なベンチャーキャピタル三社から七億円を調達した。

既存サービスとの違い

ＩｏＴへの期待感が高まりを見せたのは二〇一三年頃だ。ＩｏＴデバイスとして利用できるハードウェアの低価格化が進み、クラウドもデータを溜め込むばかりでなく、高度なコンピュータシミュレーションを伴う処理もできるようになった。加えて、溜め込んだビッグデータをＡＩで解析できるようになり、ＩｏＴに向けたテクノロジーが揃いつつあった。

一方で、いざＩｏＴに取り組もうとすると、電力消費、バッテリー、インターネットとの接続、セキュリティなどさまざまな課題があることも分かってきた。そのためビジネスにＩｏＴを活用しようとすると、莫大な初期費用を要するため、取り組めるのは大企業が中心であった。

ＡＷＳやマイクロソフトＡｚｕｒｅなどのクラウドベンダーは、二〇一五年頃からＩｏＴ向けのサービスを拡充しはじめ、データの可視化や分析を行うＩｏＴ向けソリューションも増えてきていた。しかし、デバイスとクラウドをつなぐための「通信」は、従来の通信方式を想定しており、手付かずであった。

九〇年代に、インターネットが一般化したことで、ヤフーや楽天のようなポータルサイト、通販などの、新しいビジネスが誕生した。そして二〇〇〇年代後半、クラウドが登場したことで、動画サービスやシェアリングエコノミーなど、生活を変える新しいサービスが生まれた。ＩｏＴの現在の状況は、インターネットやクラウドが普及する前のコンピュータの世界と似ており、ＩｏＴが一般化すれば、そこから同様に多くのビジネスが生まれる可能性がある。つまり、ＩｏＴが抱える問題を解決した者は大きな果実が得られるということでもある。

玉川はこうした現状を見て、ソラコムが狙うＩｏＴに特化した安価な通信サービスは、大きな需要があると確信を持つ。

法人営業が取り込まなかった非顧客層の獲得

ソラコムが狙う主な顧客層は中小企業やスタートアップだ。モバイル通信は、もともとヒト向け、大企業向けの料金体系になっている。利用料が高く、また法人営業を通さないと買えず、交渉する場合も契約単位が数千以上、数年以上などとハードルが高い。契約単位が小さい中小企業やスタートアップは、営業をかけるには手数がかかりすぎ、大きな売上げにならないと放置されていた。

これに対しソラコムは通信用のＳＩＭカードを、ウェブで一枚から購入できるようにした。さらに、従量課金制のため、通信料は使った分しかかからない。小さく・低コストでスタートでき、必要に応じＳＩＭの枚数を増やしていくことで、短期間でのスケールアップも可能だ。これが、ＩｏＴに取り組もうとする中小規模の顧客層の獲得へとつながった。

またソラコムは、ブラウザからユーザーコンソールで回線の一括操作・管理ができる機能を、プログラムに組み込めるAPI（アプリケーションプログラミングインタフェース）としても提供している。数百、数千、数万と言った単位のデバイスがつながるIoTでは、デバイス管理を自動化・効率化することが必然だ。このAPIをユーザーなら誰でも使えるように提供した点で革新的だった。プログラムが書けるエンジニアは、この機能を利用して、回線管理、デバイス設定、ID登録など、IoTシステム管理に必要なさまざまな機能を自動化することができる。

このように、ソラコムのプラットフォームは、IoT通信に関する総合的な顧客経験の効用を高めるものであった。スタートアップのように新しいアイデアを形にする際には、作りながら試すことが多く、頻繁に開発環境の変更も起きる。ソラコムのサービスが、「クラウド」「デバイス」に必要な設定を肩代わりし、作り直しの手間を省くことができる。そのため、まずは動くものを作ってみて試し、うまく結果が出る場合は規模を拡大することが可能となった。

従来は資金が潤沢で大規模にIoTに取り組む大企業が、この分野のメイン顧客だった。これに対しソラコムは、大手企業の新規事業、中堅・中小企業、さらには個人に至るまで、アイデアを持つ幅広い非顧客層を取り込んだのである。

IoTのハードルを下げ、導入事例を増やす

ソラコム登場以前にIoTに取り組む企業が利用していたのは、公衆回線を利用した有線LANや、自

社専用ネットワーク、Ｗｉ－Ｆｉといった無線だった。しかしこれらは、それぞれ場所とコスト、セキュリティに課題があった。モバイル通信は、既存の携帯通信キャリアが提供していたが、企業利用では固定契約が主流で、いずれも小規模で始められるものではなかった。

従来、自社の製品やソリューションでＩｏＴを開始しようとすると、モノが通信できる状態にしなければならなかった。その際に必要となる、モノとインターネットをつなぐネットワークの設定には、高度な専門知識が必要で、多くの企業は通信系のシステム会社に作業を依頼する必要があった。ソラコムでは、ＩｏＴシステムで必要となるネットワーク設定などを、ウェブからユーザー自身が行える仕組みを整えた。

ソラコムは、ＩｏＴ活用を、初期コストと使いやすさの面から、誰もが始めやすくしている。利用企業は、数多くのアイデアをすぐに実現できるようになったのである。顧客のＩｏＴ導入へのハードルを大きく下げたことで、導入事例も増えている。北海道のバス会社ではバスの位置情報をクラウドに上げ、専用の路線案内アプリを使うことでバスの位置がリアルタイムに分かるようにした。ほかにも、ガスタービン発電プラントの遠隔運用支援や、コンビニの配送トラックの管理や乗合タクシーの管理、踏切の遠隔監視にも使われている。変わったところでは豚舎の湿度管理、温度管理のほか、設備の故障箇所の発見にも利用されるようになった。

さらに、ソラコムは創業の翌年にベンチャーキャピタルと事業会社から三〇億円を調達してグローバルＳＩＭを開発し、グローバル展開を始めた。グローバルに展開している企業であっても、接続可能な通信回線、ＳＩＭなどは現地で調達することが多い。同社はその手間を省くため、ソラコムとの契約のみで、多くの国で使えるグローバルＳＩＭもリリースした。

導入事例は今後ますます増え、競合が出てくることも予想されるが、ソラコムはこのカテゴリーの創出者として、イノベーションを継続している。ＡＷＳがマーケットリーダーとして走り続けているように、ＩＴ分野は他社より先を走って顧客の声を聞き、積み上げて行くペースオブイノベーションと呼ばれるソフトウェア開発の速さが重要だ。膨大な顧客を囲い込むことで、そのフィードバックを大量に得て、サービスの改善や新サービスの提供を、他企業に先んじて提供できる。

ソラコムは二〇一五年のサービス開始以来、すでに一四の新サービスと、五〇回以上の機能追加を行っている。顧客の要望から、ＩｏＴシステムへの汎用的なニーズを汲み取り、サービス化を続けることで、さらに利用者を増やし優位性を高めている。

戦略を絞り込み実行に移す

「ＳＯＲＡＣＯＭ Ａｉｒ」は、発表時のインパクトを上げるため開発内容を一切公開せず、極秘で進めてきた。しかし、開発した製品やサービスが、本当にユーザーの求めるものかを知るために、同社の挑戦に興味を持ってくれた五〇社に発表前から無料で実際に使ってもらいフィードバックをもらった。製品発表以降は価格に対する意見も聞いている。

このように、同社の開発はユーザーからのフィードバックに重点を置いている。実際、セキュリティが重要というフィードバックを得て、閉じたネットワークのなかで顧客のデータを溜めるサービスや、開発・運用を楽にするために顧客の開発部分を省くデータベースサービスなども提供するようになった。

ソラコムはプラットフォーマーの責任としてビジネスの持続性を重視している。一回線の利用でも最低限のコストで利益を回収できるよう、料金体系は設計されており、ハイボリューム・ローマージンの戦略を取っている。

ソラコムの戦略キャンバス

これらの試行錯誤の後、ソラコムは以下のような戦略プロフィールを有している。

販売チャネル・マーケティング

ソラコムはシンプルな料金体系でSIMをウェブ上で販売しており、実店舗は持たない。組織において営業部隊は五分の一程度と少数である。対面サポートを減らす代わりに、自身で登録・利用開始できる仕組みや、ウェブ上でプランや設定を変える仕組みを提供することで、人件費や固定費を抑えている。

開発者向けサービス

ソラコムは、同社のSIMを使ってシステムを組む、エンジニア・開発者の利便性を向上させている。

図表｜**ソラコムの戦略キャンバス**

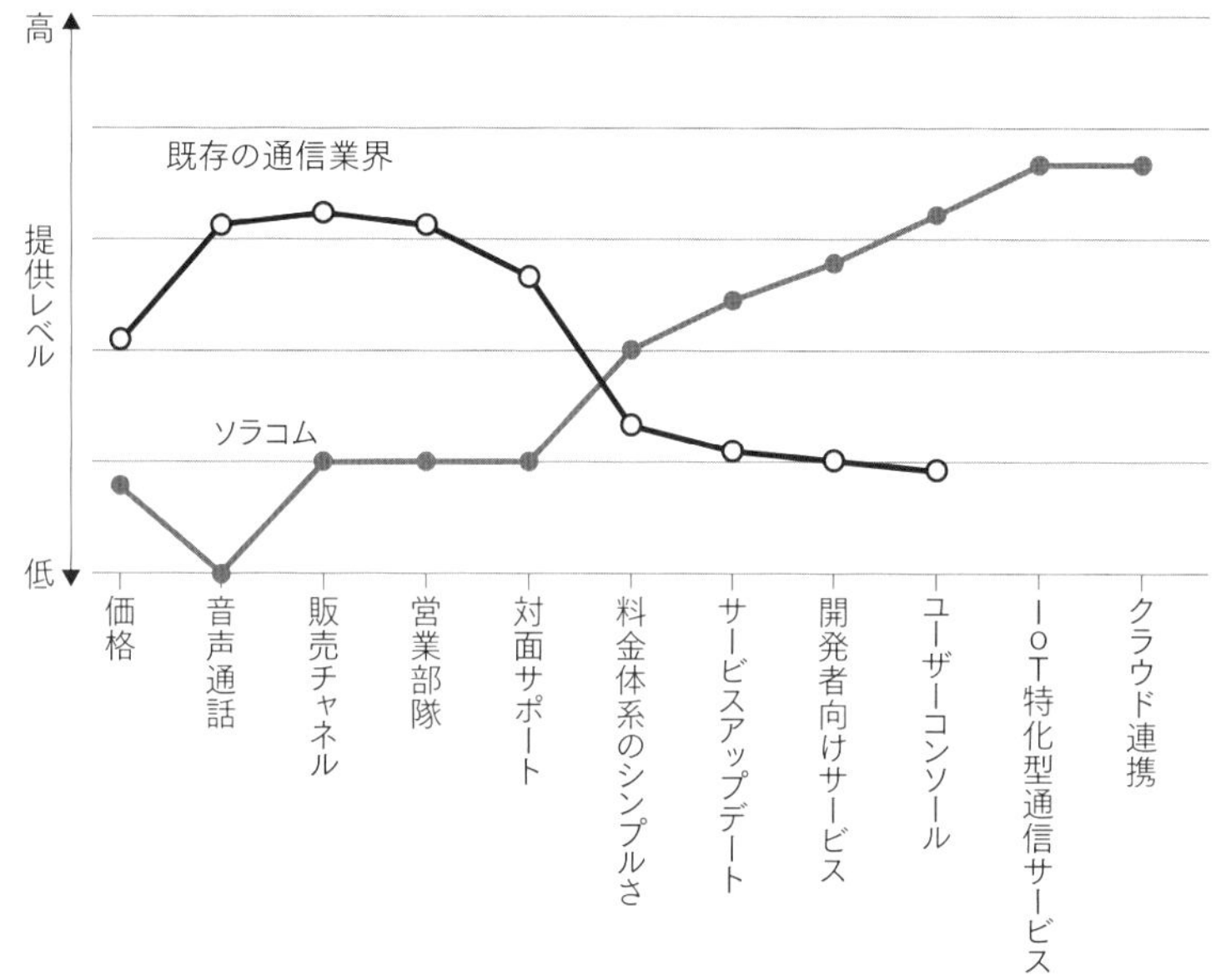

サービスアップデートが早いのみならず各種ツールの使い方など、専用のサイトを設けており、エンジニアが開発に必要とする情報を充実させている。また、エンジニアがソラコムのツールの活用方法など、各種トレーニングを受けられる機会を提供したり、ユーザーコミュニティを支援し、ユーザー同士がコミュニケーションを取れるようにすることで、知識の交流を促している。

ユーザーコンソール

ＩｏＴでは大量のデバイスを利用するため、それらの設定・管理に手間がかかる。ソラコムはユーザーコンソール（ＳＩＭや各種情報をウェブブラウザ上で管理できるツール）によって、セキュリティやＳＩＭの管理、回線の監視、利用料金の確認など、さまざまな設定・管理を一括で簡単にできるようにし、利便性を高めている。

ＩｏＴ特化型通信サービスとクラウド連携

携帯電話などのモバイル通信では、データと音声両方の通信が可能である。しかしソラコムは、モノ向けの通信では、音声通話は不要だと考えて取り除き、ＩｏＴに特化したモバイル通信を提供している。ソラコム創業以前も、モバイル通信だけを扱う事業者、クラウドだけを扱う事業者は存在したが、その二つを融合させてビジネスにしている企業はなく、それがソラコムの最大の特徴であった。

ビジネスの拡大に向けて

ソラコムが提供しているのは、デバイスがモバイル通信に接続するところから、顧客システムに届けるまでのネットワーク部分である。これをソリューション型で提供するのではなく、プラットフォーム型で提供する。つまり、ソラコム自身が顧客ごとに適した開発を手取り足取りするのではなく、汎用的に使えるウェブ、ＡＰＩを揃えたプラットフォームを提供することで、足りない部分はユーザーやパートナーが自由に開発できるようにしている。

それに伴い、ソラコムの通信と組み合わせて使える通信デバイス、業界別の可視化やデータ分析、セキュリティ強化のソリューションなど、付加価値を付けて顧客に提供する企業を集めたエコシステムを構築している。すでに四〇〇社以上のパートナー社が参画するソラコム・パートナー・スペースを主催している。ソラコムの通信を利用して、パートナー企業同士が協力してお客様にIoTシステムを提案するケースも多い。こういったエコシステムは、競合が一朝一夕で作れるものではない。

また日本発でグローバルという夢を実現するため、ソラコムは二〇一七年にKDDIグループ入りした。国内ではKDDIがもつ基地局などの膨大なインフラを利用できることに加え、グローバルキャリアとしての知名度を活かし、次世代の携帯通信の基盤技術を世界中に販売するためである。なお、KDDIの連結子会社となってからも、ソラコムの経営の独自性は維持されており、玉川以下経営陣は以前のままだ。

今後も引き続き、顧客の声を次のサービスに活かすことに注力すれば、たとえ資本力を持つ通信キャリアが参入してきても怖くないと玉川は言う。ファーストムーバーとしての強みを活かすことで、引き続きブルー・オーシャンを広げていこうとしている。

執筆：ムーギー・キム

パーク24

時間貸駐車場による既存業界の再定義

ブルー・オーシャンのコンセプトは、まったく新しい産業や魅力的な新分野を連想させやすいが、実際にはブルー・オーシャンが奇跡とは程遠い既存産業で創造されることも多い。そうした「退屈」で有望でない産業にこそ、ブルー・オーシャン・シフトが求められている。

パーク24の駐車場業界の再構築がその典型的な事例である。同社の前身であるニシカワ商会は一九七一年に設立された。その後一九九一年に時間貸駐車場「タイムズ」の事業を開始して以来、連続増収を続けている。

二〇〇九年にはマツダレンタカーの株式を取得し、カーシェアリングにも事業を拡大した。二〇一七年以降はグローバル進出も強化し、二〇一八年現在、台湾・韓国・オーストラリア・ニュージーランド・イギリス・シンガポール・マレーシアと、日本を含む計八カ国で事業を展開している。

パーク24は既存業界の問題を再定義し、革新的なビジネスモデルを実現させ、業界の非顧客層が抱えていた「悩み」を解決した。同社が環境変化に応じていかに顧客ニーズをつかみ、業界の再定義を行ったか、その戦略を見ていこう。

顧客の悩みを探り、業界の問題を再定義する

パーク24の躍進は、既存の駐車場業界における顧客の「悩み」の解決から始まった。駐車場問題は世界中の大都市における課題であり、日本も例外ではない。一九六〇年代には、都市計画法に基づき、大規模な駐車場が道路や公園、建物の隣接地や地下などに建築されたが、利便性は高くなかった。こうした市場に変化をもたらしたのが、同社の時間貸駐車場「タイムズ」である。

もともとパーク24は駐車場事業を行っていたわけではなく、駐車禁止の看板を製造・販売していた。参入のきっかけは、創業者の西川清が「パークロック」という油圧ポンプ式遮断装置の販売権を獲得したことだった。日本信号が開発したパークロックは、自動車が駐車スペースに停車すると油圧ポンプが反応し、可動部が上がって車が退出できなくなり、駐車料金を支払うとロックが解除されて退出できる装置だった。

西川はかねてより、都市部に短時間駐車へのニーズがあると考えていた。都市部で駐車場を探すのは至難の業で、目的地の近辺に停められる可能性は極めて低い。道も狭くて路上駐車もままならず、離れたところに停めて歩くしかない。加えて、巨大な公共駐車場は入出庫に要する時間が長く、たとえ一五分しか停めなくても一時間単位で料金を支払わなければならなかった。これらの結果、罰金のリスクを負って路上駐車する人が絶えず、一般道がますます混み合うという悪循環に陥っていた。

コンビニ型駐車場という新たな価値コスト・フロンティア

駐車場事業には、非顧客層の三つのグループが存在した。利便性や料金に不満を持ちながら、既存の駐車場を利用している第一グループ。都市部で駐車場を見つけられないなどの理由から、利用したくてもできない第二グループ。そもそも最初から車で出かけることを考えもしない未開拓層の第三グループである。

パーク24は既存の駐車場が抱える問題を解決し、非顧客層を獲得するためには、行く先々でいつでもどこでも停められるコンビニエンスストアのような新型の駐車場が必要だと考えた。

リース契約による土地確保

これらの課題を解決する駐車場を作るため、パーク24は従来型の大型駐車場のように広大な土地ではなく、人出の多い目的地付近に、多数の小規模な土地を獲得する必要があった。そこで、まず駐車場に適した土地を求めて市街地の状況を調査し、駐車場への需要が強いエリアを特定していった。

折しも一九九〇年代初頭の日本はバブル経済が弾け、価格が急降下した土地を活用したいというニーズも生じていた。遺産を相続し、愛着のある土地を売却せずに活用したいと考えるオーナーもいた。パーク24の営業部門は、顧客にとって最良のロケーションを獲得するために、これらの土地オーナーを地道に開拓した。月極駐車場を経営しているオーナーに、空き駐車スペースの有効活用を提案することもあった。

パーク24は、これらの土地オーナーと二年のリース契約を結び、月々の賃料を支払う方式を適用した。リース契約は三カ月前の告知で、いつでも解約できる。売買ではなく離脱可能なリースはハードルが低く、土地オーナーに定額の収入をもたらした。パーク24もリスクの多い不動産売買に参入せずにすむため、双方にメリットのある新しい取引形態が成立したのである。

タイムズの成功要因は、アクセスが良く便利で安価な駐車場をドライバーに提供したこと、そして、ロケーションの良い土地を速く押さえるために土地オーナーへの営業を強化し、他社よりも早くパートナーシップを築いたことだといえる。

利便性の追求

こうして、パーク24の時間貸駐車場「タイムズ」が始まった。一九九一年開始の「スタンダードタイムズ」(ST)は、小規模の土地オーナーとリース契約を結び、駐車場として活用する事業である。広さは平均九〇～一二〇平方メートル、台数は四～七台というのが典型的なフォーマットだ。タイムズはパークロックで入出管理し、精算機で支払い可能であるため、無人で二四時間運営できる。

タイムズは土地のサイズだけでなく、支払い金額の単位も細かく刻んだ。駐車料金は時間単位が一般的で、短時間利用でも一時間分を支払っていた。一方、タイムズは二〇分一〇〇円と設定した。この値段は、多くの消費者にとって、路上駐車で罰金を取られるよりも魅力的だった。

駐車場オンラインシステムTONICによる柔軟な価格変更

タイムズは、従来型駐車場と異なり、全国の駐車場をネットワーク化して得たビッグデータと、営業が現場で観察した情報に基づいて需要や競合状況を分析し、柔軟に価格設定を行っている。駐車場の需要は立地や時間帯によって変動するため、適正価格で需要をコントロールし、駐車場の回転率を適正水準に保つ必要がある。その価格設定が収益に影響し、土地オーナーとのリース契約の条件にも反映される。

パーク24は、よりリーズナブルな価格で駐車したいドライバー、より多くの収益を得たい土地オーナーという、相反するニーズを両立させるため、需要と供給のバランスをみながら柔軟に価格を設定している。

それが可能だったのは、土地オーナーへの営業活動によって、十分に需要が見込める場所に駐車場を設置できていたことで、低価格競争に走る必要がなかったためである。加えて、自社製の駐車場オンラインシステムTONICを導入していたことが挙げられる。このデータを見れば、顧客がいつ駐車場に停め、いつ出ていくかが正確にわかる。仮に朝の八時ではなく七時から駐車する顧客が多ければ、七時から価格を上げた方が利益が出る。TONICがない時代には現場に足を運んで観察しなければわからなかったことが、データで簡単に分析できた。

TONICは、既存のシステムには最適なものがなかったため、自社で開発することになった。その時に参考にしたのは、コンビニのPOS（販売時点情報）である。ただし、小売業のシステムとは大きな違いがある。小売業は何千もの多品種の効率的な管理が目的だが、パーク24の駐車場事業は単品種で、時間の要素がより重要である。

図表｜**タイムズの戦略キャンバス**

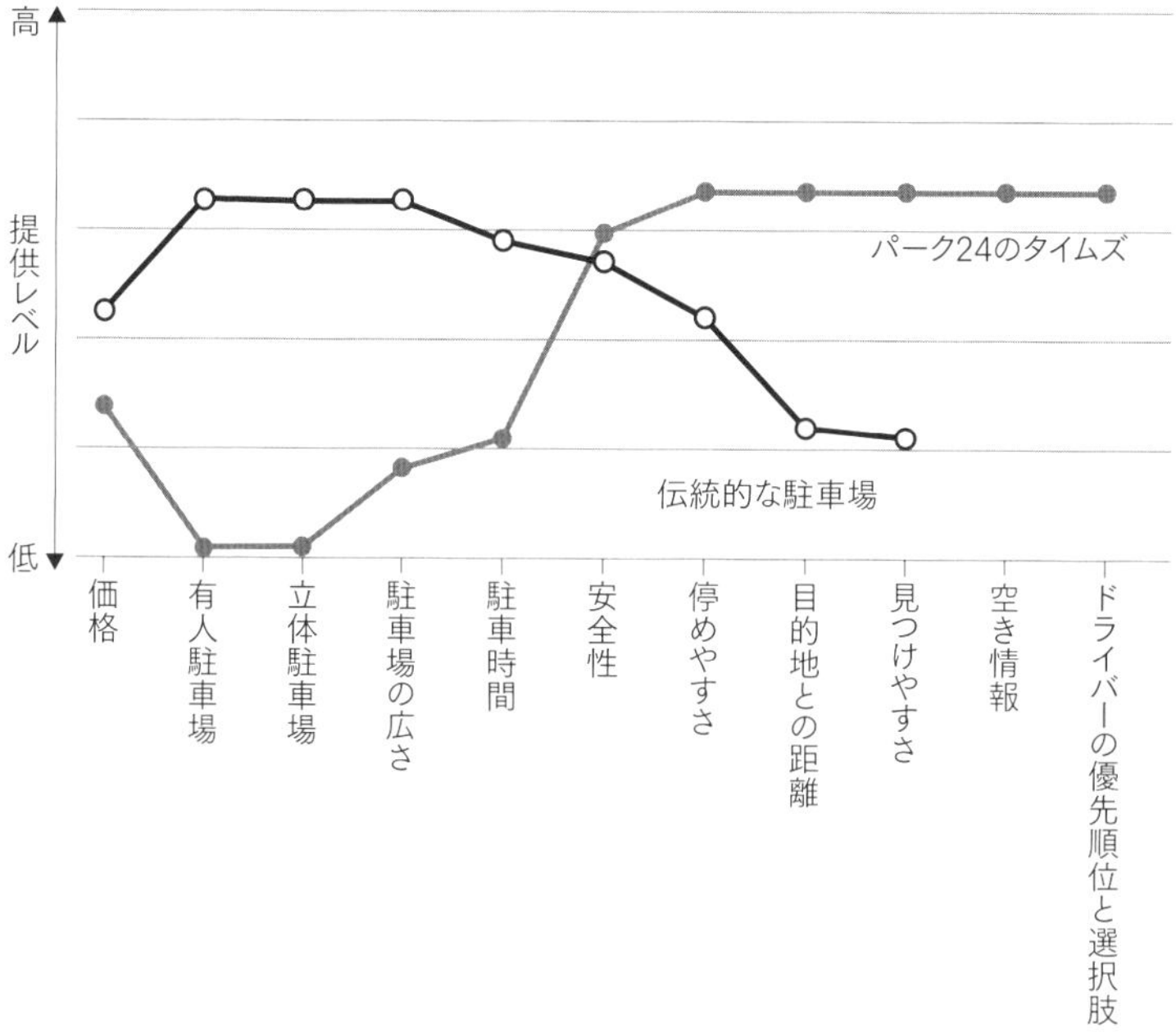

ＴＯＮＩＣにより柔軟な価格設定を実現したタイムズは、利便性の高い短時間パーキングの代名詞となった。今や、街中で黄色のロゴを見ると、駐車場があるという安心感を与えるまでのブランド力を誇り、業界トップとして独走を続けている。

未活用の土地から、未活用の時間へ

パーク24が「未活用の土地」の次に着目したのは、競合が目をつけていなかった、既存の駐車場の「未活用の時間」である。例えば、駅前の銀行には来客用駐車場があるが、稼働しているのは平日と昼間に限られる。そこでパーク24は、未活用の時間帯に時間貸を行う交渉を行い、一九九七年に銀行の駐車場管理サービスを始めた。これが初の「タイムズ・パートナー・サービス」（TPS）である。

TPSは、商業施設・銀行・病院・ホテルなどのクライアントの併設駐車場でタイムズを運営するサービスである。この導入によって、クライアントはビルメンテナンスや警備の会社に委託していた駐車場事業の経費が不要となり、加えて一定額の収入が得られるようになった。パーク24にとっても、個人向けのSTに比べ、TPSは安定性と継続性で優る事業である。

二〇〇七年には、鉄道会社や地方自治体と提携し、パーク&ライドサービスも開始した。これは、鉄道の利用者に駅近辺の駐車場を優待価格で提供するサービスである。二〇一七年時点で、鉄道会社二五社がパーク24と共同でパーク&ライドのサービスを導入している。

既存事業を活かした、業界の再定義

パーク24は、既存の駐車場事業を再定義しただけにとどまらない。近年は、これまで築いた資産を活かしながら、環境変化に合わせて新たな事業を開始している。

カーシェアリング事業への進出

パーク24は業界の再定義を続け、継続的に成長してきた。創業以来、同社は「駐車すること」に常に注目してきた。しかし少子高齢化と人口減、および保有自動車数が減少する将来を鑑みた時、駐車場事業だけでは持続的成長は難しい。

二〇〇九年、パーク24は駐車場の一部を常設スペースとして使える強みを活かし、カーシェアリングサービス「タイムズカープラス」をスタートさせた。二〇一四年には単年度黒字化を達成し、二〇一七年九月には全都道府県でのサービス展開を実現している。

日本のカーシェア市場はいまだ黎明期だが、パーク24は人々にとって身近な存在となったタイムズのブランド力を活かし、輸入車やミニバンなどの品ぞろえを充実させ、一五分単位で利用できる「ミヂカ」「オトク」「ベンリ」のコンセプトで普及を狙っている。

そのタイムズカープラスを下支えするのは、やはりTONICである。TONICのデータは、今や各駐車場の精算機に加え、シェアリング用の車からも取得される。時代に先駆けたビックデータの活用に、IoT（モノのインターネット）が加わったと見ることもできる。その結果、消費者の運転データをモニタリングし、その動向に応じて報酬ポイントを与えることが可能になった。

例えば、急発進や急加速の記録がないドライバーや自主的に給油したドライバーには優待ポイントが与えられる。車を返却する際に車内を掃除し、次のドライバーに高く評価された場合にも、報酬としてのポイントが付与される。このような消費者参加型の仕組みを入れることで、パーク24は給油や清掃等の経費を節約しつつ、消費者のコミットメントや満足度も向上させている。

二〇一五年、パーク24はファミリーマートとの提携を発表した。コンビニの駐車場をカーシェアリングの拠点として活用するためである。二〇一七年には、長崎県のハウステンボス内にある、ロボットによる接客で有名な「変なホテル」でもサービスを開始し、ホテルを拠点とした観光需要に応えている。

グローバル市場への進出

同社のもう一つの打ち手がグローバル市場への進出である。二〇〇六年に初の海外進出拠点として、韓国のＧＳグループと合弁会社を設立した。同年四月には台湾にも直営支店を開設し、両国で最大手クラスの事業者に成長している。加えて、二〇一七年以降、海外展開をいっそう加速化させている。

まず二〇一七年には、世界一一カ国で駐車場事業を展開するセキュア・パーキング社のグループ企業のうち、オーストラリア・ニュージーランド・イギリス・シンガポール・マレーシアの五カ国で事業を展開する一三社を一八〇億円で買収した。さらに、日本政策投資銀行と共同でイギリスの駐車場最大手ナショナル・カー・パークスを約四六〇億円で買収した。海外でもＴＯＮＩＣなどの独自の仕組みをベースに、駐車場事業の強化とカーシェアリングへの参入を検討している。

パーク24は、さまざまなパートナーシップ形成や海外進出を含め、従来の駐車場サービスにとどまらず、顧客にモビリティ・ソリューションを提供するための業界の再定義を繰り返しながら、ブルー・オーシャン・シフトを続けている。

執筆：川上智子／ミ・ジ

謝辞

本書を上梓するうえでは多大な支援を得た。我々が所属するＩＮＳＥＡＤはかねてから、独特の刺激溢れる研究環境を提供してくれている。国際色豊かな教員、学生、エグゼクティブ向け講座の参加者、そして、理論と実践が交差する環境から、大きな恩恵を受けてきた。イリアン・ミホフ学長、ピーター・ゼムスキー副学長は、常に変わらぬ励ましと組織的な支援を与えてくださった。ＩＮＳＥＡＤブルー・オーシャン戦略研究所（ＩＢＯＳＩ）を構想し設立した、フランク・ブラウン前学長にも感謝を捧げたい。

我々は、歴代学長および、前エグゼクティブ教育学部長で現在はコーネル大学ＳＣジョンソン・カレッジ・オブ・ビジネス学長のスミトラ・ドゥッタの支援の下、ＩＮＳＥＡＤのエグゼクティブ、ＭＢＡ両コース向けに数々のブルー・オーシャン・プログラムを設けた。それらプログラムは世界各地で用いられている。ブルー・オーシャン・スタディ・グループ、ブルー・オーシャン・シミュレーション・コース、ブルー・オーシャン・セオリー・コースに参加したＩＮＳＥＡＤのＭＢＡ全員、ブルー・オーシャン戦略の公開講座や個別企業向け講座に参加した世界中のエグゼクティブ諸氏に、深謝したい。皆さんの鋭い質問や心のこもったフィードバックのお陰で、思考を研ぎ澄まし、よりよいアイデアを生むことができた。長年にわたる研究資金の拠出者にして、二〇年以上に及ぶ素晴らしいパートナーであるボストン・コンサルティング・グループ（ＢＣＧ）には、格別の恩義がある。

MBA、EMBA、エグゼクティブ教育の各プログラムでブルー・オーシャン・コースを受け持ってきたINSEADの教員諸氏にも感謝している。具体的には、アンドリュー・シピロフ、ファレス・ブールース、ピーター・ゼムスキー、グオリ・チェン、ジェンス・マイヤー、ハビエル・ヒメノ、ニール・ジョーンズ、ミ・ジ、ジェームズ・コスタンティーニ、ベン・ベンサウ、ミカエル・シエル、ナラヤン・パント、ロイック・サドリ、マシュー・リー、ローレン・マシス、ジョージ・イーペンの各氏である。彼らは貴重なフィードバックと実り多い議論を通して発想を刺激してくれた。それどころか、彼らの多くは今ではかけがえのない友人である。皆、ありがとう。

研究の途上では、折々に多くの人々から支援を受けてきた。その全員に感謝したい。なかでも、ギャビン・フレイザーとマーク・ボーヴォワ‐コラドンには、特に深い謝意を捧げたい。二人はかねてからフィードバックを惜しまず、研究成果が公表される前から実地に活かしてくれた。本書で取り上げているブルー・オーシャン・シフトのうち二件は、彼らが熱心にアイデアを応用した結果として実現したものであり、我々としても非常に嬉しく、誇らしい。二人の後押しと知見、仕事に対する知的誠実さ、そして何より友情に感謝している。マレーシア・ブルー・オーシャン戦略研究所(MBOSI)CEOのジェー・ウォン・パーク、ブルー・オーシャン戦略イニシアチブ・センターを見事に率いたジョン・ライカー、ブルー・オーシャン・シニア・エキスパートのラルフ・トロンベッタにも、格別な謝意を表したい。これら諸氏が我々のアイデアを実務に活用した成果は、本書に文字通り貢献している。MBOSIのディレクターとフェロー全員、わけてもジャン・ラエ・チョ、ゴウリシャンカー・スンダララジャン、リサ・カース、ティム・

ポルコウスキ、パメラ・レオン、クレイグ・ウィルキー、ジュリー・リー、パラブ・ジャほか、ＭＢＯＳＩチーム諸氏の献身的な仕事ぶりが、本書のむすびで紹介した国家ブルー・オーシャン・シフトの支柱となっている。

ブルー・オーシャン・オフィサーのカシア・ドューダとＭＢＯＳＩでの彼女の部下達に、熱心なサポートと献身への感謝を示したい。カシア、チームにとって決して沈まない船、そして偉大な船長の役割を果たしてくれてありがとう。あなたの計らいすべてに感謝している。

ブルー・オーシャン・グローバル・ネットワークのＣＥＯでＭＢＯＳＩの主席顧問でもあるロバート・ボンと、その配下のチン・チン・リム、セレナ・ジョージ、ガン・カー・リアンに、ひときわ大きな感謝を。ブルー・オーシャン関連の一連のコンセプトを実践するグローバル・コミュニティ、ブルー・オーシャン・グローバル・コミュニティの会員、特に、個別に名前を挙げられなかった人々に、謝意を捧げる。

ＩＮＳＥＡＤブルー・オーシャン戦略研究所（ＩＢＯＳＩ）の歴代のエグゼクティブ・フェローと研究員は、卓越した人々である。心からの感謝を捧げたい。ミ・ジ、オー・ヤン・クー、マイケル・オルニック、メラニー・ピピーノ、カトリーナ・リン、ジェー・ユン・リーからは、特に大きな恩義を受けた。ＩＢＯＳＩが開発した、思考を促す事例や理論をベースとする独自のビデオ教材を通して、ブルー・オーシャンの諸概念は世界一〇〇カ国以上で用いられている。ＩＢＯＳＩのコーディネーター、キム・ウィルキンソンにも謝意を。すでに名前を挙げた研究員以外にも、ズナイラ・ムニール、アリソン・ライト、アマラ・バイスの名前を記して感謝する。

初の拙著『ブルー・オーシャン戦略』が世に出てからの一〇年間に、企業幹部、官僚、起業家、中小企業のオーナー、さらには高校生や宗教団体までもが、我々のアイデアや市場創造のツールとフレームワークを実地に活かして、ブルー・オーシャン・シフトに乗り出した。これらすべての人々（そのうちの何人かは本書に登場する）に深い感謝を捧げたい。皆さんのお陰で、やる気を高め、思考を研ぎ澄まし、本書で紹介したアイデアをうまく具体化できた。

マレーシア政府はＮＢＯＳ（国家ブルー・オーシャン戦略）施策を始動させ、ブルー・オーシャン・シフトの概念とツールを国の発展のために活用してきた。国のためにブルー・オーシャンを創造しようというビジョンを掲げ、感動的なリーダーシップを発揮した、マレーシアのナジブ・ラザク首相、アブドラ・バダウィ前首相には、感謝に堪えない。併せて、ザヒド・ハミディ副首相、ヒシャムディン・フセイン国防相兼首相府特任相、およびＮＢＯＳの下で省庁横断的な協働を指揮したすべての閣僚に、格別な謝意を捧げる。

マレーシアのアリ・ハムサ官房長官と、前官房長官で現在はペトロナス会長を務めるシデク・ハッサン両氏は、マレーシア政府内でＮＢＯＳを制度化し育てるうえで、素晴らしい仕事をされた。感謝の念に堪えない。ＮＢＯＳ関連では他に、イルワン・セリガー財務次官、前首相府相でもあるワヒド・オマルＰＮＢ（ペルモダラン・ナショナル）会長、ムハマド・イブラヒム中央銀行総裁、公共サービス局のザイナル・ラヒム局長、アグロバンク会長で前公共サービス局長のザビディ・ザイナル、カリド・アブ・バカル警察長官、ラジャ・モハメド・アファンディ国軍司令官、ズルキフェリ・ジン前国軍司令官、ペトロナスのズルキフリ・アリフィンCEO、ズルキフリ・オマル刑務所管理局長、国家戦略局のアミヌディン・ハッシム、並びにマレーシアの行政機構の全長官・次官、治安部隊のリーダー全員が、NBOSに大きな貢献をされた。

さまざまなNBOS施策を通してマレーシアのブルー・オーシャン開拓に直接、間接に貢献した、何百万ものマレーシア国民の存在も、決して忘れてはならない。公務員、教員、学生、将官や兵士、警官、プロフェッショナル、ビジネスパーソン、起業家、若者、年金生活者、主婦、収監者ほか、NBOSの参加者やボランティアとして時間、労力、熱意を費やした多数の人々に謝意を表したい。あまりに人数が多いため個々に名前を挙げることはできないが、あらゆる職業のマレーシア人がNBOSを通して国の発展に大きな役割を果たす様子には、文字通り心揺さぶられる。

オバマ政権の歴史的黒人大学（HBCU）大統領諮問委員会にも謝意を捧げたい。この仕事は、ブルー・オーシャン理論を非営利セクターに拡大、応用するきっかけになった。

本書を執筆する過程では、多くの人々からのコメントに助けられた。とりわけ、ナン・ストーンの思慮深いコメントと示唆に感謝している。ナンは二〇年来の親友であるばかりか、『ハーバード・ビジネス・レビュー（HBR）』誌の編集長として、我々の研究の端緒となったHBR論文を担当してくれた。アンドレア・オバンスによる貴重なコメントとフィードバックも、有難く感じている。

最後に、版元であるアシェット・ブックスに謝意を表したい。チーム全員が賢者揃いだが、なかでもマウロ・ディプレタ、ミシェル・アイエリ、ベッツィー・ウルセボッシュの三人は我々の考えを信じて熱心に支援し、励ましや素晴らしいアイデアを寄せてくれた。そのうえ、四苦八苦して原稿を仕上げるのを、広い心で待っていてくれたことも、忘れずに記しておきたい。ジョアンナ・ピンスカーとダニエル・ラムの献身的な尽力にも感謝している。アシェットのマイケル・ピーチＣＥＯには、本書への惜しみない支援と配慮に対して謝意を捧げたい。皆さん、本当に有難うございます。

Scherer, F. M. 1970. *Industrial Market Structure and Economic Performance*. Chicago: Rand McNally.

Schumpeter, Joseph A. 1942. *Capitalism, Socialism and Democracy*. New York: Harper & Brothers（東畑精一、中山伊知郎訳『資本主義、社会主義、民主主義〈上・中・下〉』東洋経済新報社、1951年）.

Tellis, G., and P. Golder. 2002. *Will and Vision*. New York: McGraw-Hill（伊豆村房一訳『意志とビジョン』東洋経済新報社、2002年）.

———. 1999a. "Creating New Market Space." *Harvard Business Review* 77, January–February, 83–93（「バリュー・ブレークスルー・マーケティング」『DIAMONDハーバード・ビジネス』1999年7月号）.

———. 1999b. "Strategy, Value Innovation, and the Knowledge Economy." *Sloan Management Review* 40, no. 3, Spring, 41–54.

———. 2002a "Why Seeing Is Succeeding," Inside Track, Viewpoint, *Financial Times*, April 15.

———. 2002b. "Charting Your Company's Future." *Harvard Business Review* 80, June 2002, 76–85（「ストラテジー・キャンバスによる戦略再構築」『DIAMONDハーバード・ビジネス・レビュー』2002年9月号）.

———. 2003a. "Tipping Point Leadership." *Harvard Business Review* 81, April, 60–69（「ティッピング・ポイント・リーダーシップ」『DIAMONDハーバード・ビジネス・レビュー』2003年12月号）.

———. 2003b. "Think for Yourself—Stop Copying a Rival." FT Summer School, *Financial Times,* August 11.

———. 2004. "Blue Ocean Strategy." *Harvard Business Review* 82, October, 75–84（「ブルー・オーシャン戦略」『DIAMONDハーバード・ビジネス・レビュー』2005年1月号）.

———. 2005. *Blue Ocean Strategy: How to Create Uncontested Market Space and Make the Competition Irrelevant*. Boston: Harvard Business School Publishing（有賀裕子訳『ブルー・オーシャン戦略』ダイヤモンド社、2013年）.

———. 2009. "How Strategy Shapes Structure." *Harvard Business Review* 87, September, 72–80（「ブルー・オーシャン戦略が産業構造を変える」『DIAMONDハーバード・ビジネス・レビュー』2010年1月号）.

———. 2015a. *Blue Ocean Strategy, Expanded Edition: How to Create Uncontested Market Space and Make the Competition Irrelevant*. Boston: Harvard Business Review Press有賀裕子訳『[新版]ブルー・オーシャン戦略』ダイヤモンド社、2015年）.

———. 2015b. "Red Ocean Traps: Mental Models That Undermine Market-Creating Strategies." *Harvard Business Review* 93, March, 68–73(「レッド・オーシャンの罠」『DIAMONDハーバード・ビジネス・レビュー』2015年10月号).

North American Industry Classification System: United States 1997. 2002, 2017. Lanham, VA: Bernan Press.

NYOI 2009—Kickoff Year video, at 10:34. www.youtube.com/watch?v= 5DCaqw0dasU (Accessed March 30, 2017).

Porter, Michael. E. 1980. *Competitive Strategy*. New York: Free Press（土岐坤、服部照夫、中辻万治訳『競争の戦略』ダイヤモンド社、1995年）.

———. 1996. "What Is Strategy?" *Harvard Business Review* 74, November–December, 61–78（「戦略の本質」『DIAMONDハーバード・ビジネス・レビュー』2011年6月号）.

Prahalad, C. K. 2006. *The Fortune at the Bottom of the Pyramid*. Upper Saddle River, NJ: Wharton School Publishing（スカイライト コンサルティング訳『ネクスト・マーケット［増補改訂版］』英治出版、2010年）.

Ries, Eric. 2011. *The Lean Startup*. New York: Crown Business（井口耕二訳『リーン・スタートアップ』日経BP社、20012年）.

⊙——参考文献

Bain, Joe S., ed. 1959. *Industrial Organization*. New York: Wiley（宮沢健一訳『産業組織論』丸善、1970年）.

Bhidé, Amar. 2004. “Entrepreneurs in the 21st Century—Non-destructive Creation: How Entrepreneurship Sustains Development.” Lecture at the Royal Society of Arts, London, November 17.

———. 2008. *The Venturesome Economy: How Innovation Sustains Prosperity in a More Connected World*. Princeton, NJ: Princeton University Press.

Christensen, Clayton M. 1997. *The Innovator's Dilemma: When New Technologies Cause Great Firms to Fail*. Boston: Harvard Business School Press（伊豆原弓訳『イノベーションのジレンマ』翔泳社、2001年）.

Foster, Richard, 1986. *Innovation: The Attacker's Advantage*. New York: Summit Books（大前研一訳『イノベーション——限界突破の経営戦略』TBSブリタニカ、1987年）.

Global Footprint Network. “World Footprint: Do We Fit on the Planet?” http://old.footprintnetwork.org/en/index.php/GFN/page/world_footprint/ (Accessed April 3, 2017).

Heilemann, John. 2001. “Reinventing the Wheel.” *Time*, December 2, 76.

Hill, Charles W. L. 1988. “Differentiation versus Low Cost or Differentiation and Low Cost.” *Academy of Management Review* 13, July, 401–412.

Hubbard, Glenn. 2007. “Nondestructive Creation.” *Strategy + Business* 27, Summer, 30–35.

Kim, W. Chan, and Renée Mauborgne. 1991. “Implementing Global Strategies: The Role of Procedural Justice.” *Strategic Management Journal* 12, 125–143.

———. 1993. “Procedural Justice, Attitudes, and Subsidiary Top Management Compliance with Multinationals' Corporate Strategic Decisions.” *Academy of Management Journal* 36, no. 3, 502–526.

———. 1995. “A Procedural Justice Model of Strategic Decision Making.” *Organization Science* 6, February, 44–61.

———. 1996. “Procedural Justice and Managers' In-role and Extra-role Behavior.” *Management Science* 42, April, 499–515.

———. 1997a. “Value Innovation: The Strategic Logic of High Growth.” *Harvard Business Review* 75, January–February, 102–112（「バリュー・イノベーション」『DIAMONDハーバード・ビジネス』1997年7月号）.

———. 1997b. “When ‘Competitive Advantage’ Is Neither.” *Wall Street Journal*, April 21.

———. 1997c. “Fair Process: Managing in the Knowledge Economy.” *Harvard Business Review* 75, July–August, 65–76（「フェア・プロセス」『DIAMONDハーバード・ビジネス・レビュー』2003年4月号）.

———. 1998. “Procedural Justice, Strategic Decision Making, and the Knowledge Economy.” *Strategic Management Journal*, Editor's Choice, 323–338.

要を知るにはKim and Mauborgne (1997b, 2003b)を参照されたい。

5. 例えば、「バリュー・イノベーション」(『DIAMONDハーバード・ビジネス』1997年7月号)、Kim and Mauborgne (1997b)、『ブルー・オーシャン戦略』、『[新版]ブルー・オーシャン戦略』を参照。

6. 市場を創造ないし再創造する方法について鋭い洞察を得るだけでなく、新たな成長を実現するうえでも、非顧客層が非常に重要であることは、我々の研究により常々裏付けられている。例えば、「バリュー・イノベーション」(『DIAMONDハーバード・ビジネス』1997年7月号)、『ブルー・オーシャン戦略』、『[新版]ブルー・オーシャン戦略』、「レッド・オーシャンの罠」(『DIAMONDハーバード・ビジネス・レビュー』2015年10月号)を参照されたい。

7. 「レッド・オーシャンの罠」(『DIAMONDハーバード・ビジネス・レビュー』2015年10月号)を参照。

8. 「バリュー・イノベーション」(『DIAMONDハーバード・ビジネス』1997年7月号)、「ブルー・オーシャン戦略」(『DIAMONDハーバード・ビジネス・レビュー』2005年1月号)、『ブルー・オーシャン戦略』、『[新版]ブルー・オーシャン戦略』、「レッド・オーシャンの罠」(『DIAMONDハーバード・ビジネス・レビュー』2015年10月号)、Hill (1988)を参照。

第4章　人間らしさ、自信、創造性

1. 「細分化」の概念は「ティッピング・ポイント・リーダーシップ」(『DIAMONDハーバード・ビジネス・レビュー』2003年12月号)という論文で最初に取り上げた。その後の研究から、細分化は「行動を起こそう」という意欲を引き出すうえで大きな効果を持つことが分かっている。なぜなら、ブルー・オーシャン・シフトのような大きな挑戦を実現可能にするからだ。『ブルー・オーシャン戦略』、『[新版]ブルー・オーシャン戦略』も参照されたい。

2. 我々の研究からは、調査を委託するのではなく、実体験から知見を得たり、「自分の目で」市場を調べたりすることが重要であるという結論が、一貫して引き出されている。例えば、Kim and Mauborgne(2002a)、「ストラテジー・キャンバスによる戦略再構築」(『DIAMONDハーバード・ビジネス・レビュー』2002年9月号)、『ブルー・オーシャン戦略』、『[新版]ブルー・オーシャン戦略』を参照。

3. 公正なプロセスをめぐる我々の研究からは、このプロセスが戦略とマネジメントに重要な役割を果たすことが分かっている。人々の信頼、熱意、自発的な協力を公正なプロセスがどう引き出すかを示すモデルも開発した。Kim and Mauborgne (1991, 1993, 1995, 1996,1998)および「フェア・プロセス」(『DIAMONDハーバード・ビジネス・レビュー』2003年4月号)を参照。

4. 公正なプロセスに関する我々の研究については、「フェア・プロセス」(『DIAMONDハーバード・ビジネス・レビュー』2003年4月号)を参照されたい。

5. Kim and Mauborgne (1998)において我々は、知的、情緒的認識理論を構築した。3つのE、すなわち関与、説明、明快な期待内容によって知的、情緒的価値が引き出され、それが公正なプロセスによって尊重されると、人々の心の奥底にある何かが刺激されて、信頼、熱意、自発的な協力が生まれる。すると「求められている以上の働きをしたい」という気持ちになる。公正なプロセスがあると、人々は自分の知的、情緒的価値が認められていると感じ、同じ認識を組織や同僚に対して持つというのが、理論の中身である。

おける非攪乱的創造は起業家には依存しない。なぜなら、起業家としての資質の有無にかかわらず、体系的なプロセスに従えば誰でも実現できるからである。このような違いは別として、Bhide (2008) は、アメリカ経済の成長とイノベーションを説明するうえで非破壊的創造が重要である点に関する鋭い知見を提示している。

10. C. K.プラハラードの『ネクスト・マーケット』は「ボトム・オブ・ザ・ピラミッド(BOP)」という概念を提示した。この本には、BOPにはかつてない機会が溢れていると同時に、解決すべきまったく新しい問題もあることが、詳述されている。

11. 技術イノベーションが、商業的に旨味のある新規市場を開拓するうえで欠かせないバリュー・イノベーションとどう異なるか、また、バリュー・イノベーションが価値創造となぜ異なるかに関しては、Kim and Mauborgne(1999b)、『ブルー・オーシャン戦略』、『[新版]ブルー・オーシャン戦略』を参照。

12. 『意志とビジョン』を参照。

13. Kim and Mauborgne (1999b)、『ブルー・オーシャン戦略』、『[新版]ブルー・オーシャン戦略』、「レッド・オーシャンの罠」(『DIAMONDハーバード・ビジネス・レビュー』2015年10月号)を参照。

14. Heilemann (2001)を参照。

15. このクイズはwww.blueoceanshift.com/truebluequizからダウンロードできる。

16. 例えば『ブルー・オーシャン戦略』や『リーン・スタートアップ』を参照。

第3章　ブルー・オーシャン戦略家の発想

1. 産業組織論はSCPパラダイムを提示している。市場構造(structure)が市場行動(conduct)を規定し、市場行動が市場成果(performance)を規定するという考え方である。例えば、Bain(1959)やScherer (1970)を参照されたい。この構造主義的な戦略観の下では、経営幹部は一般に、まず業界や競争状況の分析を行い、そのうえで既存市場において独特な戦略的ポジションを築こうとする。競争優位を築いて競合他社を凌ぐ業績を上げようとするのだ。この論理は「企業の戦略オプションは市場環境によって制約される」という前提に立っている。つまり、戦略は構造によって形成されるということだ。これに関する研究としてはポーターの『競争の戦略』が有名である。

2. 「業界の垣根は固定ではなく、個別企業が意識的に努力することによって業界を創造ないし再創造できる」というのは、我々のかねてからの主張であり、理論的支柱でもある。例えば、「バリュー・イノベーション」(『DIAMONDハーバード・ビジネス』1997年7月号)、「バリュー・ブレークスルー・マーケティング」(『DIAMONDハーバード・ビジネス』1999年7月号)、『ブルー・オーシャン戦略』、「ブルー・オーシャン戦略が産業構造を変える」(『DIAMONDハーバード・ビジネス・レビュー』2010年1月号)、『[新版]ブルー・オーシャン戦略』を参照。

3. NeXTコンピュータ(カリフォルニア州レッドウッドシティ)でのスティーブ・ジョブズのインタビュー(1995年) https://www.youtube.com/watch?v=kYfNvmF0Bqw (アクセス日2017年4月3日)。

4. 競争の罠という概念を最初に提示したのは我々の論文「バリュー・イノベーション」(『DIAMONDハーバード・ビジネス』1997年7月号)である。我々は以後も長年にわたる研究を通して、「競合他社を打ち負かして競争優位を築くことに重点を置くと、往々にして、市場への革新的なアプローチではなく模倣的なアプローチにつながる」と一貫して主張してきた。概

11. グループセブのアクティフライが発売になり、大好評を博した後、リーダーとしてこの施策を推進したクリスチャン・グロブは残念ながら他界した。

12. グローバル・フットプリント・ネットワークの“World Footprint: Do We Fit on the Planet?”を参照（アクセス日2017年4月3日）。

第2章　市場創造戦略の基本

1. シュンペーターの創造的破壊に関する独創的な理論については、シュンペーター（1942）を参照。

2. 同上。

3. 攪乱（disruption）という概念の学問的源流がどこにあるかは判然としないが、リチャード・フォスターは『イノベーション――限界突破の経営戦略』において、「技術の断絶」について論じ、イノベーションの波が押し寄せると技術の断絶は加速する一方だと予測した。この本では「攪乱（disruption）」という用語自体は使われていないが、フォスターが言及した「技術の断絶」という現象は攪乱、つまり、新興企業が従来の延長線上にはない新しい技術をひっさげて、経営の優れた市場リーダーに不意に取って代わることを意味する。フォスターの研究成果は、創造的破壊をめぐるシュンペーターの知見に通じるものがある。

4. クレイトン・クリステンセンは、攪乱的技術とイノベーションに関する有名な研究によって、「攪乱」という用語が注目される状況に拍車をかけた。大きな影響力を持つクリステンセンの『イノベーションのジレンマ』を参照されたい。
訳注：本章ではdisruptive innovationを定訳である「破壊的イノベーション」ではなく、「攪乱的イノベーション」と訳している。これは、disruptive（混乱を起こさせる、妨害する）とdestructive（破壊的な）が明確に使い分けされており、論旨を的確に伝えるには両者を訳し分ける必要が生じたためである（訳はそれぞれ『ルミナス英和辞典』を参照）。

5. 同上。

6. 攪乱的創造（disruptive creation）という用語は新規市場の創造という文脈において、優れた技術によって破壊を伴いながら突然に、あるいは劣った技術によって時間をかけて、しだいに代替が起きる様子をうまく表している。このため我々は、両タイプの代替を意味する用語として攪乱的創造を用い、代替による新規市場の創造プロセスを（部分的にではなく）包括的に表すことにする。

7. 拙著『ブルー・オーシャン戦略』は、ブルー・オーシャンすなわち新規の市場空間は既存業界の内外、両方に創造され得ることを示した。既存業界の境界の内側にできたブルー・オーシャンと比べて、外側にできたブルー・オーシャンは往々にして、既存の企業や市場を攪乱せずに、まったく新しい需要と成長を生み出すことが判明している。

8. 同様にBhide（2004, 2008）とHubbard（2007）は、経済成長に際して起きる創造的破壊というシュンペーターの概念は、イノベーションの重要な形態を見落としていると指摘し、「非破壊的創造」の重要性を説いている。非破壊的創造と起業家精神が経済成長にとって重要だと論じているのだ。両氏の非破壊的創造は創造的破壊と正反対の概念であり、攪乱的イノベーションを明示的には考慮していない。むしろ、イノベーションと成長のプロセスにおける起業家と技術の役割に、重点を置いている。しかし、イノベーションの重要な一形態としての非破壊的創造という概念は洞察に溢れ、市場創造戦略に関する我々の研究成果とも整合する。

9. 「イノベーションと成長には起業家精神が大きな役割を果たす」とする学説とは異なり、本書に

⊙———原注

第1章　至高の先へ

1. 以下を参照されたい。NYOI 2009—創設年の動画(10:34前後) www.youtube.com/watch?v=5DCaqw0dasU (アクセス日2017年3月30日)。

2. 特別な6年間の後、2014年にイスラム国(ISIS)がイラクに侵攻した。ISISの興隆と侵攻はイラクを危機に陥れ、NYOIも活動休止を余儀なくされた。しかし、本文で紹介した彼らの希望のメッセージは今日もなお聴くことができ、世界の偉大な音楽家達が、NYOIが創造したブルー・オーシャンを称賛し続けている。

3. オプラ・ウィンフリーがアクティフライについてツイートしたのは、2013年2月15日の午後1時46分である。その全文は「T-Falのアクティフライのお陰で私の人生は変わったわ。これは本心からのツイートで、お金をもらって書いているわけではないの」である。https://twitter.com/oprah/status/302534477878554624?lang=en (アクセス日2017年5月16日)。T-Falはアメリカでのグループセブのブランド名である。グループセブは国ごとにT-Fal、Tefal、SEBなどさまざまなブランド名でアクティフライを販売している。このため本書では、ブランド名には触れずに、単にグループセブのアクティフライとして紹介している。

4. これは環境決定論ないし構造主義と呼ばれる理論であり、その源流は、市場構造、市場行動、市場成果を軸としたパラダイムを提示する、産業組織論にある。このパラダイムにおいては、産業構造が組織の行動や戦略を決め、それらが業績に影響を及ぼすとされる。例えばBain (1959)やScherer (1970)を参照されたい。

5. この戦略観はマイケル・ポーターの有名な『競争の戦略』に記されている。

6. 「価値とコストの二者択一を打破することにより、意図的に業界の垣根を形成して新規市場を創造できる」という主張は、市場創造戦略をめぐる我々の研究の骨子である。我々の論文や著書「バリュー・イノベーション」(『DIAMONDハーバード・ビジネス』1997年7月号)、「バリュー・ブレークスルー・マーケティング」(『DIAMONDハーバード・ビジネス』1999年7月号)、『ブルー・オーシャン戦略』、「ブルー・オーシャン戦略が産業構造を変える」(『DIAMONDハーバード・ビジネス・レビュー』2010年1月号)、『[新版]ブルー・オーシャン戦略』等を参照されたい。

7. ポーターは多大な影響力を誇る論文『戦略の本質』において、業務効果と戦略を区別するために生産性フロンティアという概念を考案し、使用した。

8. ポーターの『競争の戦略』を参照。

9. 模倣や競争が本格化すると、点線のカーブはやがて新たな生産性のフロンティアになる。

10. 我々の著作「バリュー・イノベーション」(『DIAMONDハーバード・ビジネス』1997年7月号)、「バリュー・ブレークスルー・マーケティング」(『DIAMONDハーバード・ビジネス』1999年7月号)、「ストラテジー・キャンバスによる戦略再構築」(『DIAMONDハーバード・ビジネス・レビュー』2002年9月号)、「ブルー・オーシャン戦略」(『DIAMONDハーバード・ビジネス・レビュー』2005年1月号)、『ブルー・オーシャン戦略』、「ブルー・オーシャン戦略が産業構造を変える」(『DIAMONDハーバード・ビジネス・レビュー』2010年1月号)、『[新版]ブルー・オーシャン戦略』、Kim and Mauborgne 1993, 1995, 1996, 1998等を参照されたい。

［著者］
W・チャン・キム&レネ・モボルニュ（W. Chan Kim & Renée Mauborgne）
INSEADの教授であり、同校ブルー・オーシャン戦略研究所の共同ディレクターを兼ねる。2人の共著『ブルー・オーシャン戦略』は世界的なベストセラーとなり、史上最も影響力の大きい戦略書の代表格と見なされている。5大陸でベストセラーとなり、44カ国語に翻訳されるという記録を打ち立てた。キムとモボルニュはThinkers50が選ぶ世界のマネジメントの大家トップ3に名前を連ね、世界中の多数の賞に輝いてきた。世界経済フォーラムのフェローを務めるほか、ブルー・オーシャン・グローバル・ネットワークの設立者でもある。

［訳者］
有賀裕子（あるが・ゆうこ）
翻訳家。東京大学法学部卒業。ロンドン・ビジネス・スクール経営学修士（MBA）。通信会社勤務を経て翻訳に携わる。訳書に『［新版］ブルー・オーシャン戦略』『経営は何をすべきか』『第2版リーダーシップ論』『［新訳］GMとともに』（以上ダイヤモンド社）、『トレードオフ』（プレジデント社）他多数。

［付録執筆者］
ムーギー・キム（Moogwi Kim）
ブルー・オーシャン・シフト研究所日本支部 代表。
シンガポールINSEADERS VCにて、INSEAD関連ベンチャーを支援。

川上智子（かわかみ・ともこ）
早稲田大学大学院経営管理研究科 教授。
2016年に早稲田ブルー・オーシャン戦略研究所を設立し、所長を務める。

ミ・ジ（Mi Ji）
INSEADブルー・オーシャン戦略研究所 シニア・エグゼクティブ・フェロー。
ブルー・オーシャン戦略に関する教育・研究の上級エキスパート。

ブルー・オーシャン・シフト

2018年4月18日　第1刷発行

著　者――W・チャン・キム／レネ・モボルニュ
訳　者――有賀裕子
発行所――ダイヤモンド社
〒150-8409　東京都渋谷区神宮前6-12-17
http://www.diamond.co.jp/
電話／03･5778･7228（編集）　03･5778･7240（販売）
装丁・本文デザイン――遠藤陽一（デザインワークショップジン）
製作進行――ダイヤモンド・グラフィック社
印刷――加藤文明社
製本――ブックアート
編集担当――肱岡 彩

ISBN 978-4-478-10035-6